판례·서식·문답을 함께 보는

보증의 이해와 실제

편저
김만기

- ◾ 보증, 이정도는 알고 섭시다!
- ◻ 잘못 선 보증으로 고민하지 맙시다!
- ◻ 문답식으로풀어 본 보증제도와 절차

⚖ 법문 북스

보증의 이해와 실제

편저
김만기

- ▣ 보증, 이정도는 알고 섭시다!
- ▣ 잘못 선 보증으로 고민하지 맙시다!
- ▣ 문답식으로풀어 본 보증제도와 절차

법문 북스

머리말

보증이란 민법상 채무자가 채무를 이행하지 않는 경우에 보증인이 대신하여 이행해야 할 종된 채무를 부담하는 일을 말합니다. 이러한 의무를 주채무에 대하여 보증채무라 하고, 보증채무를 지는 사람을 보증인이라 합니다.

보증채무는 채권자와 보증인 간의 보증계약에 의하여 발생합니다. 즉, 어떤 사람이 제3자에게서 빌린 돈을 못 갚게 될 경우, 자신이 대신 갚아주겠다고 약속하는 것을 '보증을 선다'라고 합니다. 이는 채무자가 채무를 이행하지 않아 채권자가 피해를 입는 것을 보호하기 위한 장치의 일종입니다.

그런데 우리 특유의 인정주의에 따라 보증을 서는데, 특별한 대가를 받지 아니하고 경제적 부담에 대한 합리적 고려 없이 호의로 이루어지는 경우가 만연하고, 채무자의 파산이 연쇄적으로 보증인에게 이어져 경제적·정신적 피해와 함께 가정파탄 등에 이르는 등 보증의 폐해가 심각하므로 보증채무의 범위를 특정하고, 보증인에게 정신적 고통을 주는 불법적 채권추심행위를 금지하며, 금융기관과 보증계약을 체결할 때에는 채무자의 신용에 대한 정보를 보증인이 제공받도록 함으로써 합리적인 금전거래를 확립하기 위해 정부에서는 특별법을 제정하였습니다.

이 책에서는 보증을 단순보증·연대보증·공동보증·근보증 및 신원보증으로 구분하여, 각 보증의 개념과 종류, 보증 시의 유의사항, 보증인의 책임 내용과 범위, 보증채무 이행 전과 후의 보증인 보호방법 등을 이론과 문답식으로 알기 쉽게 관련 서식과 함께 정리하여 모든 분들이게 알아두면 유용한 법령정보를 제공하고, 부록으로 관련 법령을 수록하였습니다.

　이러한 자료들은 대법원의 판결례와 법제처의 생활법령, 대한법률구조공단의 상담사례와 서식 등을 참고하였으며, 이를 종합적으로 정리·분석하여 일목요연하게 편집하였습니다. 여기에 수록된 사례들은 개인의 법률문제 해결에 도움을 주고자 게재하였음으로 참고자료로 활용하시기 바랍니다.

　이 책이 복잡한 보증제도와 절차를 잘 몰라서 손해를 보고 있는 분이나 이들에게 이 제도에 관해서 조언을 하고자 하는 실무자에게 큰 도움이 되리라 믿으며, 열악한 출판시장임에도 불구하고 흔쾌히 출간에 응해 주신 법문북스 김현호 대표에게 감사를 드립니다.

2020년 7월
편저자 드림

차   례

제1장 보증이란 무엇입니까?

제2장 보증은 어떻게 성립하나요?

제3장 보증인은 어떤 책임을 지나요?

제4장 보증인은 어떤 보호를 받을 수 있나요?

제5장 특수한 보증에는 어떤 종류가 있나요?

부록 : 관련법령

제1장

보증이란 무엇입니까?

제1장 보증이란 무엇입니까?

1. 보증의 개념 및 종류

1-1. 보증이란?

'보증'이란 주된 채무자 이외에 동일한 내용의 채무를 부담하는 종된 채무자를 두어, 주채무자의 채무(주채무)에 대한 채권을 담보하는 제도를 말합니다.

1-2. 보증의 유형

보증은 크게 일반보증, 어음보증 및 다양한 신용보증제도가 있습니다. 이 책에서는 "일반보증"에 관하여 자세히 설명합니다.

1-3. 보증의 종류

일반보증의 종류는 그 구체적 법률관계의 내용에 따라 단순보증, 연대보증, 공동보증, 근보증, 신원보증으로 구분할 수 있습니다.

구 분	내 용
단순보증	주된 채무자 이외에 동일한 내용의 채무를 부담하는 종된 채무자를 두어, 주채무자의 채무(주채무)에 대한 채권을 담보하는 제도를 말합니다.
연대보증	보증인이 주채무자와 연대해 채무를 부담함으로써 주채무의 이행을 담보하는 채무를 말합니다.
공동보증	같은 주채무에 대해 여러 사람의 보증인이 각자의 행위로 보증채무를 부담하는 것을 말합니다(민법 제439조 참조).
근보증	당좌대월계약과 같은 일정한 계속적 거래관계로부터 발생하는 불특정의 채무를 보증하기로 하는 계약을 말하며, 신용보증이라고도 합니다(민법 제428조의3 제1항 전단).
신원보증	피용자가 업무를 수행하는 과정에서 그의 책임 있는 사유로 사용자에게 손해를 입힌 경우에 그 손해를 배상할 채무를 부담하는 것을 말합니다.(신원보증법 제2조 참조).

■ 보증의 종류에는 어떤 것들이 있나요?

Q. 보증의 종류에는 어떤 것들이 있나요?

A. 보증은 그 구체적 법률관계의 내용에 따라 단순보증, 연대보증, 공동보증, 근보증 및 신원보증으로 구분됩니다.

◇ 보증의 개념

"보증"이란 일반적으로 금전거래에서 채무자(돈을 빌린 사람)가 채권자(돈을 빌려준 사람)에게 빌린 돈을 갚지 않을 경우에 대비하여 제3자인 보증인의 재산으로 채권자의 채권을 담보하는 제도를 말합니다.

◇ 보증의 종류

보증의 종류는 그 구체적 법률관계의 내용에 따라 단순보증, 연대보증, 공동보증, 근보증 및 신원보증으로 구분할 수 있습니다.

① "단순보증"이란 보증인의 일반재산으로 채권을 담보하는 것으로 주채무자가 채권자에게 돈을 갚지 않을 경우 보증인이 대신 돈을 갚아야 하는 제도를 말합니다.

② "연대보증"이란 보증인이 주채무자와 연대해 채무를 부담함으로써 주채무의 이행을 담보하는 채무를 말합니다.

③ "공동보증"이란 같은 주채무에 대해 여러 사람의 보증인이 각자의 행위로 보증채무를 부담하는 것을 말합니다.

④ "근보증"이란 당좌대월계약과 같은 일정한 계속적 거래관계로부터 발생하는 불특정의 채무를 보증하기로 하는 계약을 말하며, 신용보증이라고도 합니다.

⑤ "신원보증"이란 고용계약에 부수하여 체결되는 신원보증인과 사용자 사이의 신원보증계약에 의해 성립합니다.

■ 주채무와 보증채무는 독립적인 것인가요?

Q. 저는 2002.05.15. 갑에게 돈을 빌려주었고 이에 을이 연대보증을 섰습니다. 변제일이 지났는데도 갑이 아직 돈이 마련되지 않았다고 하여 2008.6.15. 을에게 보증채무의 이행을 청구하자 을이 조만간 갚겠다고 연락을 하였습니다. 그 후 위 금원의 대여 사실을 까맣게 잊고 지내다가 급하게 돈이 필요하여, 2014.08.27. 갑과 을에게 다시 대여금의 반환을 청구하였습니다. 그러자 갑은 위 대여금채무가 10년이 지나 소멸되었다고 주장하고, 을 또한 주채무가 소멸되었으니 자신의 보증채무도 소멸되었다고 주장합니다. 저는 주채무와 보증채무는 독립적인 것이라고 알고 있는데, 을의 주장이 타당한지요?

A., 귀하께서 연대보증인 을에게 채무의 이행을 청구하였고, 이에 을이 돈을 갚겠다고 한 것은 채무의 승인에 해당하기에 민법 제168조 1호 및 3호에 따라 시효가 중단됨은 맞습니다. 하지만 연대보증채무에 대한 소멸시효가 중단되었다고 하더라도 이로써 주채무에 대한 소멸시효가 중단되는 것은 아니어서 주채무의 시효가 계속 진행되고, 주채무가 소멸시효 완성으로 소멸된 경우에는 연대보증채무도 그 채무 자체의 시효중단에 불구하고 부종성에 따라 당연히 소멸된다고 할 것이다(대법원 2002.5.14. 선고 2000다62476 판결 등 참조)라는 것이 대법원의 입장입니다. 따라서 을의 주장처럼 갑이 지는 주채무가 시효가 완성되어 소멸되었기에 을의 보증채무 또한 부종성에 따라 당연히 소멸되었다고 볼 것입니다.

2. 보증 시 유의사항

2-1. 유의사항

① 보증을 서게 되면 주채무자가 채권자에게 돈을 갚지 않을 경우 보증인이 대신 그 돈을 전부 갚아야 하므로 보증인에게 큰 부담이 될 수 있습니다.

② 따라서 보증은 가급적 서지 않는 것이 좋으며, 부득이 보증을 서야한다면 여러 가지 사항에 유의하여 매우 신중히 결정하는 것이 바람직합니다.

2-2. 보증보험에의 가입 권유

① 보증을 부탁받으면 직접 보증을 서기 보다는 우선 보증보험에 가입하는 방법을 이용하도록 권유해 보세요.

② '보증보험'이란 각종 거래에서 발생하는 신용위험을 감소시키기 위해 보험의 형식으로 하는 보증제도로서 보증보험회사가 일정한 대가, 즉 보험료를 받고 계약상의 채무이행 또는 법령상의 의무이행을 보증하는 특수한 형태의 보험을 말합니다.

2-3. 보증계약 체결 시 유의사항

① 채무자의 직업, 재산상태, 사업을 하는 경우 업종이나 발전가능성 등을 확인하세요.

② 보증기간을 확인하세요. 채무자의 직업이나 재산상태가 현재는 좋더라도 보증기간이 길어지면 그 변동가능성이 커지므로 가급적 보증기간은 짧을수록 좋습니다.

③ 보증계약은 본인이 직접 체결하고 가급적 인감과 신분증을 다른 사람에게 맡겨서 대신 보증계약을 체결하도록 하는 일이 없도록 하세요.

④ 보증계약서를 작성할 경우 보증의 종류 및 책임범위를 확인하세요.

⑤ 보증계약서를 작성할 때는 본인도 모르는 사이에 계약서의 내용이

바뀔 수 있으므로 보증액수, 보증기간, 주채무자 등 주요 내용은 반드시 자필로 적고 공란을 남겨두지 않는 것이 바람직합니다.

⑥ 추후에 분쟁이 생길 가능성에 대비하여 보증계약서 사본을 보관해 두세요.

⑦ 보증 관련 궁금한 사항이 있거나 분쟁이 발생한 경우 상담 및 법률 구조에 관한 도움을 받아 볼 수 있는 기관을 미리 알아두세요.

⑧ 보증 관련 상담 및 법률구조에 관한 도움을 다음의 기관에서 받아 볼 수 있습니다.

상담기관	연락처
대한법률구조공단	전화: 국번 없이 ☎ 132
대한변호사협회 법률구조재단	전화: 02)3476-6515 이메일: aid@legalaid.or.kr

■ 친구가 보증을 서달라고 부탁을 하는데 어떻게 하면 좋을까요?

Q. 친구가 보증을 서달라고 부탁을 하는데 어떻게 하면 좋을까요?

A. 보증인은 주채무자가 채권자에게 돈을 갚지 않으면 대신 갚아줘야 하므로 친구사이라도 보증은 될 수 있으면 피하는 것이 좋습니다. 일단 보증보험에 가입하도록 권유해보시고, 어쩔 수 없이 보증을 서야 한다면 연대보증보다는 단순보증을 서는 것이 좋으며, 사전에 주채무자의 직업·재산상태· 보증기간· 보증의 종류 및 책임범위 등을 미리 확인하고, 보증계약은 반드시 본인이 직접 체결하며, 계약서 사본을 보관해 두는 것이 바람직합니다.

◇ 보증 서기 전 유의사항

① 보증을 서게 되면 주채무자가 채권자에게 돈을 갚지 않을 경우 보증인은 주채무자 대신 그 돈을 전부 갚아야 하므로, 일단 보증보험에 가입하도록 권유하는 등 가급적 피하는 것이 좋으나, 부득이 보증을 서야 한다면 아래의 보증 시 유의사항을 확인하시고 신중하게 결정하는 것이 바람직합니다.

② "보증보험"이란 각종 거래에서 발생하는 신용위험을 감소시키기 위해 보험의 형식으로 하는 보증제도로서 보증보험회사가 일정한 대가, 즉 보험료를 받고 계약상의 채무이행 또는 법령상의 의무이행을 보증하는 특수한 형태의 보험을 말합니다.

◇ 보증 시의 유의사항

① 채무자의 직업, 재산상태, 사업을 하는 경우 업종이나 발전가능성 등을 확인하세요.

② 보증기간을 확인하세요. 채무자의 직업이나 재산상태가 현재는 좋더라도 보증기간이 길어지면 그 변동가능성이 커지므로 가급적 보증기간은 짧을수록 좋습니다.

③ 보증계약은 본인이 직접 체결하고 가급적 인감과 신분증을 다른 사람

에게 맡겨서 대신 보증계약을 체결하도록 하는 일이 없도록 하세요.

④ 보증계약서를 작성할 경우 보증의 종류 및 책임범위를 확인하세요.

⑤ 보증계약서를 작성할 때는 본인도 모르는 사이에 계약서의 내용이 바뀔 수 있으므로 보증액수, 보증기간, 주채무자 등 주요 내용은 반드시 자필로 적고 공란을 남겨두지 않는 것이 바람직합니다.

⑥ 추후에 분쟁이 생길 가능성에 대비하여 보증계약서 사본을 보관해 두세요.

⑦ 보증 관련 궁금한 사항이 있거나 분쟁이 발생한 경우 상담 및 **법률** 구조에 관한 도움을 받을 수 있는 기관을 미리 알아두세요.

■ 한정승인과 보증인의 책임은?

Q. 채무자 A는 채권자 B로부터 1천만원을 빌렸고, 甲은 물상보증인입니다. 변제기 도래 후 채무자 A가 사망하였고, 그 상속인 C는 한정승인을 하였습니다. 이 경우 한정승인으로 인하여 물상보증인 甲의 책임에 영향이 있는지요?

A. 한정승인의 효과에 관하여 대법원은 "상속의 한정승인은 채무의 존재를 한정하는 것이 아니라 단순히 그 책임의 범위를 한정하는 것에 불과하기 때문에, 상속의 한정승인이 인정되는 경우에도 상속채무가 존재하는 것으로 인정되는 이상, 법원으로서는 상속재산이 없거나 그 상속재산이 상속채무의 변제에 부족하다고 하더라도 상속채무 전부에 대한 이행판결을 선고하여야 하고, 다만, 그 채무가 상속인의 고유재산에 대해서는 강제집행을 할 수 없는 성질을 가지고 있으므로, 집행력을 제한하기 위하여 이행판결의 주문에 상속재산의 한도에서만 집행할 수 있다는 취지를 명시하여야 한다(대법원 2003.11.14. 선고 2003다30968 판결)."고 판시하고 있습니다. 따라서 채무자가 한정승인을 하더라도 채무에는 변함이 없고, 한정승인을 한 채무자에 대하여만 책임이 제한되는 것에 불과하므로, 물상보증인의 책임에는 영향이 없습니다.

[서식 예] 보증계약서(일반)

보 증 계 약 서

채권자 ○○○을 갑으로 하고 보증인 ○○○을 을로 하여, 양당사자 간에 보증 채무에 관하여 다음의 계약을 체결한다.

제1조(계약의 목적) 보증인 을은 20○○년 ○월 ○일 채권자 갑과 채무자 △△△(주소: ○○시 ○○구 ○○로 ○○번지) 간의 ○○계약서에 기재된 채무에 대해서 채무자가 이행을 하지 않을 때는 그 이행을 할 책임을 진다.

제2조(검색의 항변권의 포기) 보증인은 검색의 이익을 포기한다.

제3조(채무의 변제의무) 보증인은 채권자로부터 채무자가 그 채무를 이행하지 않은 취지를 통보 받은 후 ○일간 내에 제1조의 보증채무를 이행하지 않을 때는 채권자에 대하여 위약금 ○○○원을 지급한다.

이 계약을 증명하기 위해 이 증서 2통을 작성하여 각자 서명.날인하고 각 1통을 보관한다.

20○○년 ○월 ○일

채권자	주 소					
	성 명 또 는 상 호		인	주민등록번호 또 는 사업자등록번호	-	전 화 번 호
보증인	주 소					
	성 명 또 는 상 호		인	주민등록번호 또 는 사업자등록번호	-	전 화 번 호

보 증 인 변 경 계 약 서

[채권의 표시]
채권자 ○○○(이하 갑이라고 함)으로부터 채무자 ○○○(이하 을이라 함)에 대한 20○○년 ○월 ○일자 금전소비대차계약에 따른 대부원금 ○○원 및 이에 대한 20○○년 ○월 ○일 이후 다 갚는 날까지 연 ○○%의 비율에 의한 이자채권과 기한 후 연 ○○%의 비율에 의한 지연손해배상금채권.

제1조(보증계약) ○○○(이하 정이라 함)은 갑의 을에 대한 위 표시 채권에 대하여 채무자가 그 채무를 이행하지 않을 때 채무자와 연대하여 이행할 책임을 부담할 것을 약정한다.

제2조(보증계약해지) 갑은 정과 이건 연대보증계약을 체결함으로써 위 표시 채권의 연대보증인 ○○○(이하 병이라 함)과(와)의 20○○년 ○월 ○일자 체결한 연대보증계약의 해지에 동의한다.

이상의 계약으로써 정은 갑에 대하여 연대보증채무를 부담하고, 병은 연대보증채무를 면하였음을 당사자간 확인하며, 서명.날인한 후 2통을 작성하여 각 1통씩 보관한다.

20○○년 ○월 ○일

채권자	주 소					
	성 명 또 는 상 호		인	주민등록번호 또 는 사업자등록번호	-	전 화 번 호	
연대보증인	주 소					
	성 명 또 는 상 호		인	주민등록번호 또 는 사업자등록번호	-	전 화 번 호	

■ 우리나라와 일본 사이에 국가배상법이 정하는 상호보증이 있다고 볼 수 있는가요?

Q. 일본인 甲이 대한민국 소속 공무원의 위법한 직무집행에 따른 피해에 대하여 국가배상청구를 하였습니다. 우리나라와 일본 사이에 국가배상법 제7조가 정하는 상호보증이 있다고 볼 수 있는가요?

A. 판례는 "국가배상법 제7조는 우리나라만이 입을 수 있는 불이익을 방지하고 국제관계에서 형평을 도모하기 위하여 외국인의 국가배상청구권의 발생요건으로 '외국인이 피해자인 경우에는 해당 국가와 상호보증이 있을 것'을 요구하고 있는데, 해당 국가에서 외국인에 대한 국가배상청구권의 발생요건이 우리나라의 그것과 동일하거나 오히려 관대할 것을 요구하는 것은 지나치게 외국인의 국가배상청구권을 제한하는 결과가 되어 국제적인 교류가 빈번한 오늘날의 현실에 맞지 아니할 뿐만 아니라 외국에서 우리나라 국민에 대한 보호를 거부하게 하는 불합리한 결과를 가져올 수 있는 점을 고려할 때, 우리나라와 외국 사이에 국가배상청구권의 발생요건이 현저히 균형을 상실하지 아니하고 외국에서 정한 요건이 우리나라에서 정한 그것보다 전체로서 과중하지 아니하여 중요한 점에서 실질적으로 거의 차이가 없는 정도라면 국가배상법 제7조가 정하는 상호보증의 요건을 구비하였다고 봄이 타당하다. 그리고 상호보증은 외국의 법령, 판례 및 관례 등에 의하여 발생요건을 비교하여 인정되면 충분하고 반드시 당사국과의 조약이 체결되어 있을 필요는 없으며, 당해 외국에서 구체적으로 우리나라 국민에게 국가배상청구를 인정한 사례가 없더라도 실제로 인정될 것이라고 기대할 수 있는 상태이면 충분하다."고 하면서, "일본인 甲이 대한민국 소속 공무원의 위법한 직무집행에 따른 피해에 대하여 국가배상청구를 한 사안에서, 일본 국가배상법 제1조 제1항, 제6조가 국가배상청구권의 발생요건 및 상호보증에 관하여 우리나라 국가배상법과 동일한 내용을 규정하고 있는 점 등에 비추어 우리나라와 일본 사이에 국가배상법 제7조가 정하는 상호보증이 있다"라고 판시한 바 있습니다(대법원 2015.6.11. 선고 2013다208388 판결 참조). 그러므로 우리나라와 일본 사이에 국가배상법 제7조가 정하는 상호보증이 있다고 볼 여지가 있습니다.

■ 보증채무의 효력은 어띠까지 책임을 져야 하나요?

Q. 甲 은행은 乙에게 1000만원을 빌려주면서 丙이 연대보증을 하였습니다. 乙이 변제를 하지 않자 乙을 상대로 대여금 소송을 제기하여 승소판결이 확정되었습니다. 확정일로부터 10년이 도과된 이후 丙을 상대방으로 보증금청구를 하였습니다. 甲의 청구가 인용될 수 있는가요?

A. 상법상 금융거래에 따른 소멸시효는 5년입니다(상법 46조 8호). 하지만 채권이 판결에 의하여 확정되면 그 시효기간은 10년으로 연장됩니다(민법 165조 1항). 따라서 甲이 乙을 상대로 대여금 청구소송을 하였으므로 대여금 채권의 소멸시효가 10년으로 연장됩니다(민법 178조 2항). 문제는 이 소송의 당사자가 아닌 보증인 丙에게도 시효연장의 효력이 미치는지 여부입니다. 민법 440조에 의하면 「주채무자에 대한 시효의 중단은 보증인에 대하여 효력이 있다」고 규정되어 있으며 이에 대하여 판례는 「채권자와 주채무자 사이에 판결등에 의하여 채권이 확정되어 그 소멸시효가 10년으로 되었다 할지라도 위 당사자 이외의 채권자와 연대보증인 사이에 있어서는 위 확정판결등은 그 시효기간에 대하여 아무런 영향도 없고, 채권자의 연대보증인의 연대보증채권의 소멸시효기간은 여전히 종전의 소멸시효기간에 따른다(1986.11.2586다카1569)」고 판시하였습니다. 따라서 연대보증인 丙에 대한 청구는 소멸시효 완성되어 인용되기 어려울 것입니다.

■ 회사임직원 지위에서 계속적 보증계약을 한 후 퇴직 시 해지 가능한지요?

Q. 저는 甲회사의 이사로 재직하던 중 甲회사와 乙회사간의 계속적인 시멘트공급계약으로 발생하는 외상대금채무에 대하여 연대보증을 한 사실이 있으나, 甲회사의 계속적인 보증요구에 시달려 결국 甲회사를 퇴사하였고, 그 후 乙회사의 실무책임자인 상무이사에게 전후사정을 설명하고 연대보증을 해지한다는 통고를 하였습니다. 그럼에도 불구하고 乙회사에서는 저에게 보증책임을 묻겠다고 하는데 제가 보증책임을 져야 하는지요?

A. 채권자와 주채무자 사이 계속적 거래관계로 인하여 현재 및 장래에 발생하는 불확정적 채무에 관하여 보증책임을 부담하기로 하는 이른바 '계속적 보증계약'에서 보증책임한도액이나 보증기간에 관하여 아무런 정함이 없는 경우 보증인은 원칙적으로 변제기에 있는 주채무전액에 관하여 보증책임을 부담하고(대법원 1988.11.8. 선고 88다3253 판결), 계속적 보증계약에서 보증인부담으로 돌아갈 주채무액수가 보증인이 보증당시 예상하였거나 예상할 수 있었던 범위를 훨씬 상회하고, 그러한 주채무과다발생 원인이 채권자가 주채무자의 자산상태가 현저히 악화된 사실을 익히 알거나 중대한 과실로 알지 못한 탓으로 이를 알지 못하는 보증인에게 아무런 통보나 의사타진도 없이 고의로 거래규모를 확대함에 비롯되는 등 신의칙에 반하는 사정이 인정되는 경우에 한하여 보증인책임을 합리적인 범위 내로 제한할 수 있을 것입니다(대법원 2005.10.27. 선고 2005다35554, 35561 판결).

그런데 회사의 이사라는 지위에서 부득이 회사의 제3자에 대한 계속적 거래로 인한 채무에 대하여 연대보증인이 된 자가 그 후 퇴사하여 이사의 지위를 떠난 경우 관련판례를 보면, 회사의 이사 등이 회사의 제3자에 대한 계속적 거래로 인한 채무를 연대보증 한 경우 이사 등에게 회사거래에 대하여 재직 중에 생긴 채무만을 책임지우기 위해서는 그가 이사의 지위 때문에 부득이 회사의 계속적 거래로 인하여 생기는 회사채무를 연대보증하게 된 것이고 또 회사의 거래상대방이 거래할 때마다 거래당시의 회사에 재직하고 있던 이사 등의 연대보증을 새로이 받아 오는 등의 특별한 사정이 있어야 하고, 그러한 사정이 없는 경우의 연대보증에까지 그 책임한도가 위와 같이 제한되는 것으로 해석할 수는 없다고 하면서(대법원 2010.6.10. 선고 2010다1791 판결), 회사의 대표이사로서 재직 중 계속적 보증을 한 후 대표이사직을 사임한 자에 대하여 보증계약해지권은 인정하되, 보증책임범위의 제한은 인정하지 아니한 사례가 있으나(대법원 2000.3.10. 선고 99다61750 판결, 2002.5.31. 선고 2002다1673 판결), 이 경우에도 보증계약이 해지되기 전에 계속적 거래가 종료되거나 그 밖의 사유로 주채무 내지 구상금채무가 확정된 경우라면 보증인으로서는 더 이상 사정변경을 이유로 보증계약을 해지할 수 없다고 하였습니다(대법원 2002.5.31. 선고 2002다1673 판결). 그렇다면 귀하의 경우 위 계속적 보증거래가 종료되지 않았고, 주채무 내지 구상금채무가 확정되지 않은 상태에서 해지의 통지를 하였다면, 이사라는 지위에서 부득이 甲회사의 乙회사에 대한 계속적 거래로 인한 외상대금 지급채무에 대하여 연대보증인이 되었으며, 그 후 퇴사하여 이사의 지위를 떠났으므로 보증계약을 해지할 수 있고, 그 해지의 의사표시는 서면에 의할 것을 요하지 않으므로 귀하가 乙회사의 상무이사에게 통지하는 등 회사 퇴직 후 해지통고를 한 것으로서, 퇴직 후에 발생된 甲회사의 乙회사에 대한 채무에 대하여는 보증채무를 부담하지 않아도 될 것으로 보입니다.

참고로 회사의 이사가 채무액과 변제기가 특정되어 있는 회사채무에 대하여 보증계약을 체결한 경우에는 계속적 보증이나 포괄근보증의 경우와는 달리 이사직 사임이라는 사정변경을 이유로 보증인인 이사가 일방적으로 보증계약을 해지할 수 없다고 하였습니다(대법원 2006.7.4. 선고 2004다30675 판결).

■ 계속적 보증에 있어서 보증기간 자동연장조항의 효력은?

Q. 저는 수년 전 친구 甲이 乙회사의 전자대리점을 개점하는데 연대보증을 해주었으나 甲은 사업부진으로 도산상태이고, 저는 보증계약체결 당시 甲이 대리점계약서에 대한 설명도 없이 직장에 찾아와 간청하기에 보증을 섰을 뿐이고 그 사실을 잊고 있었는데, 최근 乙회사로부터 甲의 물품대금채무를 변제독촉통지서가 왔습니다. 위 계약서 약관에 따르면 계약기간은 1년이지만 계약기간만료일에 계약갱신통보가 없을 때는 1년간씩 자동연장 되며, 연대보증인책임도 이에 준하여 자동연장 된다고 정해져 있다고 합니다. 이처럼 계약갱신 되었을 때 저에게 한 번도 통지가 온 적이 없어도 제가 위 채무를 변제할 책임이 있는지요?

A. 「약관의 규제에 관한 법률」에서 '약관'이란 그 명칭이나 형태 또는 범위에 상관없이 계약의 한쪽 당사자가 여러 명의 상대방과 계약을 체결하기 위하여 일정한 형식으로 미리 마련한 계약의 내용을 말한다고 규정하고(같은 법 제2조 제1호), 불공정약관에 관하여 신의성실의 원칙을 위반하여 공정성을 잃은 약관 조항은 무효이고, 약관내용 중 ①고객에게 부당하게 불리한 조항, ②고객이 계약의 거래형태 등 관련된 모든 사정에 비추어 예상하기 어려운 조항, ③계약의 목적을 달성할 수 없을 정도로 계약에 따르는 본질적 권리를 제한하는 조항은 공정성을 잃은 것으로 추정된다고 하고 있으며(같은 법 제6조), 계약의 해제·해지에 관하여 정하고 있는 약관의 내용 중 계속적인 채권관계의 발생을 목적으로 하는 계약에서 그 존속기간을 부당하게 단기 또는 장기로 하거나 묵시적인 기간의 연장 또는 갱신이 가능하도록 정하여 고객에게 부당하게 불이익을 줄 우려가 있는 조항은 무효로 한다고 규정하고 있습니다(같은 법 제9조 제6호).

그런데 계속적 채권관계의 연대보증인에 대한 보증기간 자동연장조항에 관한 판례를 보면, 구 약관의 규제에 관한 법률 제9조 제5호(현행 약관의 규제에 관한 법률 제9조 제6호)의 규정취지에 비추어, 연대보증기간 자동연장조항에 계약기간종료의 경우 이의통지 등에 의해 보증인지위에서 벗어날 수 있다는 규정이 없고, 새로운 계약기간을 정하여 계약갱신통지를 하거나, 그것이 없으면 자동적으로 1년 단위로 계약기간이 연장되도록 규정하고 있다면, 이는 계속적 채권관계발생을 목적으로 하는 계약에서 묵시의 기간연장 또는 갱신이 가능하도록 규정하여 고객인 연대보증인에게 부당하게 불이익을 줄 우려가 있다고 보이므로 연대보증기간 자동연장조항은 위 규정에 위반되어 무효라고 하였습니다(대법원 1998.1.23. 선고 96다19413 판결, 1999.8.24. 선고 99다26481 판결). 그리고 계속적 채권관계에서 주계약상 거래기간은 연장되었으나 보증기간이 연장되지 않은 경우에 관한 판례를 보면, 계속적 채권관계에서 발생하는 주계약상의 불확정 채무에 대하여 보증한 경우의 보증채무는 통상적으로는 주계약상의 채무가 확정된 때에 이와 함께 확정되는 것이지만, 채권자와 주채무자와 사이에서는 주계약상의 거래기간이 연장되었으나 보증인과 사이에서 보증기간이 연장되지 아니함으로써 보증계약관계가 종료된 때에는, 보증계약 종료할 때에 보증채무가 확정되므로 보증인은 그 당시의 주계약상의 채무에 대하여는 보증책임을 지나, 그 후의 채무에 대하여는 보증계약 종료 후의 채무이므로 보증책임을 지지 않는다고 하였습니다(대법원 1999.8.24. 선고 99다26481 판결, 2003.11.14. 선고 2003다21872 판결).

그렇다면 위 사안에서 만일 대리점계약약관이 약관의 규제에 관한 법률에서 정한 약관에 해당되고 보증기간 자동 연장 약관조항이 계약기간 종료시 이의통지 등에 의해 보증인지위에서 벗어날 수 있다는 규정이 없는 등 계속적 채권관계발생을 목적으로 하는 계약에서 묵시의 기간연장 또는 갱신이 가능하도록 규정하여 연대보증인에게 부당하게 불이익을 줄 우려가 있다는 점이 인정된다면, 그 조항은 약관규제법에 위반되어 무효라고 볼 수 있을 것입니다. 따라서 이 경우 처음 1년간 甲이 乙에게 부담한 채무에 대하여만 연대보증인으로서 책임이 있다고 할 것이고, 그 이후의 갱신된 대리점계약기간동안 발생된 채무에 관하여는 책임이 없을 것으로 보입니다.

■ 확정채무에 관하여 보증인의 동의 없이 대출기간을 연장할 수 있는지요?

Q. 저는 3년 전 친구 甲이 乙은행으로부터 1,000만원을 대출기간 1년 으로 대출 받는데 연대보증을 해주었고, 최초대출기간이 만료되었을 때에는 甲의 경제사정이 위 대출금을 갚고도 남을 상태였지만, 그 후 甲의 경제사정이 악화되어 이자를 연체하자 저의 동의도 없이 대 출기간을 1년 연장해준 乙은행이 저에게 위 대출금 등을 갚으라고 합니다. 이것은 부당한 것이 아닌지요?

A. 연대보증이란 보증인이 주채무자와 연대하여 채무를 부담함으로써 주채 무의 이행을 담보하는 보증채무를 말합니다. 그런데 보증인인의 동의 없 이 주채무자의 변제기를 연장해준 경우 보증인책임이 감액 또는 면제될 수 있는지 판례를 보면, 채무가 특정되어 있는 확정채무에 대하여 보증 한 연대보증인은 자신의 동의 없이 피보증채무의 이행기를 연장해주었느 냐에 상관없이 그 연대보증채무를 부담하는 것이 원칙이고, 당사자 사이 에 연대보증인의 동의 없이 피보증채무의 이행기가 연장된 경우 연대보 증인의 보증채무의 소멸여부 및 그 범위에 관한 특별약정이 있다면 그 약정에 따라야 할 것이라고 하였으며(대법원 2007.6.14. 선고 2005다 9326 판결), 확정채무에 관한 보증계약체결 후 채권자가 보증인의 승낙 없이 주채무자에 대하여 변제기를 연장하여 준 경우, 그것이 반드시 보 증인책임을 가중하는 것이라고는 할 수 없으므로 원칙적으로 보증채무에 대하여도 그 효력이 미치고(대법원 2002.6.14. 선고 2002다14853 판결), 채권자의 청구가 연대보증인에 대하여 그 보증채무이행을 청구하고 있 음이 명백한 경우, 손해배상책임유무 또는 배상범위를 정함에 있어 채권 자의 과실이 참작되는 과실상계법리는 적용될 여지가 없다고 하였습니 다(대법원 1996.2.23. 선고 95다49141 판결, 2000.4.7. 선고 99다53742 판결). 또한, 현실적인 자금의 수수 없이 형식적으로만 신규대출을 하여 기존채무를 변제하는 이른바 '대환'은 특별한 사정이 없는 한 형식적으 로는 별도의 대출에 해당하나, 실질적으로는 기존채무의 변제기연장에

불과하므로, 그 법률적 성질은 기존채무가 여전히 동일성을 유지한 채 존속하는 준소비대차로 보아야 하고, 이 경우 채권자와 보증인 사이에 사전에 신규대출형식에 의한 대환을 하는 경우 보증책임을 면하기로 약정하는 등의 특별한 사정이 없는 한 기존채무에 대한 보증책임이 존속된다고 하였습니다(대법원 2002.10.11. 선고 2001다7445 판결).

따라서 위 사안과 같은 확정채무보증에 있어서는 보증인의 동의 없이 대출기간을 연장해주었다는 점을 주장하여 보증책임이 없다고 다투기는 어려울 것으로 보입니다. 다만, 이와는 다른 계속적 채무에 대한 보증의 경우에는 확정채무의 보증과는 달리 보증계약의 묵시적 갱신을 인정하지 않고 있습니다(대법원 1999.8.24. 선고 99다26481 판결, 2003.11.14. 선고 2003다21872 판결).

■ 개인파산으로 면책결정된 경우 면책된 채무에 대한 보증인의 책임은?

Q. 저는 영세업체를 운영하는 甲이 乙은행으로부터 사업자금을 대출받는데 연대보증을 해주었고, 甲은 성실하게 사업을 운영하면서 대출자금을 정상적으로 변제하였으나, 최근 극심한 자금난으로 사업이 파산지경에 이르러 어쩔 수 없이 개인파산신청을 하였습니다. 甲은 법원으로부터 파산선고를 받고 면책결정까지 받았으며, 저는 甲의 면책결정에 따라 연대보증인의 보증채무가 소멸된 것으로 알고 있었는데, 최근 은행으로부터 위 대출금을 상환하라는 독촉을 받게 되었는바, 이 경우 보증책임은 어떻게 되는지요?

A. 면책절차는 자연인 중에 자신의 잘못이 아닌 자연재해나 경기변동과 같은 불운으로 인하여 파산한 채무자에게 새로운 출발의 기회를 주기 위한 것으로서, 파산자의 채무에 관하여 그 변제책임을 면제시킴으로써 파산자의 경제적 갱생을 도모하는 절차입니다. 그리고 면책결정이 나면 ① 조세, ②벌금·과료·형사소송비용·추징금 및 과태료, ③채무자가 고의로 가한 불법행위로 인한 손해배상, ④채무자가 중대한 과실로 타인의 생명 또는 신체를 침해한 불법행위로 인하여 발생한 손해배상, ⑤채무자의 근로자의 임금·퇴직금 및 재해보상금, ⑥채무자의 근로자의 임치금 및 신원보증금, ⑦채무자가 악의로 채권자목록에 기재하지 아니한 청구권(다만, 채권자가 파산선고가 있음을 안 때에는 그러하지 아니함), ⑧채무자가 양육자 또는 부양의무자로서 부담하여야 하는 비용, ⑨취업 후 학자금 상환 특별법에 따른 취업 후 상환 학자금대출 원리금 등「채무자 회생 및 파산에 관한 법률」제566조에 기재된 것과 같은 일정한 채무를 제외하고 채무전부에 관하여 그 책임이 면제되는 효력이 있게 됩니다.

그런데 일반민사상 보증채무는 주채무의 이행을 담보하는 것을 목적으로 하므로 주채무에 종속하는 성질 즉, 부종성을 가지며, 주채무가 소멸되면 보증채무도 소멸되고, 보증인은 주채무자의 항변으로 채권자에게 대항할 수 있으며(민법 제433조), 연대보증인도 보증인임에는 틀림이 없으므로 주채무자에게 생긴 사유는 보증채무의 부종성에 의하여 연대보증인에게도 모두 효력을 미치게 되므로, 위 사안에서 甲에 대한 면책결정의 효력이 연대보증인인 귀하에게도 미치는지 의문이 있을 수 있습니다. 그러나 「채무자 회생 및 파산에 관한 법률」 제567조에서, 면책은 파산채권자가 파산자의 보증인 그 밖에 채무자와 더불어 채무를 부담하는 자에 대하여 가지는 권리와 파산채권자를 위하여 제공한 담보에 영향을 미치지 아니한다고 규정하고 있으므로, 귀하의 경우 보증채무는 그대로 남아 있게 되는 것입니다. 판례도 「채무자 회생 및 파산에 관한 법률」 제567조의 규정취지가 채무자의 면책은 보증인 등의 변제책임과 물상보증인이 제공한 담보에 아무런 영향을 미치지 않는다는 취지라고 하였습니다(대법원 2009.6.23. 선고 2009다13156 판결).

따라서 귀하는 乙은행이 변제받지 못한 대출금이 남아 있다면 이에 대하여 책임을 부담하여야 할 것으로 보입니다.

■ 보증계약 후 채무자와 채권자간 손해배상액을 예정한 경우 보증인의 책임범위는?

Q. 저는 임대인 乙에게 임차인 甲의 농지원상회복의무에 대하여 보증을 선 사실이 있는데, 그 후 甲은 저와 단 한마디 상의도 없이 '농지의 원상회복채무를 이행하지 않을 경우에는 乙에게 1,000만원을 지급한다'는 약정을 乙에게 해주었습니다. 위 농지의 원상회복에 소요되는 비용은 200만원 정도인데 만일, 甲이 위 농지를 원상회복하지 않으면, 보증인인 저도 甲과 乙의 위 약정에 따른 1,000만원을 부담할 책임이 있는지요?

A. 甲과 乙의 위와 같은 약정은 농지의 원상회복의무를 불이행한 경우 손해에 대한 예정으로 보아야 할 것인데, 이러한 손해배상의 예정이 보증인의 관여 없이 행하여진 것이므로 보증인에게 어떠한 효력을 미치느냐가 문제될 수 있습니다. 이에 관하여 판례를 보면, 보증인은 특별한 사정이 없는 한 채무자가 채무불이행으로 인하여 부담하여야 할 손해배상채무에 관해서도 보증책임을 진다고 할 것이고, 따라서 보증인으로서는 채무자의 채무불이행으로 인한 채권자의 손해를 배상할 책임이 있다고 할 것이나, 원래 보증인의 의무는 보증계약성립 후 채무자가 한 법률행위로 인하여 확장, 가중되지 아니하는 것이 원칙이므로, 채무자의 채무불이행의 손해배상범위에 관하여 채무자와 채권자 사이의 합의로 보증인의 관여 없이 그 손해배상예정액이 결정되었더라도, 보증인으로서는 위 합의로 결정된 손해배상예정액이 채무불이행으로 인하여 채무자가 부담할 손해배상책임의 범위를 초과하지 아니한 한도 내에서만 보증책임이 있다고 하였습니다(대법원 1996.2.9. 선고 94다38250 판결). 또한, 보증계약이 성립한 후에 보증인이 알지도 못하는 사이에 주채무의 목적이나 형태가 변경되었다면, 그 변경으로 인하여 주채무의 실질적 동일성이 상실된 경우에는 당초의 주채무는 경개로 인하여 소멸하였다고 보아야 할 것이므로 보증채무도 당연히 소멸하고, 그 변경으로 인하여 주채

무의 실질적 동일성이 상실되지 아니하고 동시에 주채무의 부담내용이 축소·감경된 경우에는 보증인은 그와 같이 축소·감경된 주채무의 내용에 따라 보증책임을 질 것이지만, 그 변경으로 인하여 주채무의 실질적 동일성이 상실되지는 아니하고 주채무의 부담내용이 확장·가중된 경우에는 보증인은 그와 같이 확장·가중된 주채무의 내용에 따른 보증책임은 지지 아니하고, 다만 변경되기 전의 주채무의 내용에 따른 보증책임만을 진다고 하였습니다(대법원 2000.1.21. 선고 97다1013 판결, 2001.3.23. 선고 2001다628 판결).

따라서 귀하도 위 훼손된 농지의 원상회복에 소요되는 비용에 대하여는 보증책임을 부담하여야 하겠지만, 귀하의 관여 없이 甲과 乙이 약정한 1,000만원 전부에 대하여 책임을 지지는 않을 것으로 보입니다.

■ 보증한도 정함 없는 계속적 보증계약의 보증인 사망한 경우 상속인이 보증을 승계하는지요?

Q. 甲은 乙회사의 실질적 경영자로서 乙회사와 丙은행 사이에 乙회사가 丙은행에 대하여 현재 및 장래에 부담하는 어음대출, 어음할인, 당좌대출, 지급보증(사채보증 포함) 등 여신거래에 관한 모든 채무에 관하여 연대보증책임을 지되, 보증한도액과 보증기간은 따로 정하지 아니하고 다만, 보증약정일로부터 3년이 경과한 때에는 보증인인 甲이 서면에 의하여 보증약정을 해지할 수 있다는 내용의 근보증약정을 체결하였는데, 수개월 전 甲이 사망하였고 최근 乙회사는 부도가 났으며, 丙은행에서는 甲의 상속인 丁에게 甲의 사망 후 발생된 乙회사의 채무를 포함한 채무전액의 보증채무를 이행하라고 하고 있습니다. 이 경우 丁으로서는 乙회사의 채무전액에 대한 보증책임을 지게 되는지요?

A. 채권자와 주채무자 사이의 계속적 거래관계로 인하여 현재 및 장래에 발생하는 불확정적 채무에 관하여 보증책임을 부담하기로 하는 보증계약을 이른바 '계속적 보증계약(또는 근보증계약)'이라고 합니다.
그런데 보증한도액이 정해진 계속적 보증계약의 보증인이 사망한 경우, 그 상속인이 보증인지위를 승계하는지 판례를 보면, 보증한도액이 정해진 계속적 보증계약의 경우 보증인이 사망하였더라도 보증계약이 당연히 종료되는 것은 아니고, 특별한 사정이 없는 한 상속인이 보증인지위를 승계한다고 하였습니다(대법원 1999.6.22. 선고 99다19322, 19339 판결).
그러나 보증기간과 보증한도액의 정함이 없는 계속적 보증계약의 보증인이 사망한 경우, 그 상속인이 보증인지위를 승계하는지에 관해서는, 보증기간과 보증한도액의 정함이 없는 계속적 보증계약의 경우에는 보증인이 사망하면 보증인지위가 상속인에게 상속된다고 할 수 없고 다만, 기왕에 발생된 보증채무만이 상속된다고 하였으며(대법원 2001.6.12. 선고 2000다47187 판결), 계속적 어음할인거래로 인하여 장래에 부담하게 될 채무에 관하여 보증한도액과 보증기간의 정함이 없는 연대보증계약에서 보증인지위는 특별한 사정이 없는 한 상속인에게 상속된다고 할 수 없으므로 연대보증인의 사망 후에 생긴 주채무에 대해서는 그 상속인이 보증채무를 승계하여 부담하지는 않는다고 하였습니다(대법원 2003.12.26. 선고 2003다30784 판결).

따라서 위 사안은 보증기간과 보증한도액의 정함이 없는 계속적 보증계약의 경우로서 丁은 甲의 사망 이전에 발생된 채무에 대해서만 보증책임을 부담하게 될 것으로 보입니다. 한편 이와 별개로 丁은 민법 제1019조에 따라서 법원으로부터 한정승인 또는 상속포기결정을 받아 상속재산의 한도 내에서 보증채무를 부담하거나(한정승인의 경우), 보증채무를 면할 수도 있을 것입니다(상속포기의 경우).

■ 채무자의 한정승인과 보증인의 책임범위는?

Q. 甲은 은행에서 돈을 1억 원 빌렸는데, 그 때 乙이 보증을 섰습니다. 그 후 甲이 갑자기 사망하여 아들인 丙이 상속을 하였는데, 상속재산은 3천만 원밖에 없어서 丙은 상속재산의 한도에서만 책임을 지기로 하는 한정상속을 받았습니다. 이 경우 乙의 보증채무의 범위는 어떻게 되는 것인가요?

A. 보증인 乙은 1억 원 전부에 대하여 보증채무를 부담합니다. 상속의 한정승인은 상속채무가 상속재산의 한도로 감축되는 것이 아니라 그 책임만이 상속재산의 한도로 감축되는 것을 의미하므로, 주채무인 1억 원의 대출금채무가 상속의 한정승인으로 인하여 책임이 3천 만원으로 감축되기는 하였으나 채무 자체에는 아무런 변동이 없으므로 보증인인 乙은 1억 원 전부에 대하여 보증채무를 부담하는 것입니다.

■ 기명날인 또는 서명이 담긴 보증서를 받지 않고 구두로만 보증계약을 체결하였을 경우에도 보증채무를 부담하나요?

Q. 甲과 乙은 동업관계에 있습니다. 甲이 동업과 관련하여 丙에 대하여 채무를 부담하였고, 乙은 위 채무에 대하여 보증을 하였는데, 甲과 乙이 동업관계에 있다는 사실을 丙이 알고 있었으므로 丙은 乙의 기명날인 또는 서명이 담긴 보증서를 받지 않고 구두로만 乙과 보증계약을 체결하였습니다. 이 경우에도 乙은 丙에게 보증채무를 부담하나요?

A. 2008.3.21. 법률 제8918호로 제정되어 2008.9.22. 시행된 '보증인 보호를 위한 특별법'은 보증에 관하여 민법에 대한 특례를 규정하고 있는데, 보증의 방식, 보증채무 최고액의 특정, 채권자의 통지의무, 근보증의 특례, 간주 보증기간, 금융기관 보증계약의 특칙, 편면적 강행규정 등을 규정하고 있습니다. 사안에서 문제되는 것은 보증의 방식입니다. 동법 제3조 제1항은 "보증은 그 의사가 보증인의 기명날인 또는 서명이 있는 서면으로 표시되어야 효력이 발생한다."고 규정합니다. 그런데 동법 제2조 제1호 각 목 소정의 보증인에 대해서는 동법이 적용되지 않고, 라목에서 "채무자와 동업 관계에 있는 자가 동업과 관련한 동업자의 채무를 부담하는 경우"를 규정하므로, 결국 乙이 서면으로 보증서를 작성하지 않았다고 하더라도 보증계약은 유효하며 丙에 대하여 보증채무를 부담합니다.

■ 보증인의 변제 전(前) 통지의무를 불이행한 경우 어떤 책임을 져야 하나요?

Q. 甲은 乙과 물품거래계약을 하면서 대금채무에 대하여 丙에게 부탁하여 그를 연대보증인으로 하였습니다. 甲은 을에게 대금채무를 이행하였으나, 이를 丙에게 통지하지는 않았습니다. 그로 인하여 丙은 甲이 이미 변제하였다는 사실을 모르고 乙에게 보증채무를 이행하였고, 그 후 丙이 甲에게 구상청구를 하였습니다. 그러나 甲은 자신이 이미 채무를 이행하였으니 丙에게 구상의무가 없다고 주장합니다. 丙은 자신이 乙에게 지급하였던 돈을 어떻게 돌려받을 수 있나요?

A. 일단 丙의 변제가 유효한지 문제되는데, 丙이 乙에게 보증채무를 이행하기 전에 주채무자인 甲에게 통지한 사실이 없으므로 丙의 변제는 유효하지 않습니다(민법 제445조, 446조). 그렇다면 丙의 변제는 보증인의 변제로서의 효력이 없으므로 甲에게 구상청구할 수는 없고 다만, 乙이 이중변제를 받은 것이 되었으므로 乙을 상대로 부당이득반환청구를 할 수 있을 뿐입니다.

■ 전화로 보증에 동의한 경우에도 보증책임을 부담하는가요?

Q. 甲은 대부업체에서 을의 대출시 보증(전화로 보증 동의)를 한바 있으나 위 대부업체에서는 녹음으로 인한 보증채무도 유효하다고 주장하면서 전화 독촉을 하고 있습니다. 전화로 보증에 동의한 경우에도 甲은 보증책임을 부담하는가요?

A. 보증인보호를위한 특별법 제3조(보증의 방식)는, ①보증은 그 의사가 보증인의 기명날인 또는 서명이 있는 서면으로 표시되어야 효력이 발생한다. ②보증인의 채무를 불리하게 변경하는 경우에도 제1항과 같다. ③"보증인이 보증채무를 이행한 경우에는 그 한도에서 제1항과 제2항에 따른 방식의 하자를 이유로 무효를 주장할 수 없다."라고 되어 있습니다. 따라서 甲의 경우는 보증시 기명날인 또는 서명을 하지 않았으므로 무효를 주장할 수 있습니다.

■ 신용카드보증인의 보증범위는?

Q. 甲 신용카드 회사와 을의 신용카드 계약에 대하여 丙이 신용카드 보증계약을 체결하였습니다. 을의 신용카드 사용액은 월 한도액 100만 원을 초과하지는 않았으나, 현금서비스는 월 한도 30만 원을 초과한 40만 원을 사용하였습니다. 이 경우와 관련하여 신용카드보증인의 책임범위는 어떻게 될까요?

A. 신용카드 개인회원규약에 의하여 월간 카드이용한도액이 정하여져 있는 경우에 일반적으로 보증인은 그 한도액의 범위 내에서 보증책임을 부담하나 일반구매, 현금서비스, 할부구매 등 각 항목의 한도액을 초과한 경우 각 항목의 초과액에 대하여서까지 보증인의 책임이 없다고 할 수는 없고, 보증인은 각 항목별 한도액 전부를 합한 월간 구입한도액에 대하여 그 책임을 부담한다고 할 것입니다(1992.11.24. 선고 91다22261 판결). 따라서 전체 월 한도액 100만 원의 범위 내에서는 보증인은 책임을 져야 하므로 현금서비스 월 한도액 30만 원을 초과한 10만 원의 부분도 책임을 부담하게 됩니다.

■ 선급금반환의무도 보증인의 책임범위인지요?

Q. 건설공사 사업자인 乙회사는 丙회사와 도급계약을 체결하고 수급인
인 丙회사의 보증인으로 정회사는 보증피보험자를 乙회사로 하는 내
용의 선급금 보증보험계약을 체결하였습니다. 이후 丙 회사 부도로
공사가 중단되자 보증보험회사 甲은 乙회사에 보험금을 지급한 다음
도급계약서에 수급인 丙의 보증인으로 기명·날인한 丁 주식회사를
상대로 구상권을 행사하려고 합니다. 이때 보증보험회사 甲과 보증
인 정회사의 관계, 연대보증인 정회사의 책임범위는 어떻게 될까요?

A. 선급금 반환의무는 수급인의 채무불이행에 따른 계약해제로 인하여 발생
하는 원상회복의무의 일종이고, 보증인은 특별한 사정이 없는 한 채무자
가 채무불이행으로 인하여 부담하여야 할 손해배상채무와 원상회복의무
에 관하여도 보증책임을 지므로, 민간공사 도급계약에서 수급인의 보증
인은 특별한 사정이 없다면 선급금 반환의무에 대하여도 보증책임을 집
니다. 그리고 민간공사 도급계약 연대보증인의 보증책임은 각종 보증서
의 구비 여부, 도급계약의 내용, 보증 경위 등을 참작하여 개별적으로
구체적인 사안에 따라 법률행위의 해석에 의하여 판단되어야 하지만, 특
별한 약정이 없다면 수급인의 책임과 마찬가지로 금전채무보증과 시공
보증을 포함한다고 보아야 합니다.

수급인이 도급계약에 따라 도급인에 관하여 부담하는 선급금 반환채무
의 이행을 보증한 보증보험자와 주계약상 보증인은 채권자인 도급인에
대한 관계에서 채무자인 수급인의 선급금 반환채무 이행에 관하여 공동
보증인의 관계에 있다고 보아야 하므로, 그들 중 어느 일방이 변제 기
타 자기의 출재로 채무를 소멸하게 하였다면 그들 사이에 구상에 관한
특별한 약정이 없더라도 민법 제448조 에 의하여 상대방에 대하여 구
상권을 행사할 수 있습니다. 따라서 위 사안에서 甲 보증보험회사와 정
회사는 공동보증인의 관계에 있으며, 선급금 반환의무까지도 정회사는
연대보증인으로서 책임을 진다고 보아야 합니다(대법원 2012.5.24. 선고
2011다109586 판결).

■ 지체상금도 보증인 책임 범위 속하는지요?

Q. 甲공사는 2007. 8. 27. 乙건설 및 丙건설과 아파트 건설공사에 관해 공사도급계약을 체결했고 이에 대해 丁공제조합이 공사이행보증을 했습니다. 공사도중 乙건설이 회생절차를 신청하는 등 하여 공사가 지연돼 甲공사는 丁공제조합에게 보증채무 이행을 청구했습니다. 이에 丁공제조합이 이 사건 공사를 진행했지만 약속한 준공기간을 넘겨 공사를 마치게 됐고 완공 후 甲공사에게 준공기성금을 청구했지만 甲공사는 지체상금 및 중간공정 관리일 미준수로 인한 위약금을 공제한 나머지만을 지급했습니다. 丁공제조합의 보증채무 범위에 지체상금 채무도 포함이 될까요?

A. 丁공제조합이 대신 이행하여야 하는 채무자의 도급계약상 의무는'약정된 기간 내에 공사를 완성할 의무'인 점 등에 비추어, 채무자와 보증채권자 사이의 도급계약에서 공사완공의 지연에 대비하여 지체상금의 지급을 약정하고 있는 경우 정공제조합이 보증시공을 선택하여 의무를 이행하였더라도 약정된 기간 내에 공사를 완공하지 못하였다면 그로 인한 지체상금 채무도 도급계약상 의무로서 보증채무에 포함되는데, 정공제조합이 보증시공 당시 승인받은 준공기한을 도과하여 공사를 완료하였으므로 공사 지체로 인한 지체상금 등의 채무를 부담할 의무가 있다고 할 것입니다(대법원 2015.10.29. 선고 2013다200469 판결).

■ 갱신된 대리점계약기간동안 발생된 채무에 관한 보증책임은?

Q. 甲은 乙주식회사가 시계대리점을 개점하는 과정에서 대리점계약관련 연대보증을 서주었으나 최근의 경기한파로 부도나고 말았습니다. 위 대리점계약서약관에 따르면 대리점계약기간은 1년이지만 계약기간 만료일에 계약갱신의 통보가 없을 때에는 1년씩 자동으로 연장되며, 연대보증인의 책임도 이에 준하여 자동 연장된다고 규정되어 있다고 합니다. 위와 같이 계약이 갱신되었을 때 甲에게는 한 번도 통지가 온 적이 없었는데, 甲이 위 대금채무를 변제할 책임이 있을까요?

A. 대리점 계약시 대리점개설자가 본사에 부담하는 모든 채무에 관하여 연대보증을 한 사람은 그 약정에 따라 대리점개설자의 모든 채무에 대하여 변제책임이 있는 것이 원칙이라 할 것입니다. 그러나 약관의규제에관한법률에는 신의성실에 원칙에 반하여 공정을 잃은 약관조항 등 일정한 경우 약관조항을 무효로 하는 규정을 두고 있으며(약관의규제에관한법률 제6조 내지 제16조), 위 사안에서의 대리점약관은 약관의규제에관한법률 제2조 제1항 소정의 약관에 해당하므로 같은 법률에 의한 규제를 받는다고 할 것인데, 甲의 보증기간이 乙의 대리점계약기간의 연장에 따라 자동연장된다는 약관조항은 계약기간종료시 이의통지등에 의해 보증인의 지위에서 벗어날 수 있다는 규정이 없는 등 계속적인 채권관계의 발생을 목적으로 하는 계약에서 묵시의 기간연장 또는 갱신이 가능하도록 연대보증인에게 부당하게 불이익을 줄 우려가 있으므로 동 조항은 약관의 규제에 관한 법률에 위반되어 무효라고 보아야 할 것입니다(같은 법 제9조 제5호, 대법원 1998.1.23.96다19413 판결). 따라서 甲은 처음 1년 간 乙이 부담한 채무에 대하여만 연대보증인으로서 책임이 있다할 것이고, 그 이후 갱신된 대리점계약기간동안 발생된 채무에 관하여는 보증책임이 없다 할 것입니다.

■ 보증인이 주채무자의 신용에 관하여 착오를 일으켜 보증계약을 체결한 경우 착오를 이유로 취소할 수 있나요?

Q. 甲은 乙에게 5,000만 원을 대여하였습니다. 乙은 丙에게 자신이 신용이 안전하므로 자신을 믿고 甲과 보증계약을 체결해 달라고 부탁하여 丙은 甲과 乙의 대여금반환채무를 보증하는 보증계약을 체결하였습니다. 그런데 사실은 乙이 위 대여금을 상환할 능력도 없고 신용도 형편없었습니다. 이 경우에 丙은 甲과 사이에 체결한 보증계약을 착오를 이유로 취소할 수 있나요?

A. 착오취소에 관하여 민법 제109조는 "의사표시는 법률행위의 내용의 중요부분에 착오가 있는 때에 취소할 수 있다."고 규정하는데, 사안의 경우에는 민법 제109조의 요건을 충족하더라도 원칙적으로 보증인이 위 규정을 들어 보증계약을 취소할 수는 없습니다. 왜냐하면 보증이라는 제도가 본질적으로 주채무자의 무자력으로 인한 채권자의 위험을 인수하는 것이기 때문입니다. 대법원도 "보증제도는 본질적으로 주채무자의 무자력으로 인한 채권자의 위험을 인수하는 것이므로, 보증인이 주채무자의 자력에 대하여 조사한 후 보증계약을 체결할 것인지의 여부를 스스로 결정하여야 하는 것이고, 채권자가 보증인에게 채무자의 신용상태를 고지할 신의칙상의 의무는 존재하지 아니한다."고 판시한 바 있습니다(대법원 1998.7.24. 선고 97다35276 판결). 그러나 최근에는 보증인보호의 필요성이 강조되고 있습니다. 민법도 제436조의2를 신설하여 채권자가 보증인에게 주채주자에 대한 정보를 제공하여야 한다는 의무를 부과하였습니다. 동조의 경우에 해당한다면 채권자에게 일정한 의무가 부과되고 채권자가 이를 이행하지 아니하여 보증인에게 손해를 입힌 경우에는 법원이 그 내용과 정도 등을 고려하여 보증채무를 감경하거나 면제할 수 있습니다.

■ 채무 일부에 대한 보증과 주채무자의 일부 변제시 보증책임은?

Q. 갑은 을이 병에 대하여 지는 채무에 대하여 일부금액에 대하여만 연대보증을 서 주었습니다. 그 후 을이 자신의 채무 중 일부를 변제하였습니다. 그렇다면 주채무자가 일부지만 변제를 하였으니 보증인의 책임은 없어지는 것인가요?

A. 연대보증인이 주채무자의 채무를 일정한 한도에서 보증하기로 하는 이른바 일부보증을 한 경우에는 달리 특별한 사정이 없는 한, 보증인은 보증한 한도 이상의 채무에 대하여는 그 책임이 없음은 물론이지만 주채무의 일부가 변제되었다고 하더라도 그 보증한 한도 내의 주채무가 남아 있다면 그 남아 있는 채무에 대하여는 보증책임을 면할 수 없다고 보아야 할 것이다(대법원 1985.3.12. 선고 84다카1261 판결, 1995.6.30. 선고 94다40444 판결 등 참조)라는 것이 대법원의 입장입니다. 따라서 을이 주채무의 일부를 변제하였다고 해도 갑이 책임지는 보증한도 내의 주채무가 남아있다면 갑은 자신의 보증채무를 이행하여야 합니다.

■ 주채무가 외화채무인 경우의 보증채무는?

Q. 갑이 엔화가 필요하여 을로부터 100만엔을 빌리면서 정이 위 채무에 대한 보증을 서 주었습니다. 이 경우 보증인 정과 채권자 을간에 미리 약정한 환율로 환산한 원화로 보증채무를 이행하기로 약정하는 것도 허용되나요?

A. 대법원은 "보증채무는 채권자와 보증인 간의 보증계약에 의하여 성립하고, 주채무와는 별개 독립의 채무이지만 주채무와 동일한 내용의 급부를 목적으로 함이 원칙이라고 할 것이다(대법원 1977.3.8. 선고 76다2667 판결 참조). 그러나 채권자와 보증인은 보증채무의 내용, 이행의 시기, 방법 등에 관하여 특약을 할 수 있고, 그 특약에 따른 보증인의 부담이 주채무의 목적이나 형태보다 중하지 않는 한 그러한 특약이 무효라고 할 수도 없으므로(민법 제430조 참조), 주채무가 외화채무인 경우에도 채권자와 보증인 사이에 미리 약정한 환율로 환산한 원화로 보증채무를 이행하기로 약정하는 것도 허용된다고 할 것이다(대법원 2002.8.27. 선고 2000다9734 판결)"라고 판시하고 있습니다. 이 사건의 경우 주채무가 외화이기에 그것을 미리 정해진 환율에 의하여 원화로 환산하여 계산한 잔액을 원화로 지급하는 방법으로 하는 특약을 하는 것은 주채무의 목적이나 형태보다 중하지 않는 것으로 판단되기에 유효한 약정이라고 볼 것입니다.

■ 채권양도 통지를 주채무자에게만 한 경우 보증인에게도 효력이 있는지요?

Q. 저는 甲의 乙에 대한 물품거래의 보증인으로서 보증계약을 체결한 사실이 있는데, 乙은 甲에 대한 물품대금채권 1,000만원을 丙에게 양도한 후 그 사실을 甲에게만 내용증명우편으로 통지하였습니다. 그 후 丙이 저를 상대로 위 1,000만원의 보증채무금청구의 소를 제기하였는바, 이 경우 제가 乙이 아닌 丙에게 변제할 책임이 있는지요?

A. 채권은 그 성질상 허용되고 당사자 사이에 양도금지특약이 없으면 양도할 수 있으며(민법 제449조), 지명채권양도는 양도인이 채무자에게 통지하거나 채무자가 승낙하지 아니하면 채무자 기타 제3자에게 대항하지 못하고, 그 통지나 승낙은 확정일자 있는 증서에 의하지 않으면 채무자 이외의 제3자에게 대항하지 못합니다(민법 제450조). 그런데 위 사안에서 귀하는 최초 甲에 대한 보증인으로서 乙과 보증계약을 체결하였을 뿐인데도, 귀하가 전혀 알지도 못하는 丙이 보증인의 책임을 물어 소송을 제기하였으므로 丙에 대해서도 보증책임을 져야 하는지 문제되는데, 이에 관련된 판례를 보면, 보증채무는 주채무에 대한 부종성 또는 수반성이 있어서 주채무자에 대한 채권이 이전되면 당사자 사이에 별도의 특약이 없는 한 보증인에 대한 채권도 함께 이전하고, 이 경우 채권양도의 대항요건도 주채권의 이전에 관하여 구비하면 충분하고, 별도로 보증채권에 관하여 대항요건을 갖출 필요는 없다고 하였습니다(대법원 2002.9.10. 선고 2002다21509 판결). 그렇다면 채권양도에 있어서 주채무자에 대한 채권양도통지 등으로 주채무자에 대한 대항요건을 갖추었으면 보증인에 대하여도 그 효력이 미친다고 할 것이고, 따라서 귀하는 양수인 丙에게 보증채무를 이행하여야 할 책임을 부담하게 될 것으로 보입니다.

■ 채무에 대한 보증계약의 이행을 하여야 하는가요?

Q. 甲은 乙회사의 이사 중 한명이었습니다. 甲은 乙회사의 이사로서 업무를 수행하다가 乙회사가 丙회사에 대하여 가지는 채무에 대하여 보증을 하였습니다. 乙회사는 영업실적이 좋아 甲이 이에 대하여 책임을 질 현실적인 이유가 없었으나, 甲이 퇴직한 이후 乙회사의 영업실적이 급락하여 丙은 보증계약을 토대로 甲에게 보증채무의 이행을 구하고 있습니다. 이 경우 甲은 丙에게 乙의 채무에 대한 보증계약의 이행을 하여야 하는가요?

A. 법률행위의 기초가 된 사정이 처음부터 존재하지 않거나, 존재하던 사정이 후에 현저히 변경되어 당초에 정하였던 행위의 효과를 그대로 유지하고 강제하는 것이 심히 공평의 원칙에 반하는 결과로 되는 경우, 법률행위의 내용을 수정하거나 그 법률관계를 해제?해지할 수 있도록 하는 것을 사정변경의 원칙이라고 합니다. 사정변경의 원칙이 적용되기 위해서는 ①행위의 기초가 되었던 사정이 법률행위 후에 변경되었어야 하고, ②사정변경을 당사자가 예측할 수 없었어야 하며, ③사정변경이 현저하여야 하고, ④사정변경이 당사자의 귀책사유로 인한 것이 아니어야 하며, ⑤당초의 행위의 구속력을 인정하는 것이 공평에 반할 것 등이 필요합니다.
판례는 "회사의 임원이나 직원의 지위에 있기 때문에 회사의 요구로 부득이 회사와 제3자 사이의 계속적 거래로 인한 회사의 채무에 대하여 보증인이 된 자가 그 후 회사로부터 퇴사하여 임원이나 직원의 지위를 떠난 때에는 보증계약성립 당시의 사정에 현저한 변경이 생긴 경우에 해당하므로 사정변경을 이유로 보증계약을 해지할 수 있다고 보아야 하며, 위 계속적 보증계약에서 보증기간을 정하였다고 하더라도 그것이 특히 퇴사 후에도 보증채무를 부담키로 특약한 취지라고 인정되지 않는 한 위와 같은 해지권의 발생에 영향이 없다(대법원 1990.2.27, 선고, 89다카1381, 판결)."라고 판시한 바 계속적 거래로 인한 회사 채무에 대하여 보증의 경우 사정변경에 의한 해지권을 인정하고 있습니다.

그러나 확정채무 보증의 경우에 대해서는 "사정변경을 이유로 보증계약을 해지할 수 있는 것은 포괄근보증이나 한정근보증과 같이 채무액이 불확정적이고 계속적인 거래로 인한 채무에 대하여 한 보증에 한하는바, 회사의 이사로 재직하면서 보증 당시 그 채무액과 변제기가 특정되어 있는 회사의 확정채무에 대하여 보증을 한 후 이사직을 사임하였다 하더라도, 사정변경을 이유로 보증계약을 해지할 수 없다(대법원 1996.2.9, 선고, 95다27431, 판결)."라고 판시한 바 있어 확정채무의 보증에 경우 해지권을 부정하고 있습니다.

■ 상행위채무에 대한 다수 채무자간 또는 채무자·보증인간의 연대책임은?

Q. 저는 2년 전 식당을 개업하는 甲에게 개업자금 5,000만원을 빌려주면서 甲과 그의 부친 乙을 공동채무자로 하고 甲의 친구 丙을 보증인으로 하였습니다. 그러나 甲은 식당영업이 부진하여 폐업하였는바, 이 경우 乙과 丙의 책임범위는 어떻게 되는지요?

A. 채무자가 2명 이상인 경우 특별한 의사표시가 없으면 각 채무자는 균등한 비율로 의무를 부담하는 분할채무로 보고, 그 보증인이 있을 경우 보증인은 주채무자 재산에 먼저 집행하라는 최고·검색의 항변권과 채무액을 보증인별로 분할하여 부담한다는 분별의 이익을 가지는 것이 원칙입니다(민법 제408조, 제437조, 제439조). 그러나 상행위로 인한 채무의 경우 특별한 규정이 있는바, 즉 수인이 그 1인 또는 전원에게 상행위가 되는 행위로 인하여 채무를 부담할 때 특약이 없는 한 연대하여 변제할 책임이 있으며, 그 보증인이 있는 경우에 그 보증이 상행위이거나 또는 주채무가 상행위로 인한 것인 때에는 주채무자와 보증인은 연대하여 책임을 지게 됩니다(상법 제57조).

만약 위 사안의 경우를 「민법」상의 채무로 본다면 甲과 乙의 채무는 분할채무로 보아 甲과 乙은 각 2,500만원의 채무를 부담하고 보증인 丙은 최고·검색의 항변권을 행사할 수 있을 것입니다. 그러나 식당업은 「상법」제46조 제9호에 해당하는 '공중(公衆)이 이용하는 시설에 의한 거래'를 영업으로 하는 공중접객업(상법 제151조)이라고 할 수 있고 「상법」의 규정은 그 거래당사자 일방만이 '상인성(商人性)'을 지닌 경우에도 적용되며 영업을 위한 준비로서의 개업준비행위는 영업목적행위는 아니나 영업을 위한 행위인 이상 상인자격을 취득한 이후의 행위만이 아니라 개업준비행위로 행하여진 금전소비대차행위도 같은 법 제47조의 규정에 의거 상행위로 보아야 할 것입니다.

따라서 위 사안의 경우에는 「상법」이 적용되어 공동채무자 乙과 보증인 丙은 대여금 5,000만원에 대하여 연대하여 변제할 책임이 있다 할 것이고, 이자에 대한 약정이 없다면 상사법정이율(연 6푼) 및 단기의 상사시효(5년)의 적용을 받게 될 것입니다(같은 법 제54조, 제64조).

■ 주채무자와 채권자의 관할합의가 보증인에게 미치는지요?

Q. 저는 친구 A를 위해서 보증계약을 체결하였습니다. 그런데 주채무자A와 채권자 사이에 관할에 대한 합의를 하였는데 보증인의 입장에서는 시간적으로나 장소적으로 불편한 경우에도 반드시 이에 따라야 합니까?

A. 주채무자와 채권자 사이의 관할에 대한 합의의 효력은 보증인에게 미치지 않으므로 반드시 이에 따라야 하는 것은 아닙니다. 이와 관련된 대법원의 판결을 보면 관할에 대한 합의의 효력은 당사자간에만 미치는 것이고 제3자에게 미치지 않는 것이 원칙이라는 전제에서 예를 들어 채권자와 주채무자 사이의 관할권 합의는 보증채무자나 다른 연대채무자에게 미치지 않고 또 채권자와 보증채무자 사이의 관할의 합의는 주채무자에게 미치지 않는다 하고 있습니다(대법원 1988.10.25. 선고 87다카1728 판결 참조). 이러한 판례의 입장에 비추어 보면 위 사안에서 보증인에게 채권자와 주채무자간의 합의된 관할을 강요할 수는 없다고 봅니다.

■ 개인회생신청 시 보증인은 어떻게 되는지요?

Q. 보증과 관련하여 다음의 경우 신청서를 어떻게 작성하는지요? 가. 신청인의 채무에 제3자가 (연대)보증을 한 경우, 나. 신청인의 채무에 제3자가 그 소유 부동산에 근저당권을 설정해 준 경우, 다. 제3자의 채무에 신청인이 (연대)보증을 한 경우

A. 가. 신청인의 채무에 제3자가 (연대)보증을 한 경우 채권자는 신청인 또는 (연대)보증인에게 청구할 수 있고, (연대)보증인이 채권자에게 신청인의 채무를 변제한 경우 (연대)보증인은 신청인에게 구상권을 행사할 수 있습니다(「민법」제425조 제1항 등). 따라서 (연대)보증인으로서는 아직 신청인의 채무를 변제하지 않고 있는 경우라 하더라도 앞으로 신청인의 채무를 변제할 경우 위 구상권을 취득할 지위에 있게 되는 바, 이러한 (연대)보증인의 지위를 '장래의 구상권자'라고 합니다. 「채무자 회생 및 파산에 관한 법률」은 신청인이 개인회생절차개시결정을 받은 경우 (연대)보증인은 장래의 구상권자로서 그 전액에 관하여 개인회생채권자로서 권리를 행사할 수 있다고 규정하고 있습니다(같은 법 제581조 제2항 및 제430조 제1항 본문).

그러나 채권자가 그 채권 전액에 관하여 개인회생채권자로서 권리를 행사한 경우에는 장래의 구상권자가 권리를 행사할 수 없습니다(같은 법 제581조 제2항 및 제430조 제1항 단서). 따라서 대부분의 사안은 채권자가 그 채권 전액에 관하여 개인회생채권자로서 권리를 행사(즉, 변제계획에 따른 변제금 수령)하고 있으므로 (연대)보증인이 장래의 구상권을 행사할 기회는 매우 드문 것 같습니다.

신청인은 '개인회생채권자목록'(법원양식 참조)에 채권자를 기재하되, 장래의 구상권자가 개인회생제도에 개입하고 신청인이 장래의 구상권자에 대해 면책의 효력을 주장하게 하는 취지에서 (연대)보증인을 채권자 바로 밑에 가지번호(예 : 2-1)로 하여 별도로 장래의 구상권자인 채권자로 기재합니다(장래의 구상권자의 기재를 누락한다면 (연대)보증인이 채권자에게 변제하고 구상권을 행사하는 경우 이를 막을 수 없으니 반드

시 기재해야 합니다). 다만, 채권자가 채권 전액에 관하여 권리행사를 하고 있으므로 장래의 구상권자인 (연대)보증인은 변제계획에 따른 변제금을 수령할 수 없게 되어 변제계획안의 변제예정액표에 변제할 채권자로는 기재하지 않습니다. 이러한 경우 채권자가 누락된 인상을 줄 수 있어 변제계획안에는 주의적으로 "10. 기타사항"란에 다음과 같은 문구를 기재하도록 합니다(법원양식 : '변제계획안 제출서' 참조).

"〈채권번호 ○-○번 채권자 ○○○의 장래 구상권의 처리〉 위 채권은 채무자 회생 및 파산에 관한 법률 제581조 제2항, 제430조의 규정에 의하여 처리한다."

실무상 문제되는 사안은, 보증보험회사나 보증기금, 보증재단 등의 기관에서 신청인의 채무를 보증한 경우, 신청인이 개인회생절차개시결정을 받으면 신청인의 채무는 즉시 변제기에 도래한 것으로 보게 되므로(같은 법 제581조 제2항 및 제425조), 채권자가 보증기관에 보증채무금을 청구하여 동 보증기관이 보증채무를 이행하고 법원에 대위변제에 따른 채권자변경신고를 하는 사안입니다. 위 보증기관들은 일반적으로 채권액 중 85%나 90% 등 일정비율에 한정하여 보증하는 경우가 대부분인 바, 이러한 경우에는 한정보증계약상의 보증채무는 모두 이행한 것이므로 대위변제한 보증기관은 구상권자로서 채권자와 함께 그 변제 비율에 따른 구상권을 행사할 수 있게 됩니다.

따라서 신청인으로서는 개인회생절차개시결정 후 보증기관의 대위변제금액을 확인하여 보증기관은 구상권자로서 개인회생채권자목록에 추가해야 하고 추가 전 채권자의 원금과 추가 후 채권자 및 구상권자의 원금 합계액은 동일해야 합니다.

나. 한편, 신청인의 채무에 제3자가 그 소유 부동산에 근저당권을 설정해 준 경우를 살펴보면, 이러한 경우 일반적으로 그 제3자를 물상보증인이라고 하며, 채권자가 물상보증인의 부동산에 담보권실행경매를 실행하여 채권의 변제를 받으면 물상보증인은 신청인에게 구상권을 취득하

게 되므로(「민법」제370조 및 제341조), 채권자가 담보권실행경매로 변제받기 전 물상보증인이 장래 구상권을 취득할 지위에 있게 되는 것은 (연대)보증인과 같습니다.

따라서 '개인회생채권자목록'(법원양식 참조)에 채권자를 기재하고 그 아래 가지번호(예 : 2-1)로 하여 별도로 장래의 구상권자인 채권자로 기재하되, 부속서류에 표시하고 4에 ○표시 한 후 "부속서류 4. 기타"(법원양식 참조)란에 물상보증인과의 관계, 담보목적물의 소재·지번, 담보목적물의 시가, 근저당권 채권최고액 및 순위 등을 기재합니다. 그러나 변제계획안의 변제예정액표에는 변제할 채권자로는 기재하지 않으며 이러한 경우 변제계획안에는 주의적으로 "10. 기타사항"란에 다음과 같은 문구를 기재하도록 합니다(법원양식 : '변제계획안 제출서' 참조).

"〈채권번호 ○-○번 채권자 ○○○의 장래 구상권의 처리〉 위 채권은 채무자 회생 및 파산에 관한 법률 제581조 제2항, 제430조의 규정에 의하여 처리한다."

다. 마지막으로 제3자의 채무에 신청인이 (연대)보증을 한 경우를 살펴보면, 이러한 경우 신청인이 개인회생절차개시결정을 받으면 채권자는 개인회생절차개시결정시 가진 채권 전액에 관하여 개인회생채권자로서 권리를 행사할 수 있습니다(같은 법 제429조, 제581조 제2항). 위와 같은 경우 개인회생채권자는 확정된 일반 개인회생채권과 차별 없이 취급해야 하고 개인회생채권자가 주채무자로부터 변제받을 가능성이 있다는 등의 사유로 미확정 채권으로 하여 이를 처리할 수는 없으며, 신청인의 채무가 단순 보증채무인 경우라도 주채무자에 대해 먼저 청구하고 집행할 것을 항변(「민법」제437조)할 수 없게 됩니다. 신청인은 '개인회생채권자목록'에 채권자를 기재하고 부속서류에 표시하고 4에 ○표시 한 후 "부속서류 4. 기타"란에 주채자의 성명, 주채무 발생원인 및 일자, 주채무금액, 주채무자와의 관계 등을 기재하면 됩니다.

■ 채무자에 대한 면책의 효력이 보증인에 대해서까지 미치는지요?

Q. 저는 파산 및 면책신청을 할 예정인데, 파산채권 중 일부에 제 친한 친구가 보증을 선 것이 있습니다. 제가 나중에 면책을 받으면 제 친구도 보증채무가 면책이 되는 것인지, 만약 면책이 되지 않는다면 제 친구가 채권자에게 보증채무를 이행하고 구상권을 취득한 후 저에게 구상금청구를 할 경우 저는 구상금채무를 이행하여야 하는지요?

A. 채무자의 면책은 그 보증인, 기타 채무자와 공동으로 채무를 부담하는 공동 채무자, 중첩적 채무인수인 등의 변제책임과 물상보증인이 제공한 담보에 아무런 영향을 미치지 않습니다(채무자 회생 및 파산에 관한 법률 제567조 참조). 일반적으로 인적, 물적 담보가 제 기능을 발휘하는 것은 주채무자가 무자력인 경우이므로 면책의 효과가 보증채무에 미치지 않는 것은 당연합니다. 또 면책결정의 확정으로 파산채권은 자연채무로 남게 되고, 당해 채권의 책임재산이 파산재단에 한정되는 데 불과하므로, 보증채무 또는 담보권의 부종에 반하는 것도 아니라고 할 것입니다.

따라서 귀하를 위해 보증을 선 친구의 보증채무는 귀하가 면책을 받는다고 하더라도 면책이 되는 것은 아니며, 귀하의 친구는 보증채무를 이행을 하여야 합니다. 그리고 보증인이 주채무자에 대한 면책결정 확정 후 채권자에게 보증채무를 이행하고 채무자에 대한 구상채권을 취득하더라도 이는 면책 후에 새로이 취득한 채권이 아니라 이미 채무자에 대한 장래의 구상권(채무자 회생 및 파산에 관한 법률 제427조 제2항)으로 취득한 파산채권이 현실화된 것일 뿐이므로 당연히 면책의 효력을 받습니다.

따라서 보증인은 채무자에 대하여 구상권을 행사할 수 없습니다. 보증인은 파산절차에서 일정한 요건 하에 파산절차에 참가하여 배당받을 수 있는 권리가 보장되어 있으며(법 제430조 참조), 보증인 등의 구상권에 면책의 효력이 미치지 않는 점을 고려하여 파산 및 면책절차에서의 채권자목록에 채무자를 위하여 보증을 선 사람을 보증인으로 기재하도록 하고, 이들에게도 절차 참여의 기회를 부여하고 있습니다.

귀하의 경우, 파산 및 면책신청시 귀하의 친구를 장래의 구상권자로 채권자목록에 기재하여 면책결정을 받게 되면, 추후 귀하의 친구가 보증채무를 이행하더라도 귀하에게 구상금을 청구할 수 없게 됩니다.

■ 파산자의 보증인과 상계는 가능할까요?

Q. 저는 친구 갑의 회사가 어렵다고 하여 연락이 왔습니다. 저는 이전
에 갑의 회사에 빚이 조금 있어서 그에 대한 보답 겸 위 회사의 을
에 대한 채무에 연대보증을 서 주었습니다. 하지만 점점 회사의 자
금사정은 악화되어가기만 하였고, 결국 위 회사는 파산절차에 들어
가게 되었습니다. 채권자가 채무의 이행을 촉구하자 우선은 제가 채
무액의 절반을 미리 변제하였습니다. 저는 위 일부 변제한 금원에
상응하는 구상권을 가지고 있으니 갑의 회사가 제게 갖는 채권과 상
계를 하고 싶은데 가능할까요?

A. 대법원은 파산자의 보증인이 파산선고 후 보증채무를 이행하는 때에 전
부 이행한 경우와 일부 이행한 경우 둘로 나누어 상계 가능여부를 판단
하고 있습니다. 먼저 보증인이 보증채무를 전부 이행함으로써 구상권을
취득한 경우, 그 구상권은 파산선고 당시 이미 장래의 구상권으로서 파
산채권으로 존재하고 있었다고 보아야 하는 점, 파산절차에서는 장래의
청구권을 자동채권으로 한 상계가 허용되는 점, 정지조건부채권 또는 장
래의 청구권을 가진 자가 그 채무를 변제하는 경우에는 후일 상계를 하
기 위하여 그 채권액의 한도에서 변제액의 임치를 청구할 수 있는 점
등에 비추어, 그 구상권을 자동채권으로 하여 파산채무자에 대한 채무와
상계할 수 있다고 봄이 상당하다고 보고 있습니다. 그런데 파산선고 후
파산채권자가 다른 채무자로부터 일부 변제를 받거나 다른 채무자에 대
한 회사정리절차 내지 파산절차에 참가하여 변제 또는 배당을 받았다
하더라도 그에 의하여 채권자가 채권 전액에 대하여 만족을 얻은 것이
아닌 한 파산채권액에 감소를 가져오는 것은 아니어서, 채권자는 여전히
파산선고시의 채권 전액으로써 계속하여 파산절차에 참가할 수 있고, 채
권의 일부에 대한 대위변제를 한 구상권자가 자신이 변제한 가액에 비
례하여 채권자와 함께 파산채권자로서 권리를 행사할 수 있는 것은 아
니다. 따라서 파산자의 보증인이 파산선고 후 채권자에게 그 보증채무의

일부를 변제하여 그 출재액을 한도로 파산자에 대하여 구상권을 취득하였다 하더라도 채권자가 파산선고시의 채권 전액을 파산채권으로 신고한 이상 보증인으로서는 파산자에 대하여 그 구상권을 파산채권으로 행사할 수 없어 이를 자동채권으로 하여 파산자에 대한 채무와 상계할 수도 없다(대법원 2008.8.21. 선고 2007다37752 판결)고 판시하고 있습니다. 따라서 이 사건의 경우에는 보증채무의 일부만을 이행 한 것이기에 파산자에 대하여 상계할 수 없습니다.

보증은 어떻게 성립하나요?

제2장 보증은 어떻게 성립하나요?

1. 보증계약

1-1. 보증계약의 당사자

① 보증은 주채무자의 채무를 보증할 것을 내용으로 보증인이 채권자와 보증계약을 체결함으로써 성립합니다.

② 현실적으로는 보증인에게 미리 허락을 받고 주채무자가 보증인의 대리인으로서 채권자와 보증계약을 체결하는 경우가 많지만 주채무자는 보증계약의 당사자가 아닙니다.

1-2. 보증인의 자격

1-2-1. 채무자가 보증인을 세울 의무가 없거나 채권자가 보증인을 지명한 경우

① 채무자가 보증인을 세울 의무가 없거나 채권자가 보증인을 지명한 경우에는 보증인은 행위능력 및 변제 자력이 있는 자가 아니어도 됩니다(「민법」 제431조제1항·제3항).

② '행위능력'이란 혼자서 유효한 법률행위를 할 수 있는 지위 또는 자격을 말합니다.

㉠ 미성년자(만 19세가 되지 않은 자를 말함), ㉡ 피한정후견인(질병, 장애, 노령, 그 밖의 사유로 인한 정신적 제약으로 사무를 처리할 능력이 부족한 사람으로서 가정법원으로부터 한정후견개시의 심판을 받은 사람) 및 ㉢ 피성년후견인(질병, 장애, 노령, 그 밖의 사유로 인한 정신적 제약으로 사무를 처리할 능력이 지속적으로 결여된 사람으로서 가정법원으로부터 성년후견개시의 심판을 받은 사람)의 경우 「민법」에 따라 행위능력에 일정한 제한을 받고, 그 행위능력을 보충하기 위해 법정대리인 또는 후견인으로부터 일정한 도움을 받습니다(「민법」 제4조, 제5조제2항, 제9조, 제10조, 제12조 및 제13조).

③ 다만, 의사능력이 없는 자(예를 들어, 술에 몹시 취한 자나 정신병자 또는 유아 등)의 법률행위는 무효이므로, 보증인은 최소한 의사능력이 있어야 합니다.

④ '의사능력'이란 자신의 행위의 의미나 결과를 정상적인 인식력과 예기력을 바탕으로 합리적으로 판단할 수 있는 정신적 능력 또는 지능을 말하는 것으로, 의사능력의 유무는 구체적인 법률행위와 관련하여 개별적으로 판단되어야 합니다(대법원 2002.10.11. 선고 2001다10113 판결).

⑤ 판례는 지능지수가 58인 38세의 정신지체 3급 장애인이 2천만원이 넘는 채무에 대해 연대보증계약을 체결한 사안에서 연대보증계약 당시 그 계약의 법률적 의미와 효과를 이해할 수 있는 의사능력을 갖추고 있었다고는 볼 수 없고 따라서 이러한 계약은 의사능력이 없는 상태에서 체결된 것으로서 무효라고 보았습니다(대법원 2006.9.22. 선고 2006다29358 판결).

⑥ 보증인을 지명한 채권자는 보증인이 변제 자력이 없게 되더라도 보증인의 변경을 청구할 수 없습니다(「민법」 제431조제2항·제3항).

1-2-2. 채무자가 보증인을 세울 의무를 부담하는 경우

① 채무자가 보증인을 세울 의무를 부담하는 경우에는 그 보증인은 행위능력 및 변제 자력이 있는 자여야 합니다(「민법」 제431조제1항).

② 채무자는 다른 상당한 담보를 제공함으로써 보증인을 세울 의무를 면할 수 있습니다(「민법」 제432조).

③ 보증인이 변제 자력이 없게 된 경우에는 채권자는 보증인의 변경을 청구할 수 있습니다(「민법」 제431조제2항).

■ 누구나 보증인이 될 수 있나요?

Q. 누구나 보증인이 될 수 있나요?

A. 채무자가 보증인을 세울 의무를 부담하는 경우에는 그 보증인은 행위능
력 및 변제 자력이 있는 자여야 합니다. 그러나 채무자가 보증인을 세
울 의무가 없거나 채권자가 보증인을 지명한 경우에는 보증인은 행위능
력 및 변제 자력이 있는 자가 아니어도 됩니다. 다만, 의사능력이 없는
자(예를 들어, 술에 몹시 취한 자나 정신병자 또는 유아 등)의 **법률행
위**는 무효이므로 보증인은 최소한 의사능력이 있어야 합니다.

◇ 보증인의 자격

① 채무자가 보증인을 세울 의무를 부담하는 경우
 - 이 경우 그 보증인은 행위능력 및 변제 자력이 있는 자여야 합니다.
 - 행위능력은 있으나 변제 자력이 없는 자 또는 변제 자력은 있으나 행
   위능력이 없는 자는 보증인이 될 수 없습니다.
 - 보증인이 변제 자력이 없게 된 경우에는 채권자는 보증인의 변경을 청
   구할 수 있습니다.
 - 채무자는 다른 상응하는 담보를 제공함으로써 보증인을 세울 의무를
   면할 수 있습니다.

② 채무자가 보증인을 세울 의무가 없거나 채권자가 보증인을 지명한 경우
 - 이 경우 보증인은 행위능력 및 변제 자력이 있는 자가 아니어도 됩니다.
 - 다만, 의사능력이 없는 자(예를 들어, 술에 몹시 취한 자나 정신병자
   또는 유아 등)의 법률행위는 무효이므로, 보증인은 최소한 의사능력
   이 있어야 합니다.

③ "행위능력"이란 혼자서 유효한 법률행위를 할 수 있는 지위 또는 자
  격을 말합니다.

④ "의사능력"이란 자신의 행위의 의미나 결과를 정상적인 인식력과 예기
  력(豫期力)을 바탕으로 합리적으로 판단할 수 있는 정신적 능력 또는
  지능을 말하는 것으로, 의사능력의 유무는 구체적인 법률행위와 관련
  하여 개별적으로 판단됩니다.

2. 보증계약의 체결

2-1. 보증계약의 체결방식

① 보증계약은 보증인의 보증의사가 기명날인 또는 서명이 있는 서면으로 표시되어야 효력이 발생합니다(「민법」 제428조의2제1항 본문).

② 다만, 보증의사가 전자적 형태로 표시된 경우에는 효력이 없습니다(「민법」 제428조의2제1항 단서).

③ 보증채무를 보증인에게 불리하게 변경하는 경우에도 그 의사가 보증인의 기명날인 또는 서명이 있는 서면으로 표시되어야 효력이 발생합니다(「민법」 제428조의2제2항).

④ 다만, 보증인이 보증채무를 이행한 경우에는 그 한도에서 위에 따른 방식의 하자를 이유로 보증의 무효를 주장할 수 없습니다(「민법」 제428조의2제3항).

2-2. 채권자의 정보제공 의무

① 채권자는 보증계약을 체결할 때 보증계약의 체결 여부 또는 그 내용에 영향을 미칠 수 있는 주채무자의 채무 관련 신용정보를 보유하고 있거나 알고 있는 경우에는 보증인에게 그 정보를 알려야 합니다. 보증계약을 갱신할 때에도 같습니다(「민법」 제436조의2제1항).

② 채권자가 위에 따른 정보제공의무를 위반하여 보증인에게 손해를 입힌 경우에는 법원은 그 내용과 정도 등을 고려하여 보증채무를 감경하거나 면제할 수 있습니다(「민법」 제436조의2제4항).

2-3. 보증인의 보증의사

① 보증인의 보증의사의 존재 여부는 당사자가 거래에 관여하게 된 동기와 경위, 그 관여 형식 및 내용, 당사자가 그 거래행위에 의하여 달성하려는 목적, 거래의 관행 등을 종합적으로 고찰하여 판단해야 할 당사자의 의사해석 및 사실인정의 문제이지만, 보증은 이를 부담

할 특별한 사정이 있을 경우 이루어지는 것이므로 보증인의 보증의사 존재는 엄격하게 제한하여 인정해야 한다는 것이 판례의 입장입니다 (대법원 2000.5.30. 선고 2000다2566 판결 참조).

② 보증계약체결 시 채권자는 보증인에게 주채무자의 신용상태를 알릴 신의칙상의 의무를 부담하지 않습니다(대법원 2002.7.12. 선고 99다 68652 판결).

③ 보증계약은 보증인이 주채무자의 부탁을 받고 체결하는 것이 보통이 지만, 주채무자의 부탁 유무는 보증계약의 성립요건은 아니며 단지 구상권의 범위에서만 차이가 있을 뿐입니다(「민법」 제441조부터 제 446조까지 참조).

■ 조합원이 조합에게 중요사항을 제대로 고지하지 않은 경우 조합이 보증 계약을 취소할 수 있는지요?

Q. 건설산업기본법에 의하여 설립된 공제조합이 조합원과 사이에 조합원이 도급받은 공사도급계약과 관련하여 체결하는 계약보증계약에서 조합원이 조합에게 고지하여야 할 중요사항에 관하여 불실고지하거나 불고지한 경우, 조합이 보증계약을 취소할 수 있나요?

A. 민법 제110조 제1항에서는 '사기나 강박에 의한 의사표시는 취소할 수 있다'고 규정하고 있습니다. 즉, 표의자가 타인의 기망행위로 인하여 착오에 빠지고, 그러한 상태에서 의사표시를 하였다면, 이러한 의사표시는 사기에 의한 의사표시로서 민법 제110조 제1항에 의하여 취소할 수 있습니다. 그런데 여기서 '기망행위'란 일반적으로 표의자에게 그릇된 관념을 가지게 하거나, 그러한 관념을 강화 또는 유지하게 하는 모든 것을 의미합니다. 그렇다면 이러한 기망행위에 적극적으로 사실을 날조하는 행위 외에 부작위, 즉 침묵도 기망행위로 될 수 있는지가 문제됩니다. 일반적으로는 신의칙과 거래관념에 비추어볼 때, 어떤 상황 등에 관하여 고지할 의무가 있음에도 불구하고, 고지하지 않음으로써, 상대방에게 착오를 야기한 경우 이러한 행위도 기망행위가 되는 것으로 해석됩니다.

한편 사안과 같이 건설산업기본법에 의하여 설립된 공제조합이 조합원과 사이에 조합원이 도급받은 건설공사에 관한 도급계약과 관련하여 체결하는 계약보증계약에서 조합원이 조합에게 고지하여야 할 중요사항에 관하여 불실고지하거나 불고지하는 경우, 이는 조합에 대한 기망행위에 해당하고, 그로 인하여 조합이 착오에 빠진 경우 조합은 민법의 일반원칙에 따라 그 보증계약을 취소할 수 있다는 것이 대법원의 입장입니다 (대법원 2004.6.24. 선고 2003다65551 판결 등 참조). 특히 이때 조합원이 고지하여야 할 중요사항이란 '보증사고의 발생과 그로 인한 책임부담의 개연율 측정을 통한 보증계약 체결 여부나 보증계약의 내용을 결정하기 위한 표준이 되는 사항으로서, 조합이 그 사실을 안다면 그 계약을 체결하지 않거나 적어도 동일한 조건으로는 계약을 체결하지 않으리라고 볼 만한 사항'을 의미합니다(대법원 2003.11.13. 선고 2001다33000 판결 등 참조).

신용제공을 수반한 국제거래계약에서 계약 당사자인 자회사가 신용도
가 높은 모회사의 지분 비율 및 모회사의 계약 체결 승인 사실을 진술
하는 조항을 두거나 그러한 내용의 확인서를 작성하여 상대방에게 교부
하였더라도 그 자체만으로는 모회사에게 어떠한 의무를 발생시킨다고
볼 수 없고, 별도의 수권서류가 작성·교부되지 않은 이상 이러한 진술
조항만으로 자회사의 의사가 모회사를 대리하여 계약을 체결하려는 것
이었다고 해석할 수 없다(대법원 2006.8.25. 선고 2004다26119 판결).

■ 보증계약 체결시 공정지연에 의한 계약 해제가능성 등이 보증계약 상대방에게 고지하여야 할 중요한 사항에 해당하는지요?

Q. 보증계약 체결시 공정지연에 의한 계약 해제가능성, 선급금의 용도 외 사용 등을 보증계약 상대방에게 공지하지 않은 경우 동기의 착오로 보증계약을 취소할 수 있나요?

A. 법원은 공제조합의 계약보증계약 및 각 선급금보증계약 체결 당시 공정지연에 의한 계약 해제의 가능성, 2009.2.11.자 채권압류 및 추심명령 송달 사실, 선급금의 용도 이외 사용 사실 등은 원고 또는 소외 회사가 보증계약을 체결함에 있어 피고 공제조합에 알려야 할 중요사항에 해당한다고 보기 어렵고, 원고의 선급금 지급이 지방자치단체 입찰 및 계약 집행기준(2008.7.7. 전부 개정 행정안전부예규 제177호)에 근거하여 적법하게 집행된 점, 피고 공제조합의 착오는 동기의 착오로서 상대방에게 표시되어 법률행위의 중요한 내용이 되었다고 볼 수 없는 점, 원고는 피고 공제조합이 발행한 각 보증서의 채권담보적 기능을 신뢰하여 새로운 이해관계를 가지게 된 자로서 위와 같은 취소사유가 있었음을 알았거나 알 수 있었다고 볼 수 없는 점 등을 종합하여, 피고 공제조합의 기망 또는 착오 등을 이유로 한 각 보증계약 취소 주장을 배척하였다 (대법원 2016.1.28. 선고 2013다74110 판결).

✿ 관련판례
자회사가 금전을 대출받거나 그 밖에 금전지급의무를 부담하는 국제금융거래에서, 모회사가 대주(貸主)에게 보증의 의사를 추단할 문구가 전혀 없이 단지 모회사가 자회사의 지분을 보유하고 있다는 사실의 확인과 자회사의 계약 체결을 인식 또는 승인하였다는 등의 내용을 담은 서면을 작성·교부한 데 그친 경우, 자회사가 모회사를 대리하여 계약을 체결하였다거나 자회사가 체결한 계약상 채무를 모회사가 보증하였다고 해석할 수 없다(대법원 2006.8.25. 선고 2004다26119 판결).

■ 비법인사단의 금전채무 보증행위의 성격은?

Q. 비법인사단인 재건축주택조합이 A주식회사의 B주식회사에 대한 채무에 대하여 보증을 하였습니다. 결국 B주식회사가 재건축주택조합에 채무의 이행을 구하는데, 재건축주택조합은 현재 이러한 보증행위가 총유물 관리·처분에 해당하므로 조합규약 또는 민법 규정에 의하여 조합원총회의 결의를 거쳐야 하는데 위 보증행위에 관하여 그 결의를 받지 아니하였으니 무효라는 취지로 항변합니다. 이러한 항변이 타당한 것인지요?

A. 이에 대하여 대법원은 전원합의체 판결로 "민법 제275조, 제276조 제1항에서 말하는 총유물의 관리 및 처분이라 함은 총유물 그 자체에 관한 이용·개량행위나 법률적·사실적 처분행위를 의미하는 것이므로, 비법인사단이 타인 간의 금전채무를 보증하는 행위는 총유물 그 자체의 관리·처분이 따르지 아니하는 단순한 채무부담행위에 불과하여 이를 총유물의 관리·처분행위라고 볼 수는 없다."라고 판시한바 있습니다(대법원 2007.4.19. 선고 2004다60072 전원합의체 판결). 곧 비법인사단이 타인 간의 금전채무를 보증하는 행위를 총유물의 관리·처분행위로 볼 수 없다고 판단한 것입니다. 그렇다면 위 사안에서도 마찬가지로 비법인사단인 재건축주택조합이 조합원총회의 결의를 거치지 않은 보증행위는 단순한 채무부담행위로서 이러한 것이 무효라는 취지의 항변은 타당하지 않다고 할 것입니다.

■ 비법인사단의 총회결의를 흠결한 채무보증계약의 효력은 어떻게 되는 것인가요?

Q. 비법인사단인 재건축조합의 조합장이 채무보증계약을 체결하면서 조합규약에서 정한 조합 임원회의 결의를 거치지 않고 또 조합원총회 결의를 거치지 않았습니다. 이러한 경우 조합장이 체결한 보증계약의 효력은 어떻게 되는 것인가요?

A. 그러한 보증계약은 원칙적으로 유효하여, 곧바로 그 보증계약이 무효라고 할 수는 없습니다. 다만, 이와 같은 경우에 조합 임원회의의 결의 등을 거치도록 한 조합규약은 조합장의 대표권을 제한하는 규정에 해당하는 것이므로, 거래 상대방이 그와 같은 대표권 제한 및 그 위반 사실을 알았거나 과실로 인하여 이를 알지 못한 때에는 그 거래행위가 무효로 된다고 봄이 상당하며, 이 경우 그 거래 상대방이 대표권 제한 및 그 위반 사실을 알았거나 알지 못한 데에 과실이 있다는 사정은 그 거래의 무효를 주장하는 측이 이를 주장·입증하여야 합니다(대법원 2007.4.19. 선고 2004다60072 전원합의체 판결).

☆☆ 관련판례

보증제도는 본질적으로 주채무자의 무자력으로 인한 채권자의 위험을 인수하는 것이므로 보증인이 주채무자의 자력에 대해 조사한 후 보증계약을 체결할 것인지의 여부를 스스로 결정하여야 하는 것이고, 채권자가 보증인에게 채무자의 신용상태를 고지할 신의칙상의 의무는 존재하지 않는다(대법원 2002.7.12. 선고 99다68652 판결).

■ 보증채권만을 주채권과 분리하여 양도하였을 경우 보증채무를 부담하나요?

Q. 甲은 乙의 丙에 대한 채무를 보증하였습니다. 그런데 丙은 甲에 대하여 가지는 보증채권만을 을에 대한 주채권과 분리하여 丁에게 양도하였습니다. 이 경우 甲은 정에 대하여 보증채무를 부담하나요?

A. 주채권과 분리하여 보증채권만을 양도하기로 하는 약정은 그 효력이 없습니다(대법원 2002.9.10. 선고 2002다21509 판결). 왜냐하면 주채권과 보증인에 대한 채권의 귀속주체를 달리하는 것은, 주채무자의 항변권으로 채권자에게 대항할 수 있는 보증인의 권리가 침해되는 등 보증채무의 부종성에 반하고, 주채권을 가지지 않는 자에게 보증채권만을 인정할 실익도 없기 때문입니다.

⚖ 관련판례

보증인의 보증의사의 존부는 당사자가 거래에 관여하게 된 동기와 경위, 그 관여 형식 및 내용, 당사자가 그 거래행위에 의하여 달성하려는 목적, 거래의 관행 등을 종합적으로 고찰하여 판단하여야 할 당사자의 의사해석 및 사실인정의 문제이지만, 보증은 이를 부담할 특별한 사정이 있을 경우 이루어지는 것이므로 보증의사의 존재는 이를 엄격하게 제한하여 인정하여야 한다(대법원 2000.5.30. 선고 2000다2566 판결).

■ 주채무자와 채권자 사이의 손해배상액예정과 보증채무의 범위는?

Q. 甲은 乙에게 스피커를 제조하여 판매하는 계약을 체결하였습니다. 이 때 丙은 甲이 을에게 채무를 불이행하였을 때 그 손해배상채무를 보증하였습니다. 그 후, 甲과 乙 사이에 손해배상액을 5백만 원으로 하기로 약정하였고, 甲이 만든 스피커에 하자가 생겨서 乙에게 3백만 원의 손해가 발생하였습니다. 이 경우 丙은 을에게 5백만 원의 보증책임을 지나요?

A. 보증계약은 원칙적으로 채권자와 보증인 사이의 계약에 의하여 성립하는 것이므로, 보증인은 원칙적으로 '보증계약 당시의 주채무'를 보증합니다. 따라서 보증계약 '후'에는 채권자와 채무자 사이의 계약으로 주채무의 내용을 가중하는 경우 그 가중된 부분은 보증채무에 영향을 주지 못합니다. 다만, 주채무의 내용이 감축된 경우에는 보증채무의 주채무에 따르는 성질에 의해 그 감축된 주채무를 보증하는 것으로 변경됩니다(민법 제430조). 따라서 사안의 경우는 보증계약 후 채권자인 乙과 주채무자인 甲사이의 계약으로 손해배상을 5백만 원으로 약정한 것인데, 실제 손해배상액이 3백만 원이라고 한다면, 丙은 을에게 3백만 원의 보증책임만 지면 됩니다.

☆☆ 관련판례

갑이 주채무액을 알지 못한 상태에서 주채무자의 부탁으로 채권자와 보증계약 체결 여부를 교섭하는 과정에서 채권자에게 보증의사를 표시한 후 주채무가 거액인 사실을 알고서 보증계약 체결을 단념하였으나 갑의 도장과 보증용 과세증명서를 소지하게 된 주채무자가 임의로 갑을 대위하여 채권자와 사이에 보증계약을 체결한 경우, 갑이 채권자에 대하여 주채무자에게 보증계약 체결의 대리권을 수여하는 표시를 한 것이라 단정할 수 없고, 대리권 수여의 표시를 한 것으로 본다 하더라도 채권자에게는 주채무자의 대리권 없음을 알지 못한 데 과실이 있다고 보아 민법 제125조 소정의 표현대리의 성립을 부정한 사례(대법원 2000.5.30. 선고 2000다2566 판결).

■ 보증계약상 채권자의 담보보전의무는 배제가 가능한지요?

Q. 갑이 을에 대하여 채권을 가지고 있고 그 채권에 병이 A아파트에 저당권을 설정해주었고, 정은 연대보증계약을 해주었습니다. 정은 위 연대보증계약서에 "채무에 관한 담보물의 가격저락, 상실하자 기타 담보물의 유무에 불구하고 그 보증책임을 이행한다"라고 약정하였습니다. 이후 갑은 병에 대하여는 보증채무를 면제해주었습니다. 이에 정은 갑이 민법 제485조에 따른 채권자의 담보보존의무를 저버렸기에 위 저당권 설정액만큼 자신의 책임범위가 감소되어야 한다고 주장하고 있습니다. 이 경우 정의 주장이 받아들여지나요?

A. 민법 제485조에서는 '제481조의 규정에 의하여 대위할 자가 있는 경우에 채권자의 고의나 과실로 담보가 상실되거나 감소된 때에는 대위할 자는 그 상실 또는 감소로 인하여 상환을 받을 수 없는 한도에서 그 책임을 면한다.'라고 규정하여 채권자의 담보보존의무를 명시하고 있습니다. 다만, 위 담보보존의무에 대하여 대법원은 "채권자의 담보보존의무를 규정한 민법 제485조 의 규정은 물론 임의규정이므로 당사자간의 합의(특약)에 의하여 위 규정의 적용을 배제할 수도 있는 것이다.
따라서 연대보증함에 있어 채권자의 위 채무에 관한 담보물의 가격저락, 상실하자 기타 담보물의 유무에 불구하고 그 보증책임을 이행하기로 약정한 사실은 결국 연대채무자가 채권자의 고의 또는 과실에 의한 담보의 상실 내지 감소의 경우에도 그 보증책임을 이행하겠다는 취지로 민법 제485조 의 적용을 배제하는 특약을 한 것으로 보아야 한다(대법원 1987.3.24. 선고 84다카1324 판결)."라고 판시하고 있습니다. 이 사건의 정은 연대보증계약시 "채무에 관한 담보물의 가격저락, 상실하자 기타 담보물의 유무에 불구하고 그 보증책임을 이행한다"라고 약정하였기에 정의 주장은 받아들여지기 어려울 것입니다.

■ 보증채무와 주채무사이의 변제이익 차이는 어떻게 하나요?

Q. 제가 갑으로부터 을에 대한 채무에 보증을 서달라는 부탁을 듣고 보증을 서 주었습니다. 그리고 사업에 쓸 돈이 부족하여 을로부터 5○○만원 빌렸고 이에 대하여는 보증인을 두지 않았습니다. 그리고 두 채무에 대한 변제일이 지난 후 저는 을에게 5○○만원 및 그에 대한 이자를 지급하였습니다. 그러자 갑이 자신에 대한 보증을 먼저 서주었으니 자신의 채무를 먼저 변제해야한다고 주장하는 것입니다. 이러한 갑의 주장이 맞나요?

A. 민법 제477조에서는 당사자가 변제에 충당할 채무를 지정하지 아니한 때에는 다음 각 호의 규정에 의한다고 하여 2호에서 채무전부의 이행기가 도래하였거나 도래하지 아니한 때에는 채무자에게 변제이익이 많은 채무의 변제에 충당한다고 규정하고 있습니다. 또한 판례는 특별한 사정이 없는 한, 변제자가 타인의 채무에 대한 보증인으로서 부담하는 보증채무(연대보증채무도 포함)는 변제자 자신의 채무에 비하여, 연대채무는 단순채무에 비하여, 각각 변제자에게 그 변제의 이익이 적다고 보아야 할 것이다(대법원 1999.7.9. 선고 98다55543 판결)라고 판시하고 있습니다.

사안의 경우 채권자 을과 변제에 관한 합의 또는 지정이 없었기에 채무자인 귀하께서 변제이익이 많은 쪽을 먼저 변제하면 될 것이고, 그렇다면 보증인으로서 부담하는 보증채무에 비해 자신의 채무가 더 변제이익이 크다 할것입니다. 따라서 갑의 주장은 이유 없습니다.

■ 보증채무의 이행청구에 대하여 과실상계를 주장할 수 있나요?

Q. 채권자의 과실로 인하여 담보물의 가치에 손상이 온 경우, 연대보증인이 채권자의 보증채무청구에 대하여 과실상계를 주장할 수 있나요?

A. 과실상계란 채무불이행이나 불법행위에서 채권자에게도 과실이 있으면 손해배상의 책임과 금액의 결정에 있어서 그 과실을 참작하는 것을 뜻합니다. 따라서 손해배상책임의 유무 또는 배상의 범위를 정함에 있어 채권자의 과실이 참작되는 과실상계의 법리가 연대보증인에 대하여 그 보증채무의 이행을 구하고 있는 경우에는 적용될 여지가 없습니다(대법원 1987.3.24. 선고 84다카1324 판결).

■ 주채무가 해제된 경우 보증채무에 기해 기지급한 금원이 부당이득으로 되는지요?

Q. 갑과 을은 갑소유의 X부동산에 관하여 매매계약을 체결하면서 계약금은 계약당일 지급하고 나머지 잔금은 17회에 걸쳐 분할하여 지급하기로 하였습니다. 또 잔금에 대하여 을은 이행보증보험증권을 제출하기로 약정하였는바, 병이 을과 이 사건 매매계약의 제6회 내지 제11회 분할대금의 전부 또는 일부의 지급을 보증하는 이 사건 각 이행보증보험계약을 체결하였습니다. 그 후 을이 잔금을 납부하지 않자 갑은 병에게 위 각 분할대금의 채무불이행을 이유로 보험금의 지급을 청구하였고, 병은 6회에 걸쳐 보험금을 갑에게 지급하였습니다. 그런데 을이 그 후 나머지 매매대금을 지급하지 아니하자, 갑은 을에게 채무불이행을 이유로 이 사건 매매계약의 해제 의사표시를 하고 정당하게 해제되었습니다. 이에 병은 위 이행보증보험계약에 기해 납부한 보험금을 부당이득으로써 돌려받고자 합니다. 병의 주장이 받아들여질 수 있나요?

A. 보증보험이란 피보험자와 어떠한 법률관계를 가진 보험계약자(주계약상의 채무자)의 채무불이행으로 인하여 피보험자(주계약상의 채권자)가 입게 될 손해의 전보를 보험자가 인수하는 것을 내용으로 하는 손해보험으로서, 형식적으로는 채무자의 채무불이행을 보험사고로 하는 보험계약이나 실질적으로는 보증의 성격을 가지고 보증계약과 같은 효과를 목적으로 하는 것이므로, 보증보험계약은 주계약 등의 법률관계를 전제로 하고 보험계약자가 주계약에 따른 채무를 이행하지 아니함으로써 피보험자가 입게 되는 손해를 약관의 정하는 바에 따라 그리고 그 보험계약금액의 범위 내에서 보상하는 것이고(대법원 2000.12.8. 선고 99다53483 판결 등 참조), 그 성질에 반하지 않는 한 민법의 보증에 관한 규정이 보증보험계약에도 적용됩니다(대법원 2002.5.10. 선고 2000다70156 판결 등 참조). 그리고 보증채무는 주채무와 동일한 내용의 급부를 목적으로 함이 원칙이지만 주채무와는 별개

독립의 채무이고(대법원 2002.8.27. 선고 2000다9734 판결 등 참조), 한편 보증채무자가 주채무를 소멸시키는 행위는 주채무의 존재를 전제로 하므로, 보증인의 출연행위 당시에는 주채무가 유효하게 존속하고 있었다 하더라도 그 후 주계약이 해제되어 소급적으로 소멸하는 경우에는 보증인은 변제를 수령한 채권자를 상대로 이미 이행한 급부를 부당이득으로 반환청구할 수 있다 할 것입니다.

따라서 보험계약자인 을이 위 각 분할대금채무를 이행하지 아니하여 보험자인 병이 보증보험계약의 내용에 따라 피보험자인 갑에게 각 분할대금 상당을 보험금으로 지급한 후 갑이 나머지 매매대금에 관한 을의 채무불이행을 이유로 이 사건 매매계약을 해제함으로써 위 매매계약이 소급적으로 무효가 되었으므로, 보험자인 병은 갑을 상대로 이미 지급한 보험금을 부당이득으로 반환청구할 수 있다고 할 것입니다.

[서식 예] 보증채무금청구의 소(변제기일 없고, 이자약정 있는 경우)

소　　장

원　　고　　○○○ (주민등록번호)
　　　　　　○○시 ○○구 ○○길 ○○(우편번호)
　　　　　　전화·휴대폰번호:
　　　　　　팩스번호, 전자우편(e-mail)주소:
피　　고　　◇◇◇ (주민등록번호)
　　　　　　○○시 ○○구 ○○길 ○○(우편번호)
　　　　　　전화·휴대폰번호:
　　　　　　팩스번호, 전자우편(e-mail)주소:

보증채무금청구의 소

청 구 취 지

1. 피고는 원고에게 금 10,000,000원 및 이에 대하여 20○○. ○○. ○.부터 이 사건 소장부본 송달일까지는 연 12%의, 그 다음날부터 다 갚을 때까지는 연 12%의 각 비율로 계산한 돈을 지급하라.
2. 소송비용은 피고의 부담으로 한다.
3. 위 제1항은 가집행 할 수 있다.
라는 판결을 구합니다.

청 구 원 인

1. 원고는 20○○. ○. ○. 소외 ◈◈◈로부터 돈을 빌려 달라는 부탁을 받고 이율 월1%(지급은 매월 말일), 이자지급이 2개월 이상 연체될 때에는 기한의 이익이 상실되어 즉시 변제할 의무를 지기로 약정하고 금 10,000,000원을 대여하였으며, 피고는 원고가 소외 ◈◈◈에게 위 돈을 빌려 줄 때에 소외 ◈◈◈의 차용금반환에 연대보증인이 되기로 하고 금전소비대차계약서상에 연대보증인으로 서명.날인하였습니다.
2. 그런데 소외 ◈◈◈는 매월 이자의 지급을 충실히 이행하다가 20○○. ○○. ○.부터 발생하는 이자 2개월분을 연체하였으므로 원고는 소외

◈◈◈ 및 연대보증인인 피고에게 기한의 이익이 상실되었음을 통지하고 위 돈의 반환을 요구하였습니다. 그러나 피고는 연대보증인으로서의 보증채무가 있음에도 원고의 요구에 응하지 아니하고 있습니다.

3. 따라서 원고는 피고에 대하여 보증채무금 10,000,000원 및 이에 대하여 20○○. ○○. ○.부터 이 사건 소장부본 송달일까지는 약정이율인 연 12%의, 그 다음날부터 다 갚을 때까지는 소송촉진등에관한특례법에서 정한 연 12%의 각 비율로 계산한 돈을 지급 받기 위하여 이 사건 청구에 이른 것입니다.

입 증 방 법

    1. 갑 제1호증   금전소비대차계약서

첨 부 서 류

    1. 위 입증방법   각 2통
    1. 소장부본   1통
    1. 송달료납부서   1통

20○○.　○.　○.
위 원고　○○○　(서명 또는 날인)

○○지방법원　귀중

[서식 예] 보증채무금청구의 소(변제기일 있고, 이자약정 없는 경우)

소　　　장

원　　고　○○○ (주민등록번호)
　　　　　○○시 ○○구 ○○길 ○○(우편번호)
　　　　　전화·휴대폰번호:
　　　　　팩스번호, 전자우편(e-mail)주소:
피　　고　◇◇◇ (주민등록번호)
　　　　　○○시 ○○구 ○○길 ○○(우편번호)
　　　　　전화·휴대폰번호:
　　　　　팩스번호, 전자우편(e-mail)주소:

보증채무금청구의 소

청 구 취 지

1. 피고는 원고에게 금 1,000,000원 및 이에 대하여 20○○. ○○. ○○.부터 이 사건 소장부본 송달일까지는 연 5%의, 그 다음날부터 다 갚을 때까지는 연 12%의 각 비율로 계산한 돈을 지급하라.
2. 소송비용은 피고의 부담으로 한다.
3. 위 제1항은 가집행 할 수 있다.
라는 판결을 구합니다.

청 구 원 인

1. 소외 ◈◈◈와 피고 ◇◇◇는 고향친구 사이인데, 원고가 20○○. ○○. 소외 ◈◈◈에게 금 1,000,000원을 변제기일 20○○. ○○. ○○.로 약정하여 빌려주는 데 있어서 피고가 소외 ◈◈◈가 위 돈을 갚지 못할 때에는 피고가 책임지겠다면서 소외 ◈◈◈가 작성한 차용증에 연대보증인으로 서명.날인하였습니다.
2. 그런데 소외 ◈◈◈는 변제기일인 20○○. ○○. ○○.이 지난 지금까지 위 돈을 갚지 않고 계속 미루고 있으므로 원고는 소외 ◈◈◈의 연대보증인인 피고에게 위 돈의 지급을 요구하였으나, 피고는 이에

응하지 않고 있습니다.

3. 따라서 원고는 부득이 피고로부터 위 보증채무금 1,000,000원 및 이에 대하여 변제기일의 다음날인 20○○. ○○. ○○.부터 이 사건 소장부본 송달일까지는 민법에서 정한 연 5%의, 그 다음날부터 다 갚을 때까지는 소송촉진등에관한특례법에서 정한 연 12%의 각 비율로 계산한 돈을 지급 받기 위하여 이 사건 청구에 이른 것입니다.

입 증 방 법

1. 갑 제1호증   차용증

첨 부 서 류

1. 위 입증방법   각 2통
1. 소장부본   1통
1. 송달료납부서   1통

20○○.   ○.   ○.

위 원고   ○○○   (서명 또는 날인)

○○지방법원   귀중

소   장

원   고   ○○○ (주민등록번호)
          ○○시 ○○구 ○○길 ○○(우편번호)
          전화·휴대폰번호:
          팩스번호, 전자우편(e-mail)주소:
피   고   ◇◇◇ (주민등록번호)
          ○○시 ○○구 ○○길 ○○(우편번호)
          전화·휴대폰번호:
          팩스번호, 전자우편(e-mail)주소:

보증채무금청구의 소

청 구 취 지

1. 피고는 원고에게 금 10,000,000원 및 이에 대하여 1991.4.2.부터 2000.
   3. 10.까지는 연 5%의, 그 다음날부터 다 갚을 때까지는 연 12%의 각
   비율에 의한 돈을 지급하라.
2. 소송비용은 피고의 부담으로 한다.
3. 위 제1항은 가집행 할 수 있다.
라는 판결을 구합니다.

청 구 원 인

1. 원고는 1999.1.1. 소외 ◆◆◆로부터 돈을 빌려달라는 부탁을 받고 피고
   를 보증인으로 하여 갚을 날짜를 1999.4.1.로 하여 금 10,000,000원을
   소외 ◆◆◆에게 빌려주기로 하는 금전소비대차 및 보증계약을 체결하였
   습니다.
2. 그런데 원고가 소외 ◆◆◆에게 갚을 날짜에 위 돈의 반환을 청구하
   였으나 갚지 않았으므로, 원고는 소외 ◆◆◆를 피고로 20063.1. 대
   여금청구소송을 제기하여 판결을 받았으나, 소외 ◆◆◆가 재산이 없
   어 위 채권을 회수할 수가 없습니다.

3. 따라서 원고는 원고와 피고 간에 체결된 위 보증계약에 따라서 위 대여금 10,000,000원 및 이에 대하여 갚을 날짜의 다음날인 1999.4.2.부터 원고가 소외 ◈◈◈를 피고로 제기한 대여금청구의 소의 소장부본이 소외 ◈◈◈에게 도달한 날인 2006.3.10.까지는 민법에서 정한 연 5%의, 그 다음날부터 다 갚을 때까지는 소송촉진등에관한특례법에서 정한 연 12%의 각 비율에 의한 지연손해금을 지급 받기 위하여 이 사건 청구에 이른 것입니다.

입 증 방 법

1. 갑 제1호증   금전소비대차 및 보증계약서
1. 갑 제1호증   판결문

첨 부 서 류

1. 위 입증방법   각 2통
1. 소장부본   1통
1. 송달료납부서   1통

20○○. ○. ○.
위 원고 ○○○(서명 또는 날인)

○○지방법원 귀중

[서식 예] 보증채무금청구의 소(약정이율 월 1.5%)

소   장

원   고   ○○○ (주민등록번호)
             ○○시 ○○구 ○○길 ○○(우편번호)
             전화·휴대폰번호:
             팩스번호, 전자우편(e-mail)주소:
피   고   ◇◇◇ (주민등록번호)
             ○○시 ○○구 ○○길 ○○(우편번호)
             전화·휴대폰번호:
             팩스번호, 전자우편(e-mail)주소:

보증채무금청구의 소

청 구 취 지

1. 피고는 원고에게 금 10,000,000원 및 이에 대하여 20○○. ○. ○.부터 다 갚는 날까지 연 18%의 비율로 계산한 돈을 지급하라.
2. 소송비용은 피고의 부담으로 한다.
3. 위 제1항은 가집행 할 수 있다.
라는 판결을 구합니다.

청 구 원 인

1. 원고는 20○○. ○. ○. 소외 ◆◆◆로부터 돈을 빌려 달라는 부탁을 받고 이율 월 1.5%(매월 지급), 갚을 날짜는 20○○. ○○. ○.로 정하여 금 10,000,000원을 빌려 주었으며, 피고는 소외 ◆◆◆의 원고에 대한 위 대여금채무의 연대보증인이 되기로 하고 차용증서상에 연대보증인으로 서명·날인하였습니다.
2. 그런데 소외 ◆◆◆는 위 돈을 빌려간 뒤 지금까지 단 한 번의 이자도 지급하지 않았을 뿐만 아니라 갚을 날짜가 지났음에도 위 돈을 갚지 않고 있습니다. 그러므로 원고는 채무자인 소외 ◆◆◆ 및 연대보증인인 피고에게 여러 차례에 걸쳐 위 돈의 원리금을 갚도록 요구하였으나 지

금까지 위 채무를 이행하지 않고 있습니다.

3. 따라서 원고는 소외 ◆◆◆의 연대보증인인 피고에 대하여 금 10,000,000 원 및 이에 대하여 위 돈을 빌려간 날의 다음날인 20○○. ○. ○○.부터 이 사건 소장부본 송달일까지는 약정이율인 연 18%의 비율로 계산한 돈을 지급 받기 위하여 이 사건 청구에 이른 것입니다.

입 증 방 법

1. 갑 제1호증   차용증
1. 갑 제2호증의 1, 2   각 최고서

첨 부 서 류

1. 위 입증방법   각 2통
1. 소장부본   1통
1. 송달료납부서   1통

20○○. ○. ○.

위 원고   ○○○   (서명 또는 날인)

○○지방법원 귀중

[서식 예] 보증채무금청구의 소(약정이율 월 2.5%)

소   장

원   고   ○○○ (주민등록번호)
            ○○시 ○○구 ○○길 ○○(우편번호)
            전화·휴대폰번호:
            팩스번호, 전자우편(e-mail)주소:
피   고   ◇◇◇ (주민등록번호)
            ○○시 ○○구 ○○길 ○○(우편번호)
            전화·휴대폰번호:
            팩스번호, 전자우편(e-mail)주소:

보증채무금청구의 소

청 구 취 지

1. 피고는 원고에게 금 10,000,000원 및 이에 대하여 20○○. ○. ○○. 부터 다 갚을 때까지 연 25%의 비율에 의한 돈을 지급하라.
2. 소송비용은 피고의 부담으로 한다.
3. 위 제1항은 가집행 할 수 있다.
라는 판결을 구합니다.

청 구 원 인

1. 원고는 20○○.○.○. 소외 ◇◇◇로부터 돈을 빌려 달라는 부탁을 받고 이율 월 2.5%, 갚을 날짜는 20○○.○○.○○.로 약정하여 금 10,000,000원을 빌려 주었는데, 피고는 소외 ◇◇◇의 원고에 대한 위 채무에 관하여 연대보증을 하기로 하고 금전소비대차계약서상에 연대보증인으로 서명.날인하였습니다.
2. 그런데 소외 ◇◇◇는 위 돈을 빌려간 뒤 지금까지 단 한 번의 이자도 지급하지 않았을 뿐만 아니라 갚을 날짜가 지났음에도 위 돈을 갚지 않고 있습니다. 그러므로 원고는 채무자인 소외 ◇◇◇ 및 연대보증인인 피고에게 여러 차례에 걸쳐 위 돈의 원리금을 갚도록 요구하

였으나 지금까지 위 채무를 이행하지 않고 있습니다.

3. 따라서 원고는 소외 ◆◆◆의 연대보증인인 피고에 대하여 금 10,000,000원
   및 이에 대하여 위 돈을 빌려간 날의 다음날인 20○○. ○. ○○.부터 다 갚
   을 때까지 연 25%(이자제한법상 감액)의 비율에 의한 돈을 지급 받기 위하
   여 이 사건 청구에 이른 것입니다.

입 증 방 법

　　1. 갑 제1호증　　　　　　　　　　금전소비대차계약서
　　1. 갑 제2호증의 1, 2　　　　　　각 최고서

첨 부 서 류

　　1. 위 입증방법　　　　　　　　　各 2통
　　1. 소장부본　　　　　　　　　　　1통
　　1. 송달료납부서　　　　　　　　　1통

20○○.　　○.　　○.

위 원고　　○○○　(서명 또는 날인)

○○지방법원　귀중

[서식 예] 보증채무금청구의 소(일반보증의 경우)

소 장

원 고   ○○○ (주민등록번호)
         ○○시 ○○구 ○○길 ○○(우편번호)
         전화·휴대폰번호:
         팩스번호, 전자우편(e-mail)주소:
피 고   ◇◇◇ (주민등록번호)
         ○○시 ○○구 ○○길 ○○(우편번호)
         전화·휴대폰번호:
         팩스번호, 전자우편(e-mail)주소:

보증채무금청구의 소

청 구 취 지

1. 피고는 원고에게 금 10,000,000원 및 이에 대하여 20○○. ○○. ○○.부터 이 사건 소장부본 송달일까지는 연 12%의, 그 다음날부터 다 갚을 때까지는 연 12%의 각 비율에 의한 돈을 지급하라.
2. 소송비용은 피고의 부담으로 한다.
3. 위 제1항은 가집행 할 수 있다.
라는 판결을 구합니다.

청 구 원 인

1. 원고는 20○○. ○. ○. 소외 ◆◆◆로부터 돈을 빌려 달라는 부탁을 받아 금 10,000,000원을 빌려주면서 피고를 지급보증인으로 하고 이자는 월 1%, 갚을 날짜는 20○○. ○. ○○.로 약정하였습니다.
2. 그런데 소외 ◆◆◆는 20○○. ○○. ○.까지의 이자만 지급하였을 뿐, 그 뒤의 이자를 연체하여 원고는 소외 ◆◆◆ 및 피고에게 위 채무의 원리금을 지급할 것을 청구하였지만 그들은 이런저런 핑계를 대면서 지금까지 위 채무를 변제하지 아니하고 있습니다. 그리고 채무자인 소외 ◆◆◆와 피고 ◇◇◇는 서로 형제관계인데, 소외 ◆◆◆

는 재산이 전혀 없으므로 소외 ◆◆◆로부터는 위 대여금의 회수가
불가능합니다.
3. 따라서 원고는 소외 ◆◆◆의 보증인인 피고에 대하여 금 10,000,000
원 및 이에 대하여 이자가 지급된 날의 다음날인 20○○. ○○. ○○.
부터 이 사건 소장부본 송달일까지는 약정이율인 연 12%의, 그 다음날
부터 다 갚을 때까지는 소송촉진등에관한특례법에서 정한 연 12%의 각
비율에 의한 돈을 지급 받기 위하여 이 사건 청구에 이른 것입니다.

입 증 방 법

1. 갑 제1호증   차용증
1. 갑 제2호증   통고서

첨 부 서 류

1. 위 입증방법   각 2통
1. 소장부본   1통
1. 송달료납부서   1통

20○○.   ○.   ○.
위 원고   ○○○ (서명 또는 날인)

○○지방법원 귀중

[서식 예] 이행보증금 지급청구의 소(건축도급계약 이행보증, 공제조합 상대)

소   장

원   고   ○○○ (주민등록번호)
                ○○시 ○○구 ○○길 ○○(우편번호)
                전화·휴대폰번호:
                팩스번호, 전자우편(e-mail)주소:

피   고   건설공제조합
                ○○시 ○○구 ○○길 ○○(우편번호)
                이사장 ◆◆◆
                전화·휴대폰번호:
                팩스번호, 전자우편(e-mail)주소:

이행보증금지급청구의 소

청 구 취 지

1. 피고는 원고에게 금 10,000,000원 및 이에 대한 20○○. ○○. ○○. 부터 이 사건 소장부본 송달일까지는 연 5%의, 그 다음날부터 다 갚는 날까지는 연 12%의 각 비율에 의한 돈을 지급하라.
2. 소송비용은 피고의 부담으로 한다.
3. 위 제1항은 가집행 할 수 있다.
라는 판결을 구합니다.

청 구 원 인

1. 원고는 20○○. ○. ○. 피고의 조합원인 소외 주식회사 ◎◎건설(다음부터 소외 회사라고 함)에게 공사대금 100,000,000원으로 한 건물신축공사를 도급하기로 하는 계약을 체결하였으며, 피고는 건설업의 면허를 받은 건설업자를 조합원으로 하여 건설산업기본법에 의하여 설립된 법인으로서 그 조합원에 대한 계약보증 등을 그 목적사업으로 하고 있습니다.
2. 그런데 소외 회사는 위 도급계약의 체결 전에 미리 공사대금의 10% 상당액의 공사이행보증금을 원고에게 납부하여야만 하였으므로, 피고

로부터 도급금액을 금 100,000,000원, 보증금액을 금 10,000,000원으로 한 계약보증서를 20○○. ○. ○.자로 발급 받아 그 계약보증서를 원고에게 제공하는 것으로 위 이행보증금의 지급에 갈음하고 위와 같은 공사도급계약을 체결하였습니다.

3. 그러나 소외 회사는 위 도급계약체결 직후부터 위 공사도급계약의 내용의 수정을 요구하면서 공사의 착공을 거부하였고, 이에 원고는 소외 회사에게 조속한 공사착공을 여러 차례에 걸쳐 요구하였으나 피고가 이에 응하지 않으므로 마침내 20○○. ○. ○○. 위 도급계약을 해제한다는 뜻을 소외 회사에게 통지하였으며 그 다음날 위 통지서가 소외 회사에게 도달되었습니다.

4. 그러므로 원고는 피고에게 위 이행보증금의 지급을 신청하였으나, 피고는 그 지급을 지체하고 있습니다.

5. 따라서 피고는 원고에게 위 이행보증금 10,000,000원 및 이에 대한 위 계약해제통지서가 소외 회사에게 도달된 날의 다음날인 20○○. ○○. ○○.부터 이 사건 소장부본 송달일까지는 민법에서 정한 연 5%의, 그 다음날부터 다 갚는 날까지는 소송촉진등에관한특례법에서 정한 연 12%의 각 비율에 의한 지연손해금을 지급할 의무가 있는바, 원고는 위 돈을 지급 받기 위하여 이 사건 소를 제기합니다.

입 증 방 법

1. 갑 제1호증   건물신축공사도급계약서
1. 갑 제2호증   계약보증서
1. 갑 제3호증의 1 내지 3   각 통고서

첨 부 서 류

1. 위 입증방법   각 1통
1. 법인등기사항증명서   1통
1. 소장부본   1통
1. 송달료납부서   1통

20○○. ○. ○.

위 원고 ○○○ (서명 또는 날인)

○○지방법원 ○○지원 귀중

[서식 예] 이행보증금 지급청구의 소(건축도급계약 이행보증, 보증보험 상대)

소　　　장

원　　고　　○○○ (주민등록번호)
　　　　　　○○시 ○○구 ○○길 ○○(우편번호)
　　　　　　전화·휴대폰번호:
　　　　　　팩스번호, 전자우편(e-mail)주소:
피　　고　　◆◆보증보험주식회사
　　　　　　○○시 ○○구 ○○로 ○○(우편번호)
　　　　　　대표이사 ◆◆◆
　　　　　　전화·휴대폰번호:
　　　　　　팩스번호, 전자우편(e-mail)주소:

이행보증금지급청구의 소

청 구 취 지

1. 피고는 원고에게 금 30,000,000원 및 이에 대한 20○○. ○○. ○
   ○.부터 이 사건 소장부본 송달일까지는 연 5%의, 그 다음날부터
   다 갚는 날까지는 연 12%의 각 비율에 의한 돈을 지급하라.
2. 소송비용은 피고의 부담으로 한다.
3. 위 제1항은 가집행 할 수 있다.
라는 판결을 구합니다.

청 구 원 인

1. 원고는 20○○. ○. ○. 소외 주식회사 ◉◉건설(다음부터 소외 회
   사라고 함)과 사이에 공사대금 300,000,000원, 공사기간은 20○○.
   ○. ○.부터 20○○. ○○. ○○.까지로 하는 건물신축공사도급계약
   을 체결한 바 있습니다.
2. 한편, 소외 회사는 위 도급계약의 체결 전에 미리 공사대금의 1
   0% 상당액의 공사이행보증금을 원고에게 예치하되, 그 예치할 보
   증금은 현금 대신 소외 회사와 피고가 체결한 이행보증보험계약에
   기하여 위 보증금과 같은 액의 보험금액으로 한 보험증권을 원고

에게 제공하는 것으로 위 이행보증금의 지급에 갈음하기로 한 사실이 있습니다.

3. 그러나 소외 회사는 도급계약에 따라 20○○. ○. ○.부터 공사를 착수해야 함에도 불구하고 공사계약서상 조건의 변경을 요구하면서 공사의 착공을 거부하고 있는바, 원고는 소외 회사에 대하여 여러 차례에 걸쳐 공사의 착공을 요구하다가 20○○. ○. ○○.자로 계약서 제5조에 의거 도급계약의 해제통지를 하였으며, 20○○. ○. ○. 위 통지서가 소외 회사에 도달하였습니다.

4. 그러므로 원고는 피고에게 위 이행보증금의 지급을 신청하였으나, 피고는 그 지급을 지체하고 있습니다.

5. 따라서 피고는 원고에게 위 이행보증금 30,000,000원 및 이에 대한 위 계약해제통지서가 소외회사에게 도달된 날의 다음날인 20○○. ○○. ○○.부터 이 사건 소장부본 송달일까지는 민법에서 정한 연 5%의, 그 다음날부터 다 갚는 날까지는 소송촉진등에관한특례법에서 정한 연 12%의 각 비율에 의한 지연손해금을 지급할 의무가 있는바, 원고는 위 돈을 지급 받기 위하여 이 사건 소를 제기합니다.

입 증 방 법

1. 갑 제1호증	건물신축공사계약서
1. 갑 제2호증	이행보증보험증권
1. 갑 제3호증의 1 내지 3	각 내용증명서

첨 부 서 류

1. 위 입증방법	각 1통
1. 법인등기사항증명서	1통
1. 소장부본	1통
1. 송달료납부서	1통

20○○.　○.　○.

위 원고　○○○　(서명 또는 날인)

○○지방법원 ○○지원　귀중

3. 대리에 의한 보증계약

3-1. 대리에 의한 보증계약

① 보증계약은 대리인에 의해서도 체결될 수 있습니다(「민법」 제114조 참조).

② 대리인에 의해 보증계약이 체결되는 경우 상대방(채권자)이 본인(보증인)의 자필서명을 반드시 받아야 한다거나 본인(보증인)에게 직접 보증의사를 확인할 필요는 없습니다(대법원 1997.7.8. 선고 97다9895 판결).

3-2. 무권대리인이 체결한 보증계약

① 대리권이 없는 자, 즉 무권대리인이 보증인 또는 채권자를 대리하여 보증계약을 체결하는 경우 원칙적으로 그러한 보증계약은 무효입니다(「민법」 제130조).

② 다만, 무권대리인이 보증인 또는 채권자를 대리하여 보증계약을 체결하였더라도 예외적으로 표현대리가 성립하는 경우에는 보증계약이 유효할 수 있습니다.

③ '표현대리'란 대리인에게 대리권이 없음에도 불구하고 마치 대리권이 있는 것과 같은 외관이 존재하고 본인이 그러한 외관의 형성에 관여하였다든가 그 밖에 본인이 책임져야 할 사정이 있는 경우에 그 무권대리행위에 대하여 본인에게 책임을 지우는 제도를 말합니다. 표현대리는 상대방이 과실 없이 무권대리인을 유권대리인이라고 잘못 믿은 것을 전제로 하며 다음의 세 가지 경우에 성립합니다.

- 대리권수여의 표시에 의한 표현대리(「민법」 제125조)

  실제로 대리권 수여행위를 하지 않았는데도 본인이 어떤 자(표현대리인이라 함)에게 대리권을 수여했다는 뜻을 제3자에게 표시하였고 표현대리인이 그 표시된 대리권의 범위에서 제3자와 법률행위를 했을 때에는 본인에게 책임이 있습니다.

- 권한을 넘는 표현대리(「민법」 제126조)

  대리인이 권한을 넘는 법률행위를 했을 때 제3자가 대리인에게 그러한 권한이 있다고 믿을 만한 정당한 사유가 있을 때에는 본인에게 책임이 있습니다.
- 대리권 소멸 후의 표현대리(「민법」제129조)
  대리인이 가지고 있던 대리권이 소멸한 후에 대리행위를 했을 때에도 본인은 대리권이 있는 것으로 과실 없이 믿은 제3자에게 대항하지 못합니다.

④ 이처럼 대리권이 없는 자가 한 대리행위는 원칙적으로 무효이지만, 표현대리가 성립하면 본인과 상대방 사이에 처음부터 대리권이 있는 것과 같은 효과가 나타납니다. 다만, 표현대리에 의해 손해를 입은 본인은 표현대리인에게 의무위반 또는 불법행위로 인한 손해배상을 청구할 수 있습니다(「민법」제390조 및 제750조 참조).

⑤ 대리인에 의해 보증계약이 체결되고 표현대리 성립 여부가 문제된 몇 가지 사안에서 판례의 태도를 살펴보면 다음과 같습니다.
- 남편이 식품회사와 대리점 계약을 체결한 후 그 회사에 '처가 대리점 계약에 의한 남편의 채무를 연대보증한다.'는 내용에 처의 인감도장이 날인된 처 명의의 연대보증각서와 대리 발급된 처의 인감증명서를 제출한 사안에서, 그와 같은 연대보증각서의 제출이나 그 각서 제출 전 남편이 체결한 보증보험계약에 처가 직접 연대보증하였다는 사정만으로 처가 남편에게 연대보증에 관한 대리권을 수여하였다고 보기 어렵다고 하였습니다(대법원 2009.12.10. 선고 2009다66068 판결).
- 처가 임의로 남편의 인감도장과 용도란에 아무런 기재 없이 대리방식으로 발급받은 인감증명서를 가지고 남편을 대리하여 친정 오빠의 할부판매보증보험계약상의 채무를 연대보증한 사안에서, 타인의 채무에 대한 보증행위는 그 성질상 아무런 반대급부 없이 오직 일방적으로 불이익만을 입는 것인 점에 비추어 볼 때, 남편이 처에게 타인의 채무를 보증함에 필요한 대리권을 수여한다는 것은 사회통념상 이례에 속하므로, 처가 특별한 수권 없이 남편을 대리하여 위와 같

은 행위를 하였을 경우에 그것이 「민법」 제126조의 표현대리가 되려면 처에게 일상가사대리권이 있었다는 것만이 아니라 상대방이 처에게 남편이 그 행위에 관한 대리의 권한을 주었다고 믿었음을 정당화할 만한 객관적인 사정이 있어야 한다고 하여 남편의 표현대리 책임을 부정하였습니다(대법원 1998.7.10. 선고 98다18988 판결).

- '갑' 스스로 '을'에게 친분관계 등에 터 잡아 그의 사업수행에 필요한 자금을 조달하는 과정에서 보증용으로 사용할 수 있도록 자신의 인감 등을 넘겨주었고 더구나 '갑'이 종전에도 약속어음의 할인 시점에 즈음하여 '병'의 직접 확인 전화를 받고 '을'의 사업자금 조달을 위해 보증을 한다는 취지에서 배서를 한 사실을 인정까지 해 준 사안에서, '을'이 그 권한을 남용하여 발생할 거래안전에 미칠 위험성은 상당 정도 '갑'에게도 책임 있는 사유로 유발되었고 '병'으로서는 '을'이 '갑'으로부터 두터운 신뢰를 받고 있어 '갑'을 대리할 수 있는 적법한 권한을 보유하고 있던 것으로 능히 생각할 수 있었다고 할 것이므로 '병'이 '을'에게 그와 금전소비대차계약을 체결할 때 '갑'을 대리할 권한이 있었다고 믿었고 또 그와 같이 믿은 데에 상응하는 이유가 있었다고 보아 「민법」 제126조의 표현대리의 성립을 인정하였습니다(대법원 2003.4.11. 선고 2003다7173 판결).

■ 처가 임의로 제 인감도장과 인감증명서를 가지고 가서 제 명의로 처남의 빚보증을 섰는데, 제가 보증책임을 져야 하나요?

Q. 처가 임의로 제 인감도장과 인감증명서를 가지고 가서 제 명의로 처남의 빚보증을 섰는데, 제가 보증책임을 져야 하나요?

A. 판례는 이와 비슷한 사안에서 "처가 특별한 수권 없이 남편을 대리하여 보증을 선 경우 그것이 「민법」제126조의 표현대리가 되어 유효하려면 처에게 일상가사대리권이 있었다는 것만이 아니라 상대방이 처에게 남편이 그 행위에 관한 대리의 권한을 주었다고 믿었음을 정당화할 만한 객관적인 사정이 있어야 한다."고 판시하였습니다. 판례의 태도에 비추어 볼 때, 그와 같은 객관적인 사정이 없는 한 남편은 보증책임을 지지 않게 됩니다.

◇ 무권대리인이 체결한 보증계약의 효력
① 보증계약은 대리인에 의해서도 체결될 수 있습니다.
② 대리권이 없는 자, 즉 무권대리인이 보증인을 대리하여 보증계약을 체결하는 경우 원칙적으로 그러한 보증계약은 무효입니다.
③ 다만, 무권대리인이 보증인을 대리하여 보증계약을 체결하였더라도 예외적으로 표현대리가 성립하는 경우에는 보증계약이 유효할 수 있습니다.
④ 표현대리에 의해 손해를 입은 본인은 표현대리인에게 의무위반 또는 불법행위로 인한 손해배상을 청구할 수 있습니다.
⑤ "표현대리"란 대리인에게 대리권이 없음에도 불구하고 마치 대리권이 있는 것과 같은 외관이 존재하고 본인이 그러한 외관의 형성에 관여하였다든가 그 밖에 본인이 책임져야 할 사정이 있는 경우에 그 무권대리행위에 대하여 본인에게 책임을 지우는 제도를 말합니다.

👓 **관련판례**
피고가 소외인에게 이 사건 연대보증에 관한 대리권을 수여하였다고 본 원심의 판단은 수긍하기 어렵다. 우선 원심은 위와 같은 수권행위 인정의 근거로 이 사건 연대보증각서에 피고의 날인된 사정을 들고 있는데, 이 사건 연대보증 당시 소외인이 피고의 인감도장을 가져와 직접 그 각서에 날인한 사실은 원고가 자인하는 바이고, 나아가 기록상 소외인이 위와 같이 피고의 인감도장을 소지·사용하게 된 경위를 확인할 자료가 없는 점, 통상 남편은 그 처의 인감도장을 쉽게 입수할 수 있는 점, 위 보증보험계약 당시 제출된 피고의 인감증명서는 피고 본인이 직접 발급받았던 것이나 그 후 이 사건 연대보증 당시 제출된 피고의 인감증명서는 대리 발급되었던 것인 점을 감안하면, 원심이 든 위와 같은 사정으로부터 이 사건 연대보증에 관한 피고의 대리권 수여를 추단하기는 어렵다. 또한 원심은 피고가 위 보증보험계약에 직접 연대보증하였다는 사정도 위 수권행위 인정의 근거로 들고 있으나, 원심의 채용 증거에 의하여 알 수 있듯이 위 연대보증은 서울보증보험이 소외인의 원고에 대한 물품대금채무를 2003.2.5.부터 2004.2.4.까지 1천만 원 한도에서 보증하는 보증보험계약과 관련하여 소외인이 서울보증보험에 대해 부담하게 되는 채무를 담보하는 것인데 반해, 이 사건 연대보증은 이 사건 대리점의 운영과 관련하여 기존에 발생하였거나 장래에 발생할 소외인의 원고에 대한 채무 일체를 한도 없이 담보하는 것이어서, 그 대상채무의 발생 근거와 법적 성격을 달리할 뿐 아니라 그 채무의 범위에서도 현저한 차이를 보이고 있으므로, 피고가 위 보증보험계약에 대해 직접 연대보증하였다고 하여 피고에게 이 사건 연대보증을 할 의사까지 있었다고 추정할 수는 없다. 그렇다면 원심이 들고 있는 사정들을 모두 모아보더라도 이 사건 연대보증에 관한 피고의 수권행위를 추인하기는 어려운데 원심은 이와 달리 판단하고 말았으니 논리와 경험의 법칙을 위반하여 자유심증주의의 한계를 일탈한 잘못이 있다. 이러한 취지가 담긴 상고이유의 주장은 이유 있다(대법원 2009.12.10. 선고 2009다66068 판결).

■ 물상보증인이 채권자를 대위하여 채권자의 채권 및 담보에 관한 권리를
   행사할 수 있는지요?

Q. 甲은 乙의 어머니 A와 동업약정을 체결하고 조합을 구성하였는데,
   신용불량자였던 A는 이 사건 동업약정과 관련된 자신의 여러 법률
   행위를 할 때 乙의 명의를 사용하였습니다. 그리고 乙 명의로 B 은
   행으로부터 대출을 하면서 그 대출금채무를 담보하기 위하여, 같은
   날 甲 명의로 등기되어 있던 부동산 관하여 B은행을 근저당권자로
   하는 근저당권이 설정되었습니다. 이 사건 대출금에 관한 원리금의
   상환이 지체되자, B 은행은 위 부동산에 관하여 임의경매를 신청하
   여 경매가 진행되었고, 甲은 B 은행에 이 사건 대출금채무의 을 전
   부 변제하고, 위 경매를 취하 받았습니다. 이때 물상보증인 甲은
   채권자 B 은행을 대위하여 채권자의 채권 및 담보에 관한 권리를
   행사할 수 있는지요?

A. 타인의 채무를 담보하기 위한 저당권설정자가 그 채무를 변제하거나 저
   당권의 실행으로 인하여 저당물의 소유권을 잃은 때에는 보증채무에 관
   한 규정에 의하여 채무자에 대한 구상권이 있고(민법 제370조, 341조),
   이는 근저당권의 경우에도 마찬가지로 보아야 합니다. 또한 변제할 정당
   한 이익이 있는 자는 변제로 당연히 채권자를 대위하고, 그에 따라 채권
   자를 대위한 자는 자기의 권리에 의하여 구상할 수 있는 범위에서 채권
   및 그 담보에 관한 권리를 행사할 수 있습니다(민법 제481조, 482조).
   판례는 우선 타인 명의의 대출과 관련하여 금융기관으로부터 대출을 받
   음에 있어 제3자가 자신의 명의를 사용하도록 한 경우에는 그가 채권자
   인 금융기관에 대하여 주채무자로서의 책임을 지는지 여부와 관계없이
   내부관계에서는 실질상의 주채무자가 아닌 한 연대보증책임을 이행한 연
   대보증인에 대하여 당연히 주채무자로서의 구상의무를 부담한다고 할 수
   는 없고, 그 연대보증인이 제3자가 실질적 주채무자라고 믿고 보증을 하
   였거나 보증책임을 이행하였고, 그와 같이 믿은 데에 제3자에게 귀책사

유가 있어 제3자에게 그 책임을 부담시키는 것이 구체적으로 타당하다고
보이는 경우 등에 한하여 제3자가 연대보증인에 대하여 주채무자로서의
전액 구상의무를 부담하며(대법원 1999.10.22. 선고 98다22451 판결, 대법
원 2002.12.10. 선고 2002다47631 판결 등 참조), 이는 물상보증의 경우
에도 마찬가지로 보아야 한다(대법원 2008.4.24. 선고 2007다75648 판결
참조)고 판시하였습니다.

또한 "타인의 채무를 담보하기 위하여 근저당권을 설정한 물상보증인이
그 채무를 변제한 때에는 채무자에 대한 구상권이 있고, 그 물상보증인
은 변제할 정당한 이익이 있으므로 변제로 당연히 채권자를 대위하여
채권자의 채권 및 그 담보에 관한 권리를 행사할 수 있다. 다만 물상보
증인은 자기의 권리에 의하여 구상할 수 있는 범위에서 그와 같은 권리
를 행사할 수 있으므로, 물상보증인이 채무를 변제한 때에도 다른 사정
에 의하여 채무자에 대하여 구상권이 없는 경우에는 채권자를 대위하여
채권자의 채권 및 그 담보에 관한 권리를 행사할 수 없다고 해석하여야
한다. 따라서 타인의 채무를 담보하기 위하여 근저당권을 설정한 물상보
증인이 그 채무를 변제한 때에는 채무자에 대한 구상권이 있고, 그 물
상보증인은 변제할 정당한 이익이 있으므로 변제로 당연히 채권자를 대
위하여 채권자의 채권 및 그 담보에 관한 권리를 행사할 수 있다. 다만
물상보증인은 자기의 권리에 의하여 구상할 수 있는 범위에서 그와 같
은 권리를 행사할 수 있으므로, 물상보증인이 채무를 변제한 때에도 다
른 사정에 의하여 채무자에 대하여 구상권이 없는 경우에는 채권자를
대위하여 채권자의 채권 및 그 담보에 관한 권리를 행사할 수 없다고
해석하여야 한다."고 판시한 바 있습니다(대법원 2014.4.30. 선고 2013다
80429,80436 판결).

따라서 乙이 채권자인 B 은행에 대하여 채무자로서의 책임을 지는지 여
부와 관계없이 내부관계에서는 물상보증인으로 이 사건 대출금채무를 변
제한 甲에 대하여 당연히 채무자로서의 구상의무를 부담한다고 할 수는
없고, 甲이 乙을 실질적 채무자라고 믿고 물상보증을 하였거나 변제를

하였고, 그와 같이 믿은 데에 乙에게 귀책사유가 있어 乙에게 그 책임을 부담시키는 것이 구체적으로 타당하다고 보이는 경우 등에 한하여 乙이 甲에 대하여 채무자로서의 전액 구상의무를 부담한다고 할 것입니다.

⚖️ **관련판례**

갑 스스로 을에게 친분관계 등에 터 잡아 그의 사업수행에 필요한 자금을 조달하는 과정에서 보증용으로 사용할 수 있도록 자신의 인감 등을 넘겨줌으로써 을이 그 권한을 남용하여 발생할 거래안전에 미칠 위험성은 상당 정도 갑에게도 책임 있는 사유로 유발되었고, 더구나 갑이 종전에도 약속어음의 할인 시점에 즈음하여 병의 직접 확인 전화를 받고 을의 사업자금 조달을 위해 보증을 한다는 취지에서 배서를 한 사실을 인정까지 해 준 것이라면 병으로서는 을이 갑으로부터 두터운 신뢰를 받고 있어 갑을 대리할 수 있는 적법한 권한을 보유하고 있던 것으로 능히 생각할 수 있었다고 할 것이므로 병이 을에게 그와 금전소비대차계약을 체결할 때 갑을 대리할 권한이 있었다고 믿었고 또 그와 같이 믿은 데에 상응하는 이유가 있었다고 보아 「민법」 제126조의 표현대리의 성립을 인정한 사례(대법원 2003.4.11. 선고 2003다7173 판결)

■ 채권자와 일부 대위변제자 사이의 '우선회수특약'에 따른 권리까지 당연히 대위할 수 있는지요?

Q. A은행은 B회사에 외화시설자금대출 명목으로 일본국 통화 182,710,000엔을 대여하면서 위 대출금 채권을 담보하기 위하여 B회사 소유의 공장용지 및 위 지상 공장건물에 관하여 채무자를 B회사, 근저당권자를 A은행으로 한 채권최고액 2,160,000,000원의 근저당권설정등기를 마쳤고, 신용보증기금은 B회사의 A은행에 대한 위 대출금 채무에 대하여 일본국 통화 166,383,000엔을 한도로 신용보증하였습니다. B회사가 위 대출금 채무에 대한 기한이익을 상실함에 따라 신용보증기금은 2B회사의 A은행에 대한 위 대출금 채무 중 315,943,947원을 대위변제하였고, 같은 날 A은행과의 사이에 이 사건 근저당권 중 위 대위변제금액만큼의 근저당권을 이전받기로 하는 근저당권일부이전계약을 체결하고, A은행으로부터 그에 따른 근저당권 일부이전의 부기등기를 경료받았습니다.

甲은 B회사의 신용보증기금에 대한 구상채무의 연대보증인으로서 B회사의 신용보증기금에 대한 구상채무 전액인 314,265,436원을 대위변제하였고, 乙은 A은행으로부터 B회사에 대한 위 대출금 채권 일체를 양수받았습니다. 신용보증기금과 A은행은 위 신용보증계약과 근저당권일부이전계약을 체결하면서 이 사건 근저당권의 실행으로 인한 회수금 중 일정 금액의 범위 내에서 신용보증기금이 A은행의 보증부대출 이외의 채권에 우선하여 변제받기로 하는 특약(이하 '이 사건 우선회수특약'이라고 한다)을 하였습니다.

일부 대위변제자의 채무자에 대한 구상채권에 대하여 보증한 자가 자신의 보증채무를 변제함으로써 일부 대위변제자를 다시 대위하는 경우, 채권자와 일부 대위변제자 사이의 '우선회수특약'에 따른 권리까지 당연히 대위할 수 있는지요?

A. 변제할 정당한 이익이 있는 자가 채무자를 위하여 채권의 일부를 대위변제할 경우에 대위변제자는 변제한 가액의 범위 내에서 종래 채권자가 가

지고 있던 채권 및 담보에 관한 권리를 취득하게 되고 따라서 채권자가 부동산에 대하여 저당권을 가지고 있는 경우에는 채권자는 대위변제자에게 일부 대위변제에 따른 저당권의 일부이전의 부기등기를 경료해 주어야 할 의무가 있습니다.

이 경우에도 채권자는 일부 대위변제자에 대하여 우선변제권을 가지고 있다고 할 것이고, 다만 일부 대위변제자와 채권자 사이에 변제의 순위에 관하여 따로 약정(이하 '우선회수특약'이라 한다)을 한 경우에는 그 약정에 따라 변제의 순위가 정해진다고 할 것입니다(대법원 2005.7.28. 선고 2005다19958 판결 참조).

그런데 변제로 채권자를 대위하는 경우 '채권 및 그 담보에 관한 권리'가 변제자에게 이전될 뿐 계약당사자의 지위가 이전되는 것은 아니라는 점과, 변제로 채권자를 대위하는 자가 구상권 범위에서 행사할 수 있는 '채권 및 그 담보에 관한 권리'에는 채권자와 채무자 사이에 채무의 이행을 확보하기 위한 특약이 있는 경우 그 특약에 기하여 채권자가 가지게 되는 권리도 포함된다고 할 것이나, 채권자와 일부 대위변제자 사이의 약정에 지나지 않는 '우선회수특약'이 '채권 및 그 담보에 관한 권리'에 포함된다고 보기는 어렵다는 점을 고려하면, 일부 대위변제자의 채무자에 대한 구상채권에 대하여 보증한 자가 자신의 보증채무를 변제함으로써 일부 대위변제자를 다시 대위하게 되었다 하더라도 그것만으로 채권자의 채무자에 대한 권리가 아니라 채권자와 일부 대위변제자 사이의 약정에 지나지 않는 '우선회수특약'에 따른 권리까지 당연히 대위하거나 이전받게 된다고 볼 수는 없다는 것이 판례의 태도입니다(대법원 2010.4.8. 선고 2009다80460 판결).

따라서 신용보증기금의 채무자에 대한 구상채권에 대하여 보증한 甲이 자신의 보증채무를 변제함으로써 신용보증기금을 다시 대위하는 경우, A은행과 신용보증기금 사이의 '우선회수특약'에 따른 권리까지 당연히 대위할 수는 없다고 할 것입니다.

타인의 채무에 대한 보증행위는 그 성질상 아무런 반대급부 없이 오직 일방적으로 불이익만을 입는 것인 점에 비추어 볼 때, 남편이 처에게 타인의 채무를 보증함에 필요한 대리권을 수여한다는 것은 사회통념상 이례에 속하므로, 처가 특별한 수권 없이 남편을 대리하여 위와 같은 행위를 하였을 경우에 그것이 「민법」 제126조의 표현대리가 되려면 처에게 일상가사대리권이 있었다는 것만이 아니라 상대방이 처에게 남편이 그 행위에 관한 대리의 권한을 주었다고 믿었음을 정당화할 만한 객관적인 사정이 있어야 한다(대법원 1998.7.10. 선고 98다18988 판결).

■ 물상보증인 소유 부동산이 먼저 경매된 경우 그 부동산의 후순위저당권
자의 물상대위 여부?

Q. 채권자 甲은 乙에게 돈을 빌려주면서 乙소유 부동산과 乙의 물상보
증인인 丙소유 부동산에 각 1번 공동저당권을 설정하였습니다. 이
후 丙은 丁에게 2번 저당권을 설정하여 주었는데 乙이 돈을 갚지
못하자 甲은 먼저 丙소유 부동산에 대하여 임의경매 신청을 하여
배당을 받았습니다. 丁은 위 임의경매절차에서 배당을 받지 못하였
는데 구제방법이 없을까요?

A. 대법원은 "공동저당의 목적인 물상보증인 소유의 부동산에 후순위저당권
이 설정되어 있는 경우에 물상보증인 소유의 부동산이 먼저 경매되어
경매대금에서 선순위공동저당권자가 변제를 받은 때에는 특별한 사정이
없는 한 물상보증인은 채무자에 대하여 구상권을 취득함과 동시에 변제
자대위에 관한 민법 제481조, 제482조에 따라 채무자 소유의 부동산에
대한 선순위공동저당권자의 저당권을 대위취득하고, 물상보증인 소유의
부동산에 대한 후순위저당권자는 물상보증인이 대위취득한 채무자 소유
의 부동산에 대한 선순위공동저당권자의 저당권에 대하여 물상대위를
할 수 있다(대법원 2015.11.27. 선고 2013다41097 판결)."라고 판시하고
있습니다. 이에 비추어 볼 때 물상보증인 丙은 채무자인 乙에 대하여
구상권과 甲의 저당권을 취득하고, 丙소유 부동산의 후순위저당권자인
丁은 丙이 취득한 乙소유 부동산의 저당권을 물상대위 할 수 있으므로,
丁은 채무자 乙소유의 부동산에 임의경매신청을 하여 채권의 만족을 얻
을 수 있습니다.

■ 물상보증인의 구상금 채권과 상계함으로써 물상보증인 소유의 부동산에 대한 후순위저당권자에게 대항할 수 있는지요?

Q. 공동저당에 제공된 채무자 甲소유의 부동산과 물상보증인 乙소유의 부동산 가운데 물상보증인 乙 소유의 부동산이 먼저 경매되어 매각 대금에서 선순위공동저당권자 甲이 변제를 받았습니다. 물상보증인 乙 소유의 부동산에 대한 후순위저당권자 丙이 존재하는데, 채무자 甲에게 물상보증인 乙에 대한 반대채권이 있다면 물상보증인 乙의 구상금 채권과 상계함으로써 물상보증인 乙 소유의 부동산에 대한 후순위저당권자 丙에게 대항할 수 있는지요?

A. 쌍방이 서로 같은 종류를 목적으로 한 채무를 부담한 경우에 그 쌍방의 채무의 이행기가 도래한 때에는 각 채무자는 대등액에 관하여 상계할 수 있습니다. 그러나 채무의 성질이 상계를 허용하지 아니할 때에는 그러하지 아니합니다(민법 제492조 제1항).

판례는 공동저당에 제공된 채무자 소유의 부동산과 물상보증인 소유의 부동산 가운데 물상보증인 소유의 부동산이 먼저 경매되어 매각대금에서 선순위공동저당권자가 변제를 받은 사안에서, 공동저당에 제공된 채무자 소유의 부동산과 물상보증인 소유의 부동산 가운데 물상보증인 소유의 부동산이 먼저 경매되어 그 매각대금에서 선순위공동저당권자가 변제를 받은 때에는 물상보증인은 채무자에 대하여 구상권을 취득함과 동시에 변제자대위에 의하여 채무자 소유의 부동산에 대한 선순위공동저당권을 대위취득하며, 그 물상보증인 소유의 부동산에 대한 후순위저당권자는 물상보증인이 대위취득한 채무자 소유의 부동산에 대한 선순위공동저당권에 대하여 물상대위를 할 수 있고(대법원 1994.5.10. 선고 93다25417 판결 등 참조), 이 경우에 채무자는 물상보증인에 대한 반대채권이 있더라도 특별한 사정이 없는 한 물상보증인의 구상금 채권과 상계함으로써 물상보증인 소유의 부동산에 대한 후순위저당권자에게 대항할 수 없다고 하였습니다. 채무자는 선순위공동저당권자가 물상보증인

소유의 부동산에 대해 먼저 경매를 신청한 경우에 비로소 상계할 것을 기대할 수 있는데, 이처럼 우연한 사정에 의하여 좌우되는 상계에 대한 기대가 물상보증인 소유의 부동산에 대한 후순위저당권자가 가지는 법적 지위에 우선할 수 없다고 판시한 바 있습니다(대법원 2017.4.26. 선고 2014다221777, 221784 판결). 따라서 채무자 甲은 물상보증인 乙에 대한 반대채권이 있다면 물상보증인 乙의 구상금 채권과 상계함으로써 물상보증인 乙 소유의 부동산에 대한 후순위저당권자 丙에게 대항할 수 없다고 할 것입니다.

■ 법정대위의 전제가 되는 보증 등의 시점 이전에 이미 소멸한 채권자의 담보에 대해서 민법 제485조가 적용되는지요?

Q. 甲은행은 2004.3.29. A에게 여신기간 만료일을 2007.3.29.로 정하여 제1대출금인 9억 원을 대출함과 아울러, 제1대출금채무의 담보로서 A가 한국토지공사에 대하여 가지는 매매대금반환청구권 중 11억 7,000만 원 상당인 제1담보채권을 양도받았습니다. 그런데 甲이 2004.3.29. 제1담보채권의 대항력을 갖추기 위해서 한국토지공사에 보낸 '2004.3.29.자 승낙서'에 승낙의 대상인 양도채권을 특정하지 아니하였습니다. 한편 2005.8.31.경 제1담보채권액을 초과하는 2,030,414,400원 상당의 국세, 지방세채권을 청구채권으로 하는 각 압류결정이 제3채무자인 한국토지공사에 송달될 되었습니다. 이후 제1대출금채무의 여신기간이 만료될 무렵인 2007.3.경 제1대출금채무의 여신기간이 연장됨과 아울러, 乙이 제1대출금채무에 관하여 근보증한도액을 10억 8,000만 원으로 하는 제1근보증계약을 체결하였습니다. 乙은 담보 상실 사실을 모른 채 담보가 유효하게 존재한다고 신뢰하면서 이를 전제로 보증을 하였으나 그 담보가 甲의 귀책사유로 상실되었음을 이유로 보증책임이 면제된다고 주장할 수 있는지요?

A. 민법 제485조는 "제481조의 규정에 의하여 대위할 자가 있는 경우에 채권자의 고의나 과실로 담보가 상실되거나 감소된 때에는 대위할 자는 그 상실 또는 감소로 인하여 상환을 받을 수 없는 한도에서 그 책임을 면한다."라고 규정하고 있습니다. 판례는 민법 제485조의 해석과 관련하여 "제481조의 규정에 의하여 대위할 자가 있는 경우에 채권자의 고의나 과실로 담보가 상실되거나 감소된 때에는 대위할 자는 그 상실 또는 감소로 인하여 상환을 받을 수 없는 한도에서 그 책임을 면한다.'라고 규정하여 법정대위를 할 자가 있는 경우에 그 대위할 자의 구상권 및 대위에 대한 기대권을 보호하기 위하여 채권자에게 담보보존의무를 부담

시키고자 함에 그 취지가 있는 점, 민법 제485조에 의하여 법정대위자가 면책되는지 여부 및 면책되는 범위는 담보가 상실 또는 감소한 시점을 표준시점으로 하여 판단되는 점(대법원 2008.12.11. 선고 2007다66590 판결 등 참조) 등을 종합하면, 법정대위의 전제가 되는 보증 등의 시점 이전에 이미 소멸한 채권자의 담보에 대해서는 민법 제485조가 적용되지 않는다고 보아야 하고, 위와 같은 담보 소멸에 채권자의 고의나 과실이 있다거나 법정대위의 전제가 되는 보증 등의 시점 당시 소멸된 담보의 존재를 신뢰하였다는 등의 사정이 있다고 하여 달리 볼 것은 아니다(대법원 2014.10.15 선고 2013다91788 판결)."라고 판시한 바 있습니다.

따라서 이미 甲이 취득한 담보채권이 이미 그 담보로서의 가치를 상실하여 소멸하였고 그 이후에 乙이 근보증계약을 체결한 이상 위 담보채권에 대해서는 민법 제485조가 적용될 수 없으므로 그 적용을 전제로 한 보증채무에 관한 乙의 면책은 허용되지 않는다고 할 것입니다.

■ 주택분양보증의 법적 성질(=조건부 제3자를 위한 계약) 및 제3자를 위한 계약의 수익의 의사표시의 방법은?

Q. 주택사업공제조합(1999.2.8. 법률 제5908호로 개정된 '주택건설촉진법'에 의하여, 대한주택보증 주식회사로 조직 변경)은 1996.2.7. A 주식회사를 위하여 주택분양보증을 하였고, 주택분양보증약관 제6조 제3항은 공제조합이 분양이행으로 보증채무를 이행할 경우 잔여 분양대금은 승계시공자에게 납부하여야 한다고 규정하고 있었습니다. 이후 A회사가 분양계약상의 주택공급의무를 이행할 수 없게 되자, 주택사업공제조합은 B 주식회사를 승계시공자로 선정하여 잔여 공사를 시공하게 하였습니다. 위 주택분양보증의 법적 성질은 무엇이고, 수분양자들은 당연히 권리를 취득함과 동시에 의무를 부담하는 것인지요?

A. 제3자를 위한 계약이란 계약에 의하여 당사자 일방이 제삼자에게 이행할 것을 약정하는 계약으로 그 제3자는 채무자에게 직접 그 이행을 청구할 수 있습니다(민법 제539조).

판례는 주택분양보증의 성질과 관련하여 주택분양보증은 구 '주택건설촉진법'(2003.5.29. 법률 제6916호 주택법으로 전문 개정되기 전의 것) 제33조의 사업계획승인을 얻은 자가 분양계약상의 주택공급의무를 이행할 수 없게 되는 경우 주택사업공제조합(1999.2.8. 법률 제5908호로 개정된 '주택건설촉진법'에 의하여, 대한주택보증 주식회사로 조직 변경되었으나, 이하 '공제조합'이라 한다)이 수분양자가 이미 납부한 계약금 및 중도금의 환급 또는 주택의 분양에 대하여 이행책임을 부담하기로 하는 조건부 제3자를 위한 계약인데(대법원 1997.9.26. 선고 97다10208 판결 참조), 제3자 지위에 있는 수분양자는 수익의 의사표시에 의하여 권리를 취득함과 동시에 의무를 부담할 수 있고(대법원 1957.3.16. 선고 4289민상536 판결 참조), 제3자를 위한 계약의 수익의 의사표시는 명시적으로뿐만 아니라 묵시적으로도 할 수 있다고 판시하였습니다(대법원 2006.5.25. 선고 2003다45267 판결).

따라서 공제조합이 B주식회사를 승계시공자로 선정하여 잔여 공사를 시공하게 하였을 때 수분양자들이 이에 대하여 명시적으로 이의를 제기하지 아니한 경우에는 원고들의 묵시적 수익의 의사표시가 있었다고 할 것이고, 이로써 위 약관에 따라 수분양자들이 분양이행청구권을 취득하였을 뿐만 아니라 동시에 잔여 분양대금을 B주식회사에게 지급할 의무도 함께 부담하게 되었다 할 것입니다.

⚖️ **관련판례**

대리인에 의하여 보증보험계약이 체결되는 경우, 본인의 자필서명을 받지 않았다는 사정만으로 표현대리의 성립을 부정한다면 모든 대리행위에 있어 본인의 출석을 요구해야 한다는 결과를 초래하여 결국 대리행위의 필요성을 부정하는 데까지 나아갈 우려가 있어 본인의 자필서명이 그 보증보험계약의 유효요건이 된다고 볼 수 없고, 또한 반드시 본인에게 전화 등으로 보증의사를 확인해야 할 의무가 있다고도 볼 수 없다(대법원 1997.7.8. 선고 97다9895 판결).

보증인은 어떤 책임을
지나요?

제3장 보증인은 어떤 책임을 지나요?

1. 보증채무의 내용 및 범위

1-1. 보증채무의 내용

보증인은 주채무자가 이행하지 아니하는 채무를 이행할 의무가 있습니다 (「민법」 제428조제1항).

1-2. 보증채무의 범위

1-2-1. 주채무와의 관계

① 보증채무의 범위는 주채무의 범위를 넘지 않아야 하고, 만일 보증인의 부담이 주채무의 목적이나 형태보다 중한 경우에는 주채무의 한도로 감축합니다(「민법」 제430조).

② 주채무의 이행기 또는 소멸시효 연장 시의 보증채무

㉮ 확정채무의 연대보증인은 원칙적으로 자신의 동의 없이 피보증채무의 이행기가 연장된 경우에도 보증채무를 부담해야 합니다(대법원 2007.6.14. 선고 2005다9326 판결).

㉯ 확정판결로 주채무의 소멸시효기간이 10년으로 연장된 경우라도 보증채무의 소멸시효기간은 여전히 종전의 소멸시효기간에 따릅니다(대법원 2006.8.24. 선고 2004다26287, 26294 판결).

③ 주채무의 목적이나 형태 변경 시의 보증채무

㉮ 보증계약이 성립한 후에 보증인이 알지도 못하는 사이에 주채무의 목적이나 형태가 변경되었으나, 그 변경으로 인해 주채무의 실질적 동일성이 상실되지 않고 동시에 주채무의 부담 내용이 축소·감경된 것에 불과한 경우에는 보증인은 그와 같이 축소·감경된 주채무의 내용에 따라 보증책임을 집니다(대법원 2001. 3. 23. 선고 2001다628 판결).

ⓑ 보증계약이 성립된 후에 보증인의 동의 없이 주채무의 부담 내용이 사후적으로 확장 또는 가중되는 쪽으로 변경되어 주채무의 동일성이 실질적으로 상실된다면 보증채무도 소멸됩니다(광주고법 2002.8.21. 선고 2002나2637 판결).

④ 보증채무의 범위를 보증계약서에서 정한 경우

㉮ 계속적 연대보증계약의 보증인은 특별한 약정이 없는 경우 그의 보증한도액을 넘는 주채무에 대한 지연손해금을 별도로 부담하지 않습니다(대법원 1999.3.23. 선고 98다64639 판결).

㉯ 보증계약 성립 후 보증인의 관여 없이 채무자와 채권자 사이의 합의로 채무불이행시의 손해배상액을 예정한 경우 보증인으로서는 위 합의로 결정된 손해배상 예정액이 채무불이행으로 인해 채무자가 부담할 손해배상 책임의 범위를 초과하지 않는 범위에서만 보증책임을 집니다(대법원 1996.2.9. 선고 94다38250 판결).

■ 보증계약 성립 후 채무자와 채권자 사이의 손해배상액 예정의 효력은?

Q. 저는 친구 A의 B에 대한 농지원상회복의무에 대하여 보증을 선 사실이 있는데, 그 후 A는 저와 한마디 상의도 없이 '농지의 원상회복채무를 이행하지 않을 경우에는 1천만원을 지급한다.'는 약정을 B에게 해주었습니다. 위 농지의 원상회복에 실제로 드는 비용은 200만원 정도인데 만일, A가 농지를 원상회복하지 않으면 보증인인 저도 A와 B의 약정에 따라 1천만원을 부담해야 하나요?

A. 판례는 이와 비슷한 사안에서 '보증인은 특별한 사정이 없는 한 채무자가 채무불이행으로 인해 부담해야 할 손해배상채무에 관하여도 보증책임을 진다고 할 것이고, 따라서 보증인으로서는 채무자의 채무불이행으로 인한 채권자의 손해를 배상할 책임이 있다고 할 것이나, 원래 보증인의 의무는 보증계약 성립 후 채무자가 한 법률행위로 인해 확장·가중되지 아니하는 것이 원칙이므로, 채무자의 채무불이행시의 손해배상의 범위에 관하여 채무자와 채권자 사이의 합의로 보증인의 관여 없이 그 손해배상 예정액이 결정되었다고 하더라도 보증인으로서는 위 합의로 결정된 손해배상 예정액이 채무불이행으로 인해 채무자가 부담할 손해배상 책임의 범위를 초과하지 않는 범위에서만 보증책임이 있다.'고 하였습니다(대법원 1996.2.9. 선고 94다38250 판결).

판례의 태도에 비추어볼 때, 사안의 경우 농지의 원상회복에 실제로 드는 비용에 대해서는 보증책임을 부담해야 하겠지만, 보증인의 관여 없이 A와 B가 약정한 1천만원 전부에 대하여 책임을 지지는 않을 것으로 보입니다.

1-2-2. 보증채무의 범위를 보증계약에서 정하지 않은 경우

① 보증계약에서 보증채무의 범위를 특별히 정하지 않은 경우 보증채무는 주채무의 이자, 위약금, 손해배상, 그 밖에 주채무에 종속한 채무를 포함합니다(「민법」 제429조제1항 참조).

② 여러 명의 보증인이 각자의 행위로 보증채무를 부담하는 공동보증의 경우 특별한 의사표시가 없으면 각 보증인은 균등한 비율로 의무를 부담합니다(「민법」 제439조 및 제408조).

1-2-3. 보증채무 자체의 지연에 따른 위약금 등

① 보증인은 주채무와 독립적이므로 별도로 그 보증채무에 관한 위약금, 그 밖의 손해배상액을 예정할 수 있습니다(「민법」 제429조제2항 참조).

② 주채무와는 별도로 보증채무 자체의 지연에 따른 연체이율에 관하여 특별한 약정이 없는 경우 그 거래행위의 성질에 따라 「상법」 또는 「민법」에서 정한 법정이율에 따라야 하며, 주채무에 관하여 약정된 연체이율이 당연히 적용되는 것은 아닙니다(대법원 2005.6.23. 선고 2005다18955 판결).

■ 친구의 빚보증을 서주었는데 제게 알리지도 않고 채무불이행 시 1천만 원을 배상하기로 했을 경우 제가 책임져야 하나요?

Q. 친구의 빚보증을 서주었는데 제게 알리지도 않고 채무불이행 시 1천 만원을 배상하기로 했다는데, 친구가 채무불이행한 경우 제가 1천만 원도 책임져야 하나요?

A. 판례는 이와 비슷한 사안에서 "채무자와 채권자 사이의 합의로 보증인의 관여 없이 그 손해배상 예정액이 결정되었더라도 보증인으로서는 위 합의로 결정된 손해배상 예정액이 채무불이행으로 인해 채무자가 부담할 손해배상 책임의 범위를 초과하지 않는 범위에서만 보증책임이 있다."고 하였습니다. 판례의 태도에 비추어 볼 때, 보증인은 채무자의 채무불이행으로 인해 채권자가 실제로 입은 손해에 대해서는 배상을 해야겠지만 1천만원에 대해 무조건 책임을 지지는 않을 것으로 보입니다.

◇ 보증채무의 범위
① 보증채무의 범위를 보증계약 시 정한 경우
- 보증계약에서 정한 경우 보증채무의 범위는 그 보증계약에 따라 정해집니다.
- 보증계약 성립 후 보증인의 관여 없이 채무자와 채권자 사이의 합의로 채무불이행 시의 손해배상액을 예정한 경우 보증인으로서는 위 합의로 결정된 손해배상 예정액이 채무불이행으로 인해 채무자가 부담할 손해배상 책임의 범위를 초과하지 않는 범위에서만 보증책임을 집니다.
② 보증채무의 범위를 보증계약 시 정하지 않은 경우
- 보증계약에서 특별히 정하지 않은 경우 보증채무는 주채무의 이자, 위약금, 손해배상, 그 밖에 주채무에 종속한 채무를 포함합니다.
- 여러 명의 보증인이 각자의 행위로 보증채무를 부담하는 공동보증의 경우 특별한 의사표시가 없으면 각 보증인은 균등한 비율로 의무를 부담합니다.

채무가 특정되어 있는 확정채무에 대해 보증한 연대보증인으로서는 자신의 동의 없이 피보증채무의 이행기를 연장해 주었느냐의 여부에 상관없이 그 연대보증채무를 부담하는 것이 원칙이나, 당사자 사이에 연대보증인의 동의 없이 피보증채무의 이행기가 연장된 경우 연대보증인의 보증채무의 소멸 여부 및 그 범위에 관한 특별한 약정이 있다면 그 약정에 따라야 할 것이다(대법원 2007.6.14. 선고 2005다9326 판결).

■ 대환의 경우 기존 채무에 대한 보증책임이 존속하는지요?

Q. 갑은 A은행으로부터 1억원을 변제기를 1년 뒤, 이자는 월1%로 대출받으면서 지인 을 소유의 부동산에 관하여 채권최고액 1억 3,000만원, 채무자 갑, 근저당권자 A은행으로 하는 근저당권설정등기를 마쳐주었습니다. (이하 '제1대출약정'이라 함) 이후 변제기가 도래하자 갑은 A은행과 변제기의 연장을 위해 제1대출약정과 동일한 원금과 이율로 '제2대출약정'을 체결하였으나 A은행은 현실로 위 대출금을 갑에게 지급하지 않고, 제2대출금으로 제1대출금을 변제한 것으로 장부상 처리되었습니다. 을은 위 제2대출약정 사실을 알게 된 후 A은행에게 갑에 대한 제2대출에 대해서는 물상보증인으로서의 책임을 지지 않는다는 취지의 내용증명을 발송하였습니다. 물상보증인인 을은 제2대출약정에 대해서도 보증책임이 존속하나요?

A. 현실적인 자금의 수수 없이 형식적으로만 신규 대출을 하여 기존 채무를 변제하는 이른바 대환은 특별한 사정이 없는 한 형식적으로는 별도의 대출에 해당하나, 실질적으로는 기존 채무의 변제기 연장에 불과하므로, 그 법률적 성질은 기존 채무가 여전히 동일성을 유지한 채 존속하는 준소비대차로 보아야 하고, 이러한 경우 채권자와 보증인 사이에 사전에 신규 대출 형식에 의한 대환을 하는 경우 보증책임을 면하기로 약정하는 등의 특별한 사정이 없는 한 기존 채무에 대한 보증책임이 존속됩니다(대법원 1998.2.27. 선고 97다16077 판결, 2002.6.14. 선고 2002다1543 판결 등 참조). 위 사안에서 甲과 A은행은 제1대출계약의 변제기의 연장을 위해 동일한 대출과목, 원금, 이자율, 변제기한으로 제2대출계약을 체결한 것이므로 형식적으로는 별도의 대출에 해당하나, 실질적으로는 기존 채무의 변제기 연장을 위한 조치에 불과한바, 이는 준소비대차로 볼 수 있습니다. 따라서 甲의 기존채무에 대한 丙의 보증책임은 존속됩니다.

채권자와 주채무자 사이의 확정판결에 의하여 주채무가 확정되어 그 소멸시효기간이 10년으로 연장되었다 할지라도 그 보증채무까지 당연히 단기소멸시효의 적용이 배제되어 10년의 소멸시효기간이 적용되는 것은 아니고, 채권자와 연대보증인 사이에서 연대보증채무의 소멸시효기간은 여전히 종전의 소멸시효기간에 따른다(대법원 2006.8.24. 선고 2004다 26287, 26294 판결).

■ 보증채무 자체에 대한 지연손해금은 보증한도액과 별도로 부담하는지요?

Q. 甲은 乙이 丙으로부터 물품공급 받아 발생되는 물품대금채무에 관해 연대보증하면서 그 보증한도를 5,000만원으로 하는 보증계약서를 작성하였는데, 乙과 丙의 거래가 乙의 물품대금연체로 해지되고, 그 시점에서 乙의 丙에 대한 물품대금채무는 원금 및 지연손해금을 포함하여 합계 5,000만원을 초과하는데, 丙은 甲에게 5,000만원을 변제하라고 청구한 후 甲이 그 변제를 지체하자 청구 이후의 지연손해금까지 청구하고 있습니다. 이 경우 甲은 보증한도인 5,000만원만 丙에게 변제하면 되는 것이 아닌지요?

A. 보증채무내용에 관하여 민법에서, 보증인은 주채무자가 이행하지 아니하는 채무를 이행할 의무가 있고, 보증은 장래의 채무에 대하여도 할 수 있으며(민법 제428조), 보증채무는 주채무의 이자, 위약금, 손해배상 기타 주채무에 종속한 채무를 포함한다고 규정하고 있습니다(민법 제429조 제1항). 그리고 보증의사의 존부는 당사자가 거래에 관여하게 된 동기와 경위, 그 관여형식 및 내용, 당사자가 그 거래행위에 의하여 달성하려는 목적, 거래관행 등을 종합적으로 고찰하여 판단하여야 할 당사자의 의사해석 및 사실인정의 문제이지만, 보증은 이를 부담할 특별한 사정이 있을 경우 이루어지는 것이므로, 보증의사의 존재나 보증범위는 이를 엄격하게 제한하여 인정하여야 합니다(대법원 2009.10.29. 선고 2009다52571 판결). 그런데 보증한도액을 정한 근보증(계속적인 계약 관계에서 생기는 장래의 채무에 대한 보증)에 있어서 보증채무의 범위 등에 관한 판례를 보면, 보증한도액을 정한 근보증에 있어 보증채무는 특별한 사정이 없는 한 보증한도 범위 안에서 확정된 주채무 및 그 이자, 위약금, 손해배상 기타 주채무에 종속한 채무를 모두 포함하는 것이고, 한편 보증채무는 주채무와는 별개의 채무이기 때문에 보증채무 자체의 이행지체로 인한 지연손해금은 보증한도액과는 별도로 부담하고, 이 경우 보증채무의 연체이율에 관하여 특별한 약정이 없는 경우라면 그 거래행위의 성질에

따라 상법 또는 민법에서 정한 법정이율에 따라야 하며, 주채무에 관하여 약정된 연체이율이 당연히 여기에 적용되는 것은 아니지만, 특별한 약정이 있다면 이에 따라야 할 것이라고 하였습니다(대법원 2005.6.23. 선고 2005다18955 판결).

따라서 위 사안에 있어서도 甲은 乙의 丙에 대한 보증채무 5,000만원과 甲이 丙으로부터 보증채무를 청구 당한 이후 다 갚을 때까지의 지연손해금은 위 보증한도액과 별도로 부담하게 될 것으로 보입니다.

■ 보증채무와 주채무가 변제이익에 있어 우열이 있는지요?

Q. 乙은 채권자 甲에 대하여 채무를 부담하고 있으며, 또한 乙은 甲의 또다른 채무자인 丙의 채무에 대하여 연대보증계약을 체결하였습니다. 이 때 乙이 채무를 변제하는 경우에 보증채무와 주채무 사이에 변제이익에 있어서 우열이 있는지요? 만일 채권자가 어음거래약정서와 같은 약관에서 변제충당에 관한 민법 규정과는 달리 채권자가 임의로 충당할 수 있도록 하는 규정을 둔 경우에는 어떠한 효력이 있는지요?

A. 변제의 제공에 있어서 충당의 방법에는 합의충당, 지정충당, 법정충당이 있습니다. 채무자가 동일한 채권자에 대하여 같은 종류를 목적으로 한 수개의 채무를 부담한 경우에 변제의 제공에 있어서 당사자 간의 합의가 있으면 그에 따르고, 합의가 없는 경우에는 변제충당의 지정이 있다면 그에 따르며, 변제에 충당할 채무를 지정하지 아니한 때에는 민법 제477조의 규정에 따라 법정변제 충당되는 것입니다.

판례는 "민법 제476조, 제477조에 의하면, 채무자가 동일한 채권자에 대하여 같은 종류를 목적으로 한 수개의 채무를 부담한 경우에 변제의 제공이 그 채무 전부를 소멸하게 하지 못하는 때에는 변제자가 그 당시 어느 채무를 지정하여 그 변제에 충당할 수 있고, 변제자가 그 지정을 하지 아니할 때에는 변제받는 자가 그 당시 어느 채무를 지정하여 변제에 충당할 수 있되 변제자가 그 충당에 대하여 즉시 이의를 한 때에는 그러하지 아니하며, 당사자 쌍방이 변제에 충당할 채무를 지정하지 아니한 때에는 민법 제477조 각 호의 규정에 따라 법정변제 충당하되 채무 전부의 이행기가 도래한 때에는 채무자에게 변제이익이 많은 채무의 변제에 우선적으로 충당하도록(제2호) 규정하고 있다. 그리고 특별한 사정이 없는 한 변제자가 타인의 채무에 대한 보증인으로서 부담하는 보증채무(연대보증채무도 포함)는 변제자 자신의 채무에 비하여 변제자에게 그 변제의 이익이 적다고 보아야 할 것이다(대법원 1999.7.9. 선고 98다55543 판결 참조)."라고 판시한 바 있습니다.

추가적으로 판례는 "변제충당에 관한 민법의 위 규정들은 임의규정으로서 당사자가 그와 다른 약정을 할 수 있는 것이기는 하나, 채권자가 어음거래약정서와 같은 약관에서 변제충당에 관한 민법 규정과는 달리 채권자가 임의로 충당할 수 있도록 하는 규정을 둘 경우에는 적어도 고객인 채무자 또는 담보제공자가 제공한 변제금이나 담보물의 처분대금이 채무자가 부담하고 있는 수개의 채무 중 어느 채무에 충당되는 것인지를 채무자 또는 담보제공자가 예측할 수 있도록 하는 등 채무자측의 이익도 배려하여야 할 것인바, 어음거래약정서 중 변제충당에 관한 조항이 채권자에게 무제한의 포괄적 충당권을 부여하면서도 그 순서와 방법의 기준 등을 전혀 규정하지 아니함으로써 채권자로 하여금 수시로 자의적으로 충당할 채무를 정할 수 있도록 하였을 뿐만 아니라, 채무자 또는 담보제공자로서는 충당되는 채무를 알 수도 없게 되어 있고, 심지어는 채권자가 자신에게 아무런 이익이 없으면서 채무자에게 불리한 순서와 방법으로 변제충당을 한다고 하여도 채무자가 이의를 할 여지도 없게 되어 있는 경우, 위와 같은 약관조항은 고객인 채무자 등의 정당한 이익을 완전히 무시하여 부당하게 불리하고 신의성실에 반하여 공정을 잃은 조항으로서 약관의규제에 관한법률 제6조 제1항, 제2항 제1호에 의하여 무효라고 보아야 할 것"이라는 입장입니다(대법원 1999.12.28. 선고 99다25938 판결 참조).

따라서 乙이 채무를 변제하는 경우, 변제자가 타인의 채무에 대한 보증인으로서 부담하는 보증채무는 변제자 자신의 채무에 비하여 변제자에게 그 변제의 이익이 적다고 할 것이므로, 법정변제 충당되는 경우 주채무에 우선 충당된다고 할 것입니다. 또한 채권자가 어음거래약정서와 같은 약관에서 변제충당에 관한 민법 규정과는 달리 채권자가 임의로 충당할 수 있도록 하는 규정을 두었다고 하더라도 이는 무효인 약관이므로 효력이 없다고 할 것입니다.

■ 계속적 보증채무는 상속하는지요?

Q. A는 B에 대한 관계에서 보증한도액을 10억으로 하는 계속적 보증계약을 체결하였고, 이후 교통사고로 인하여 사망하였습니다. 이 때 그 상속인인 甲이 그 보증채무를 상속하는지요?

A. 사안의 경우, 계속적 보증계약의 지위가 상속되는지가 문제됩니다. 이와 관련하여 대법원은 "보증한도액이 정해진 계속적 보증계약의 경우 보증인이 사망하였다 하더라도 보증계약이 당연히 종료되는 것은 아니고 특별한 사정이 없는 한 상속인들이 보증인의 지위를 승계한다고 보아야 할 것이나, 보증기간과 보증한도액의 정함이 없는 계속적 보증계약의 경우에는 보증인이 사망하면 보증인의 지위가 상속인에게 상속된다고 할 수 없고 다만, 기왕에 발생된 보증채무만이 상속된다(대법원 2001.06.12. 선고 2000다47187 판결)."고 판시한 바 있습니다. 따라서 특별한 사정이 없는 한, 甲은 상속인의 보증인으로서의 지위를 승계합니다.

■ 보증으로 인하여 타인에게 운송물을 인도한 운송인의 손해배상책임은?

Q. 甲은 운송물을 丙에게 보내기로 하고 운송회사인 乙과 운송계약을 체결하면서 화물상환증을 발행받아 丙에게 교부하였는데, 乙은 은행의 보증서를 제시한 丁에게 운송물을 인도하였습니다. 丙은 乙에 대하여 손해배상청구를 할 수 있는지요?

A. 상법 제125조는 "육상 또는 호천, 항만에서 물건 또는 여객의 운송을 영업으로 하는 자를 운송인이라 한다."라고 규정하고, 상법 제129조는 "화물상환증을 작성한 경우에는 이와 상환하지 아니하면 운송물의 인도를 청구할 수 없다."라고 규정하고 있으며, 상법 제131조 제1항은 "제128조에 따라 화물상환증이 발행된 경우에는 운송인과 송하인 사이에 화물상환증에 적힌 대로 운송계약이 체결되고 운송물을 수령한 것으로 추정한다."라고 규정하고, 같은 조 제2항은 "화물상환증을 선의로 취득한 소지인에 대하여 운송인은 화물상환증에 적힌 대로 운송물을 수령한 것으로 보고 화물상환증에 적힌 바에 따라 운송인으로서 책임을 진다."라고 규정하고 있습니다.

한편 보증도로 인하여 선하증권의 정당한 소지인의 운송물에 대한 권리를 침해한 경우 운송인 등에게 고의 또는 중과실에 의한 불법 행위 책임을 인정할 것인지에 관하여 판례는 보증도의 상관습은 운송인 또는 운송취급인의 정당한 선하증권 소지인에 대한 책임을 면제함을 목적으로 하는 것이 아니고 오히려 보증도로 인하여 정당한 선하증권 소지인이 손해를 입게 되는 경우 운송인 또는 운송취급인이 그 손해를 배상하는 것을 전제로 하고 있는 것이므로, 운송인 또는 운송취급인이 보증도를 한다고 하여 선하증권과 상환함이 없이 운송물을 인도함으로써 선하증권 소지인의 운송물에 대한 권리를 침해하는 행위가 정당한 행위로 된다거나 운송취급인의 주의의무가 경감 또는 면제된다고 할 수 없고, 보증도로 인하여 선하증권의 정당한 소지인의 운송물에 대한 권리를 침해하였을 때에는 고의 또는 중대한 과실에 의한 불법행위의 책임을 진다. 운송인 또는 운송취급인이 보증도를 하는 경우에는 그 화물선취 보증장이 진정하게 성립된 것인지의 여부를 확인할 책임이 있다고 보아야 할 것이고, 이를 게을리 하여 화물선취보증장의 위조사실을 제대로 발견하지 못한 채 선하 증권과의 상환 없이 운송물을 인도하고 그로 인하여 정당한 선하증권 소지인이 손해를 입은 것이라면 운송인 또는 운송취급인은 보증장 없이 선하증권과 상환하지 아니하고 화물을 인도한 결과가 되어 특별한 사정이 없는 한 고의 또는 중대한 과실에 따른 책임을 진다. 보증장이 화물선취 보증장으로서의 형식과 외관을 갖추고 있었다고 하여 확인을 할 책임이 없다거나 위법성이 조각된다고 할 수 없고, 위 보증장이 신용장 개설은행 명의로 발행된 경우라고 하여도 운송인에게 그 보증장이 진정한 것인지 확인할 책임이 있음은 마찬가지로서 그 위조사실을 발견하지 못하고 운송물을 선하증권의 소지인 아닌 사람에게 인도하였다면 특별한 사정이 없는 한 중대한 과실에 따른 책임을 져야 할 것이다. 상법 제820조, 제129조의 규정은 운송인에게 선하증권의 제시가 없는 운송물의 인도청구를 거절할 수 있는 권리와 함께 인도를 거절하여야 할 의무가 있음을 규정하고 있다고 봄이 상당하다."라고 하였습니다(대법원 1992.2.25. 선고 91다30026 판결).

따라서 乙이 보증도라는 상관습에 따라 은행의 보증서를 제시한 정에게 운송물을 인도하였다 하더라도 화물상환증 소지인에 대한 운송물 인도의무가 면제되는 것이 아니므로 화물상환증의 정당한 소지인인 丙은 화물상환증과의 상환 없이 丁에게 운송물을 인도한 乙에 대하여 손해배상청구를 할 수 있을 것입니다.

☙ **관련판례**

보증한도액을 정한 근보증의 경우 보증채무는 특별한 사정이 없는 한 보증한도 범위에서 확정된 주채무 및 그 이자, 위약금, 손해배상, 그 밖에 주채무에 종속한 채무를 모두 포함하는 것이고, 한편 보증채무는 주채무와는 별개의 채무이기 때문에 보증채무 자체의 이행지체로 인한 지연손해금은 보증한도액과는 별도로 부담하고 이 경우 보증채무의 연체이율에 관하여 특별한 약정이 없는 경우라면 그 거래행위의 성질에 따라 상법 또는 민법에서 정한 법정이율에 따라야 하며, 주채무에 관하여 약정된 연체이율이 당연히 여기에 적용되는 것은 아니다(대법원 2005.6.23. 선고 2005다18955 판결).

■ 보증보험계약상 보험자와 주계약상 보증인간의 구상권 관계는?

Q. 甲주식회사는 乙금융기관으로부터 공장시설 융자금을 대출받기로 약정하고, 丙·丁은 甲주식회사의 위 대출금채무에 관하여 연대보증을 하였고, 戊보증보험회사는 甲주식회사와 위 채무에 대하여 이행보증보험계약을 체결하고 甲주식회사는 그 보험증권을 乙금융기관에 제출하였습니다. 그런데 甲주식회사가 위 대출금채무를 연체하여 戊보증보험회사에서 乙금융기관에 보험금을 지급하였습니다. 이 경우 戊보증보험회사에서 연대보증인 丙·丁이 戊보증보험회사와 공동보증인의 지위에 있음을 전제로 하여 그 부담부분의 구상을 청구할 수 있는지요?

A. 부탁을 받은 보증인의 구상권에 관하여 「민법」제441조 제1항은 "주채무자의 부탁으로 보증인이 된 자가 과실 없이 변제 기타의 출재로 주채무를 소멸하게 한 때에는 주채무자에 대하여 구상권이 있다."라고 규정하고 있습니다.

그리고 공동보증인간의 구상권에 관하여 같은 법 제448조는 "①수인의 보증인이 있는 경우에 어느 보증인이 자기의 부담부분을 넘은 변제를 한 때에는 제444조(부탁 없는 보증인의 구상권)의 규정을 준용한다. ②주채무가 불가분이거나 각 보증인이 상호 연대로 또는 주채무자와 연대로 채무를 부담한 경우에 어느 보증인이 자기의 부담부분을 넘은 변제를 한 때에는 제425조 내지 제427조(연대채무에 있어서 구상권 관련규정)의 규정을 준용한다."라고 규정하고 있습니다.

그런데 보증보험계약의 법적 성질 및 보증보험계약상의 보험자와 주계약상의 보증인에 대하여 공동보증인간의 구상권에 관한 민법규정이 적용되는지에 관하여 판례는 "이행(지급)보증보험은 보험계약자인 채무자의 주계약상의 채무불이행으로 인하여 피보험자인 채권자가 입게 되는 손해의 전보를 보험자가 인수하는 것을 내용으로 하는 손해보험으로서 실질적으로는 보증의 성격을 가지고 보증계약과 같은 효과를 목적으로 하는 점에서 보험자와 채무자 사이에는 민법의 보증에 관한 규정이 준용된다고 할 것이나(대법원 1997.10.10. 선고 95다46265 판결, 2004.12.24. 선고 2004다20265 판결), "이와 같은 보증보험계약과 주계약에 부종하는 보증계약은 계약의 당사자, 계약관계를 규율하는 기본적인 법률규정 등이 상이(相異)하여 보증보험계약상의 보험자를 주계약상의 보증인과 동일한 지위에 있는 공동보증인으로 보기는 어렵다 할 것이므로, 보험계약상의 보험자와 주계약상의 보증인 사이에는 공동보증인 사이의 구상권에 관한 민법 제448조가 당연히 준용된다고 볼 수는 없다."라고 하였습니다(대법원 2001.2.9. 선고 2000다55089 판결).

따라서 위 사안에서 戊보증보험회사가 주계약상의 보증인인 丙·丁에게 공동보증인 사이의 구상권에 관한 「민법」제448조를 준용하여 구상금청구를 하기는 어려울 것으로 보는 것이 기존의 견해였습니다.

다만, 보험금을 지급한 보증보험의 보험자는 민법 제481조를 유추적용하여 변제자대위의 법리에 따라 피보험자인 채권자가 채무자에 대하여 가지는 채권 및 그 담보에 관한 권리를 대위하여 행사할 수 있다고 할 것이고, 이와 같은 변제자대위에서 말하는 '담보에 관한 권리'는 질권, 저당권이나 보증인에 대한 권리 등과 같이 물적·인적 담보를 의미하는 것이 일반적이라 할 것인바(대법원 1997.11.14. 선고 95다11009 판결, 대법원 2009.02.26 선고 2005다32418 판결 참조) 戊보증보험회사는 변제자대위권에 기하여 피보험자인 乙의 채무자 甲에 대한 권리를 대위하여 연대보증인 丙·丁에 대하여 보증금의 지급을 구할 수 있다는 해석이 도출됩니다.

결국, 기존판례의 견해에 따르면, 보증보험회사와 주계약상의 보증인 사이에 민법 제448조의 준용을 부정하여 상호간에 구상금청구는 부정하면서, 민법 제481조상의 변제자대위책임은 인정하여 보증보험회사와 보증인 중 먼저변제한 자가 그 상대방에게 변제자대위의 법리에 기하여 전액의 변제를 구할 수 있다는 불합리한 결과가 도출되게 되었습니다.

이에, 최근 대법원은 전원합의체 판결로 "건설조합과 주계약상의 보증인 사이에 민법 제448조가 준용되지 아니한다고 보고, 주계약상 보증관계와 조합과의 보증계약관계를 단절시켜 상호간의 구상 및 변제자대위를 부정하게 되면, 채무자가 무자력일 경우 채무를 먼저 이행한 쪽이 종국적으로 모든 책임을 지는 결과가 되어, 건설조합과 주계약상의 보증인이 서로 채무의 이행을 상대방에게 미루고 종국적인 책임을 지지 않으려고 함에 따라 채무의 신속한 이행을 통한 분쟁해결을 어렵게 하는 결과가 된다. 또한, 상호 구상은 부정하면서도 채무자에 대한 구상권을 근거로 변제자대위만을 허용한다면 먼저 채무를 이행한 쪽이 채권자를 대위하여 상대방에게 채무 전액에 관하여 이행을 청구할 수 있게 되어 상대방에게 그 비용이 모두 전가되므로, 역시 변제의 선후에 따라 종국적인 책임을 지는 자가 달라지고, 같은 채무를 보증하는 자들 사이의 형평을 깨뜨리는 불합리한 결과를 피할 수 없게 된다.

따라서 건설조합과 주계약상 보증인은 채권자에 대한 관계에서 채무자의 채무이행에 관하여 공동보증인의 관계에 있다고 보아야 할 것이므로, 그들 중 어느 일방이 변제 기타 자기의 출재로 채무를 소멸하게 하였다면 그들 사이에 구상에 관한 특별한 약정이 없다 하더라도 민법 제448조에 의하여 상대방에 대하여 구상권을 행사할 수 있다고 할 것이다."(대법원 2008.6.19. 선고 2005다37154 전원합의체 판결)라고 판시하면서 이행보증보험자와 주계약의 보증인 사이에 공동보증인 지위를 인정하지 아니하였던 위 2000다55089판결을 실질적으로 폐기하였습니다.

따라서 보증보험인과 주계약상 보증인 사이의 관계에 대하여 공동보증인의 지위를 부정하였던 기존판례는 실질적으로 변경되어 공동보증인의 지위가 인정되는 것으로 해석되는 바 戊 보증보험회사는 주계약상의 보증인인 丙·丁에게 공동보증인 사이의 구상권에 관한 민법 제448조를 유추적용하여 구상금을 청구할 수 있을 것으로 보입니다.

보증계약이 성립한 후에 보증인이 알지도 못하는 사이에 주채무의 목적
이나 형태가 변경되었다면, 그 변경으로 인해 주채무의 실질적 동일성
이 상실된 경우에는 당초의 주채무는 경개로 인해 소멸하였다고 보아야
할 것이므로 보증채무도 당연히 소멸하겠지만, 그 변경으로 인해 주채
무의 실질적 동일성이 상실되지 않고 동시에 주채무의 부담 내용이 축
소·감경된 것에 불과한 경우에는 보증인은 그와 같이 축소·감경된 주채
무의 내용에 따라 보증책임을 진다고 할 것이다(대법원 2001.3.23. 선고
2001다628 판결).

■ 보험계약자의 기망에 의한 보증보험계약 취소 시 피보험자에 대한 대항력은?

Q. 甲보증보험회사는 乙자동차판매회사와 사이에 자동차할부판매보증보험포괄계약에 관한 협약을 체결하였습니다. 그런데 乙회사에서는 丙에게 승용차 1대를 할부판매하면서 할부판매보증보험계약을 체결하게 함과 아울러 연대보증인 丁과 戊의 각 인감증명서 등 보증보험계약체결에 필요한 제반서류를 교부받아 甲회사에게 전달하였고, 甲회사는 위 제반서류의 인영 등을 대조한 후 할부판매보증보험증권을 발급하였으나, 그 후 연대보증인 丁·戊의 인감증명이 위조된 것으로 확인되어 甲회사는 丙에게 사기를 이유로 위 할부판매보증보험을 취소한다는 의사표시를 하여 丙에게 도달되었습니다. 이 경우 甲보증보험회사에서 乙자동차판매회사에게 보험금지급채무를 이행하지 않아도 되는지요?

A. 「민법」제110조 제1항은 "사기나 강박에 의한 의사표시는 취소할 수 있다."라고 규정하고 있고, 같은 법 제110조 제3항은 "전2항의 의사표시의 취소는 선의의 제3자에게 대항하지 못한다."라고 규정하고 있습니다. 그런데 보험자가 보험계약자의 사기를 이유로 보증보험계약을 취소한 경우, 피보험자의 보험금청구권이 인정되는지에 관하여 판례는 "보험계약자인 채무자의 채무불이행으로 인하여 채권자가 입게 되는 손해의 전보를 보험자가 인수하는 것을 내용으로 하는 보증보험계약은 손해보험으로서, 형식적으로는 채무자의 채무불이행을 보험사고로 하는 보험계약이지만 실질적으로는 보증의 성격을 가지고 보증계약과 같은 효과를 목적으로 하고, 그 중 자동차할부판매보증보험과 같은 경우 피보험자는 보증보험에 터 잡아 할부판매계약을 체결하거나 혹은 이미 체결한 할부판매계약에 따른 상품인도의무를 이행하는 것이 보통이므로, 일반적으로 타인을 위한 보험계약에서 보험계약자의 사기를 이유로 보험자가 보험계약을 취소하는 경우 보험사고가 발생하더라도 피보험자는 보험금청구권을 취득할 수 없는 것과는 달리, 보증보험계약의 경우 보험자가 이미

보증보험증권을 교부하여 피보험자가 그 보증보험증권을 수령한 후 이에 터 잡아 새로운 계약을 체결하거나 혹은 이미 체결한 계약에 따른 의무를 이행하는 등으로 보증보험계약의 채권담보적 기능을 신뢰하여 새로운 이해관계를 가지게 되었다면 그와 같은 피보험자의 신뢰를 보호할 필요가 있다 할 것이므로, 주채무자에 해당하는 보험계약자가 보증보험계약체결에 있어서 보험자를 기망하였고, 보험자는 그로 인하여 착오를 일으켜 보증보험계약을 체결하였다는 이유로 보증보험계약체결의 의사표시를 취소하였다 하더라도, 이미 그 보증보험계약의 피보험자인 채권자가 보증보험계약의 채권담보적 기능을 신뢰하여 새로운 이해관계를 가지게 되었다면, 피보험자가 그와 같은 기망행위가 있었음을 알았거나 알 수 있었던 경우이거나, 혹은 피보험자가 보험자를 위하여 보험계약자가 제출하는 보증보험계약체결 소요서류들이 진정한 것인지 등을 심사할 책임을 지고 보험자는 그와 같은 심사를 거친 서류만을 확인하고 보증보험계약을 체결하도록 피보험자와 보험자 사이에 미리 약정이 되어 있는데, 피보험자가 그와 같은 서류심사에 있어서 필요한 주의의무를 다하지 아니한 과실이 있었던 탓으로 보험자가 보증책임을 이행한 후 구상권을 확보할 수 없게 되었다는 등의 특별한 사정이 없는 한 그 취소를 가지고 피보험자에게 대항할 수 없다."라고 하였습니다(대법원 1999.7.13. 선고 98다63162 판결, 2002.11.8. 선고 2000다19281 판결).

다만 「상법」 제659조 제1항은 "보험사고가 보험계약자 또는 피보험자나 보험수익자의 고의 또는 중대한 과실로 인하여 생긴 때에는 보험자는 보험금액을 지급할 책임이 없다."라고 규정하고 있는데, 보증보험에 있어서도 위 상법 규정을 적용할 것인지에 관하여 판례는 "보증보험의 성질상 상법 제659조의 규정은 보증보험계약이 보험계약자의 사기행위에 피보험자가 공모하였다든지 적극적으로 가담하지는 않았더라도 그러한 사실을 알면서도 묵인한 상태에서 체결되었다고 인정되는 경우를 제외하고는 원칙적으로 보증보험에는 그 적용이 없다."라고 하였습니다(대법원 2001.2.13. 선고 99다13737 판결, 2002.11.8. 선고 2000다19281 판결).

따라서 위 사안에서 乙회사가 丙이 제출하는 보증보험계약체결 소요서류들이 진정한 것인지 등을 심사할 책임을 지고 있었거나, 丁과 戊의 각 인감증명서 위조의 사실을 알면서도 묵인한 경우 등 특별한 사정이 없는 한 甲보증보험회사는 乙자동차판매회사에게 보험금을 지급하여야 할 것으로 보입니다.

⚖ **관련판례**

> 보증인은 특별한 사정이 없는 한 채무자가 채무불이행으로 인해 부담해야 할 손해배상채무에 관하여도 보증책임을 진다고 할 것이고, 따라서 보증인으로서는 채무자의 채무불이행으로 인한 채권자의 손해를 배상할 책임이 있다고 할 것이나, 원래 보증인의 의무는 보증계약 성립 후 채무자가 한 법률행위로 인하여 확장, 가중되지 않는 것이 원칙이므로, 채무자의 채무불이행시의 손해배상의 범위에 관하여 채무자와 채권자 사이의 합의로 보증인의 관여 없이 그 손해배상 예정액이 결정되었다고 하더라도 보증인으로서는 위 합의로 결정된 손해배상 예정액이 채무불이행으로 인해 채무자가 부담할 손해배상 책임의 범위를 초과하지 않는 범위에서만 보증책임이 있다(대법원 1996.2.9. 선고 94다38250 판결).

■ 채권자가 보증인을 상대로 한 소송에 주채무자가 참여하는 방법은?

Q. 저는 甲으로부터 돈을 빌리면서 乙을 보증인으로 세웠습니다. 그런데 현재 甲은 저로부터 대여금 전액을 모두 변제받았음에도 불구하고, 乙을 상대로 대여금청구소송을 제기하여 계속 중인데 乙이 소송수행을 해태(懈怠)하고 있어 甲이 재판에서 승소할 것만 같습니다. 그렇게 되면 乙은 저에게 재차 구상금지급을 구할 것인데, 제가 현재 취할 수 있는 법적 구제수단이 무엇인지요?

A. 귀하의 경우 현재 甲과 乙간에 계속중인 소송에서는 당사자가 아니기 때문에 직접 소송을 수행하여 의뢰인의 甲에 대한 변제사실을 주장·입증할 수는 없습니다. 다만 이러한 경우 귀하는 소송결과에 이해관계 있는 제3자로서 한쪽 당사자인 보증인 乙의 승소를 돕기 위하여 보조참가신청을 할 수 있습니다(민사소송법 제71조). 보조참가신청이 받아들여지는 경우, 귀하는 참가인으로서 甲에 대한 변제사실을 주장·입증하여 甲의 청구기각을 구할 수 있을 것입니다.

보조참가신청은 특히 피참가인이 성의 있는 소송수행을 하지 않을 때에, 타인 간의 소송 계속 중 소송결과에 이해관계 있는 제3자가 한쪽 당사자의 승소를 돕기 위하여 그 소송에 참가하는 것을 말합니다. 예컨대, 위 사안처럼 채권자 甲이 보증채무자 乙을 상대로 한 소송에서 보증채무자가 패소하면 주채무자 丙에게 구상청구를 할 것이므로 주채무자 丙이 보증채무자 乙의 승소를 위해 참가하는 등이 그 예입니다.

참가인은 피참가인의 승소를 위하여 필요한 소송행위를 자기의 이름으로 할 수 있습니다(민사소송법 제76조 제1항 본문). 따라서 참가인은 사실주장을 물론 다툴 수 있으며, 증거신청, 상소의 제기나 이의신청을 할 수 있습니다. 이와 같은 참가인의 소송행위는 피참가인 자신이 행한 것과 같은 효과가 생깁니다.

그러나 참가인은 어디까지나 다른 사람의 소송 보조자에 그치기 때문에 참가인은 소의 취하, 청구의 포기·인낙, 화해, 상소의 포기와 취하 등은 허용되지 않습니다. 그리고 피참가인이 이미 행한 소송상 행위와 모순되는 행위를 할 수도 없습니다. 예컨대, 피참가인이 자백한 뒤에 참가인이 이의 부인, 피참가인이 상소포기한 뒤에 참가인의 상소제기는 할 수 없습니다. 물론 자백의 취소, 시기에 늦은 공격방어방법의 제출, 상고심에서 새로운 사실 및 증거의 제출, 피참가인의 상소기간 경과 후의 상소제기 등은 참가인도 할 수 없습니다.

참가한 판결이 확정되면 참가적 효력이 발생하는데, 참가적 효력은 피참가인과 참가인 사이에만 미치고, 피참가인의 상대방과 참가인 사이에는 미치지 아니합니다. 피참가인 측이 패소하고 난 뒤에 피참가인과 참가인 사이에 소송이 된 때, 참가인은 피참가인에 대한 관계에서 이전의 판결의 내용이 부당하다고 다툴 수 없습니다. 예컨대, 제3자 甲이 매수인 乙을 상대로 자기의 소유임을 전제로 목적물인도청구를 한 소송에서 乙에 대한 매도인 丙이 보조참가 하였는데도 매수인 乙이 패소 당하였다면, 뒤에 매수인 乙이 매도인 丙을 상대로 하자 있는 물건을 매도하였다 하여 담보책임을 추궁하는 제2차 소송에서 매도인 丙은 그 물건이 제3자의 물건이 아니고 자기 소유라는 주장을 할 수 없는 것입니다.

마찬가지로 위 사안에서도 채권자 甲이 보증인 乙을 상대로 한 소송에서 주채무자인 귀하가 보증인 乙을 위해 보조참가 하였지만 보증인 乙이 패소한 뒤, 보증인 乙이 귀하를 상대로 한 구상금 청구 소송에서 주채무자인 귀하는 주채무가 부존재한다고 다투는 것은 허용되지 않습니다.

관련판례

보증계약이 성립된 후에 보증인의 동의 없이 주채무의 부담 내용이 사후적으로 확장 내지 가중되는 쪽으로 변경되어 주채무의 동일성이 실질적으로 상실된다면 보증채무도 소멸된다(광주고법 2002.8.21. 선고 2002나2637 판결).

2. 주채무자에게 생긴 사유의 효력

2-1. 원칙

① 주채무자에게 생긴 사유는 원칙적으로 보증인에게도 효력이 있습니다.

② 채권자가 주채무자에 대해 한 소멸시효의 중단은 보증인에 대해서도 그 효력이 있습니다(「민법」 제440조).

③ 주채무자에 대한 시효중단의 사유가 발생하였을 때는 그 보증인에 대한 별도의 중단조치가 이루어지지 않더라도 동시에 시효중단의 효력이 생기고, 나아가 그 시효중단사유를 보증인에게 통지해야 하는 것도 아닙니다(대법원 2005.10.27. 선고 2005다35554 판결).

④ 주채무자에 대한 채권이 양도되면 당사자 사이에 별도의 특약이 없는 한 보증인에 대한 채권도 함께 이전하고, 이 경우 채권양도의 대항요건도 주채권의 이전에 관하여 구비하면 족하고, 별도로 보증채권에 관하여 대항요건을 갖출 필요는 없습니다(대법원 2002.9.10. 선고 2002다21509 판결).

⑤ 따라서, 채권자가 주채무자에 대한 채권양도를 가지고 보증인에게 대항하기 위해서는 그 채권양도를 주채무자에게 통지하거나 승낙을 받으면 되고, 별도로 보증인에게 이를 통지하거나 승낙을 받을 필요는 없습니다(「민법」제450조제1항 참조).

■ 채권양도 시 보증채권 양도에 관한 대항요건이 필요한지요?

Q. 저는 작은 커피전문점을 운영하는 사촌형의 커피재료상(A라 함)에 대한 물품거래대금채무 1천만원에 대해 보증인으로서 보증계약을 체결한 사실이 있습니다. 그런데 얼마 전 모르는 사람으로부터 1천만원의 보증채무금지급청구소송을 제기 당했습니다. 알아보니 A는 사촌형에 대한 물품대금채권을 다른 사람(B라 함)에게 양도한 후 그 사실을 사촌형에게만 내용증명우편으로 통지했던데, 이런 경우에도 저는 A가 아닌 B에게 변제할 책임이 있나요?

A. 사안의 경우, 사촌형의 보증인으로서 A와 보증계약을 체결했을 뿐인데도 전혀 알지도 못하는 B가 보증인의 책임을 물어 소송을 제기하였을 때 B에게 보증책임을 져야 하는지 문제됩니다.

우선 채권은 양도할 수 있으며, 양도인은 채권양도를 채무자에게 통지하거나 채무자가 승낙하지 않으면 채무자, 그 밖의 제3자에게 대항하지 못합니다(「민법」제449조제1항 및 제450조제1항). 또한, 채권양도의 통지나 승낙은 확정일자 있는 증서에 의하지 않으면 채무자 외의 제3자에게 대항하지 못합니다(「민법」제450조제2항).

한편, 주채무자에 대한 채권을 양도하는 경우 주채무자 외에 별도로 보증인에게도 대항요건을 갖춰야 하는 지에 대하여 판례는 '보증채무는 주채무에 대한 부종성 또는 수반성이 있어서 주채무자에 대한 채권이 이전되면 당사자 사이에 별도의 특약이 없는 한 보증인에 대한 채권도 함께 이전하고, 이 경우 채권양도의 대항요건도 주채권의 이전에 관하여 구비하면 족하고, 별도로 보증채권에 관하여 대항요건을 갖출 필요는 없다.'고 하고 있습니다(대법원 2002.9.10. 선고 2002다21509 판결).

결국 사안의 경우, 채권양도에서 주채무자에 대한 채권양도통지 등 대항요건을 갖추었으면 보증인에 대하여도 그 효력이 미치므로 B에게 보증채무를 이행해야 할 책임을 부담하게 될 것으로 보입니다.

2-2. 주채무자에게 생긴 사유의 효력이 보증인에게 미치지 않는 경우

① 보증채무가 성립한 후 보증인의 동의 없이 주채무의 목적이나 형태가 변경된 경우, 그것이 종전보다 보증인의 책임을 감소시키는 것이라면 보증인에게도 효력이 있지만, 보증인의 책임을 가중시키는 것이라면 보증인에게 효력이 미치지 않습니다(대법원 2000.1.21. 선고 97다1013 판결 참조).

② 채권자가 주채무자에 대해 변제기를 연장해 준 경우, 보증채무에 대하여도 그 효력이 미칩니다(대법원 1996.2.23. 선고 95다49141 판결).

③ 보증인이 임대인의 임대차보증금반환채무를 보증한 후에 임대인과 임차인 간에 임대차계약과 관계없는 다른 채권으로써 연체차임을 상계하기로 한 것은 보증인에게 불리한 것이므로 그 효력을 주장할 수 없습니다(대법원 1999.3.26. 선고 98다22918 판결).

④ 회생계획에 의해 주채무자가 주채무를 면책 받은 경우라도 회생채권자가 회생절차가 개시된 채무자의 보증인에 대하여 가지는 권리에는 영향을 미치지 않습니다(「채무자 회생 및 파산에 관한 법률」 제250조 제2항제1호).

⑤ 주채무자가 파산선고를 받아 면책된 경우 파산채권자가 채무자의 보증인에 대하여 가지는 권리에는 영향을 미치지 않습니다(「채무자 회생 및 파산에 관한 법률」 제567조).

⑥ 주채무자가 개인회생 계획에 의해 주채무를 면책 받은 경우라도 개인회생채권자가 채무자의 보증인에 대하여 가지는 권리에는 영향을 미치지 않습니다(「채무자 회생 및 파산에 관한 법률」 제625조제3항).

■ 사촌형의 보증인으로서 보증계약을 체결했는데, 그 후 사촌형에 대한 채권을 타인에게 양도하고 그 사실을 사촌형에게만 통지한 경우 저의 보증책임은 소멸되지 않나요?

Q. 사촌형의 보증인으로서 A와 보증계약을 체결했는데, 그 후 A가 사촌형에 대한 채권을 B에게 양도하고 그 사실을 사촌형에게만 통지한 경우 저의 보증책임은 소멸되지 않나요?

A. 주채무자에 대한 채권을 양도하는 경우 주채무자 외에 별도로 보증인에게도 대항요건을 갖춰야 하는지에 대하여 판례는 "채권양도의 대항요건은 주채권의 이전에 관하여 구비하면 족하고, 별도로 보증채권에 관하여 대항요건을 갖출 필요는 없다."고 보고 있습니다.

판례의 태도에 비추어 볼 때, 사안의 경우 채권양도에서 주채무자에 대한 채권양도통지 등 대항요건을 갖추었으면 보증인에 대하여도 그 효력이 미치므로 보증책임이 소멸되는 것이 아니고 B에게 보증채무를 이행해야 할 것으로 보입니다.

◇ 주채무자에게 생긴 사유의 효력
① 주채무자에게 생긴 사유는 원칙적으로 보증인에게도 효력이 있습니다.
- 주채무가 소멸하면 보증채무도 소멸합니다.
- 채권자가 주채무자에 대해 한 소멸시효의 중단은 보증인에 대해도 그 효력이 있습니다.
- 주채무자에 대한 채권이 양도되면 당사자 사이에 별도의 특약이 없는 한 보증인에 대한 채권도 함께 이전하고, 이 경우 채권양도의 대항요건도 주채권의 이전에 관하여 구비하면 족하고, 별도로 보증채권에 관하여 대항요건을 갖출 필요는 없습니다.
② 주채무자에게 생긴 사유의 효력이 보증인에게 미치지 않는 경우
- 보증채무가 성립한 후 채권자와 주채무자 사이의 합의로 주채무의 목적이나 형태를 변경한 경우, 그것이 종전보다 보증인의 책임을 감소시키는 것이라면 보증인에게도 효력이 있지만 보증인의 책임을 가

중시키는 것이라면 보증인에게 효력을 미치지 않습니다.
- 채권자가 주채무자에 대해 변제기를 연장해 준 경우, 보증채무에 대하여도 그 효력이 미칩니다.
- 보증인이 임대인의 임대차보증금반환채무를 보증한 후에 임대인과 임차인 간에 임대차계약과 관계없는 다른 채권으로써 연체차임을 상계하기로 한 것은 보증인에게 불리한 것이므로 그 효력을 주장할 수 없습니다.
- 회생계획에 의해 주채무자가 주채무를 면책 받은 경우라도 회생채권자가 회생절차가 개시된 채무자의 보증인에 대하여 가지는 권리에는 영향을 미치지 않습니다.
- 주채무자가 파산선고를 받아 면책된 경우 파산채권자가 채무자의 보증인에 대하여 가지는 권리에는 영향을 미치지 않습니다.
- 주채무자가 개인회생 계획에 의해 주채무를 면책 받은 경우라도 개인회생채권자가 채무자의 보증인에 대하여 가지는 권리에는 영향을 미치지 않습니다.

♨ 관련판례

일반적으로 계속적 보증계약에서 보증인의 부담으로 돌아갈 주채무의 액수가 보증인이 보증 당시에 예상하였거나 예상할 수 있었던 범위를 훨씬 상회하고, 그 같은 주채무 과다 발생의 원인이 채권자가 주채무자의 자산상태가 현저히 악화된 사실을 익히 알거나 중대한 과실로 알지 못한 탓으로 이를 알지 못하는 보증인에게 아무런 통보나 의사타진도 없이 고의로 거래규모를 확대함에 비롯되는 등 신의칙에 반하는 사정이 인정되는 경우에 한정하여 보증인의 책임을 합리적인 범위로 제한할 수 있다(대법원 2005.10.27. 선고 2005다35554 판결).

■ 주채무자에 대한 판결확정의 경우 보증채무의 소멸시효기간은 변동되는지요?

Q. 甲은 乙회사가 丙은행으로부터 8,000만원을 빌리는데 丁과 함께 연대보증을 해주었고, 乙회사가 변제기인 2000.4.30.이 지나도 채무를 이행하지 않자 丙은행은 2001.5.7. 乙회사와 丁을 상대로 제기한 대여금청구소송에서 승소확정판결을 받았는데, 丙은행은 위 채무일부만을 변제받은 후, 2011.4.16. 乙회사와 甲을 상대로 다시 대여금청구소송을 제기해왔습니다. 이 경우 甲이 연대보증인으로서 책임을 져야 하는지요?

A. 「민법」제165조는 판결에 의하여 확정된 채권 및 판결과 동일한 효력이 있는 것에 의하여 확정된 채권은 단기의 소멸시효에 해당되는 것이라도 그 소멸시효는 10년으로 한다고 규정하고 있습니다.

그런데 판례를 보면, 「민법」제165조가 판결에 의하여 확정된 채권, 판결과 동일한 효력이 있는 것에 의하여 확정된 채권은 단기의 소멸시효에 해당한 것이라도 그 소멸시효는 10년으로 한다고 규정하는 것은 당해 판결 등의 당사자 사이에 한하여 발생하는 효력에 관한 것이고, 채권자와 주채무자 사이의 판결 등에 의해 채권이 확정되어 그 소멸시효가 10년으로 되었다 할지라도 위 당사자 이외의 채권자와 연대보증인 사이에는 위 확정판결 등은 그 시효기간에 대하여는 아무런 영향도 없고 채권자의 연대보증인에 대한 연대보증채권의 소멸시효기간은 여전히 종전 소멸시효기간에 따르게 되고, 보증채무가 주채무에 부종(附從)한다고 할지라도 보증채무는 주채무와는 별개 독립된 채무의 성질이 있고, 「민법」제440조가 주채무자에 대한 시효중단은 보증인에 대하여 그 효력이 있다고 규정하고 있으나, 이는 보증채무부종성에 기초한 것보다는 채권자보호 내지 채권담보확보를 위한 특별규정으로서, 이 규정은 주채무자에 대한 시효중단사유가 발생하였을 때 보증인에 대한 별도의 중단조치가 이루어지지 아니하여도 동시에 시효중단효력이 생기도록 한 것에 불과하고, 중단된 이후의 시효기간까지가 당연히 보증인에게도 효력이 미친다고 하는 취지는 아니라고 하였습니다(대법원 1986.11.25. 선고 86다카1569 판결, 2006.8.24. 선고 2004다26287, 26294 판결).

따라서 위 사안의 경우 丙은행의 채권은 은행의 영업상 이루어진 대출금채권으로서 상사채권이고, 5년의 상사시효가 적용되는 것이므로 丙은행의 최초의 대여금청구소송의 제기로 인하여 소멸시효가 중단되었더라도 甲의 보증채무는 그 승소판결이 확정된 때로부터 다시 5년의 상사시효기간이 경과한 2006.5.7.자로 소멸되었다고 할 것이어서, 丙은행이 甲을 상대로 제기한 위 소송에서는 소멸시효기간의 경과를 들어 책임 없음을 항변하면 될 것으로 보입니다.

참고로 보증채무에 대하여 소멸시효가 중단되었으나 주채무에 대하여는 소멸시효가 완성된 경우에 관한 판례를 보면, 보증채무에 대한 소멸시효가 중단되었더라도 이로써 주채무에 대한 소멸시효가 중단되는 것은 아니고, 주채무가 소멸시효완성으로 소멸된 경우에는 보증채무도 그 채무 자체의 시효중단에 불구하고 부종성에 따라 당연히 소멸된다고 하였습니다(대법원 2002.5.14. 선고 2000다62476 판결).

☙☙ 관련판례

연대보증인이 보증책임에 관하여 다투는 소송(채무부존재확인소송)을 진행하면서 장기간 채무이행을 하지 않아 이로 인하여 보증 당시 예상하지 못한 과다한 지연손해금이 발생된 경우, 연대보증인의 책임의 범위를 제한하지 않은 원심의 판단을 수긍한 사례(대법원 2005.10.27. 선고 2005다35554 판결)

■ 은행대출금에 대한 보증채무의 소멸시효기간은?

Q. 저는 甲이 乙은행으로부터 사업자금을 대출받을 때 연대보증을 하였는데, 보증채무의 소멸시효와 관련하여 乙은행의 보증채무금청구권의 소멸시효기간은 민법 제162조가 적용되어 10년이 되는지 아니면 상법 제64조가 적용되어 5년이 되는지요?

A. 상행위로 인한 채권의 소멸시효기간은 「상법」에 다른 규정이 있는 경우(상법 제121조, 제147조, 제154조, 제167조, 제487조, 제662조, 제875조) 또는 다른 법령에서 이보다 단기시효규정이 있는 경우(민법 제163조, 제164조)를 제외하고 5년입니다(상법 제64조).

그런데 「상법」제46조 제8호는 "수신·여신·환 기타의 금융거래"를 상행위로 규정하고 있으므로, 은행의 대출업무는 '기본적 상행위'에 해당되고, 상행위로 인한 채권의 소멸시효에 관하여 판례는, 당사자 쌍방에 대하여 모두 상행위가 되는 행위로 인한 채권뿐만 아니라 당사자 일방에 대하여만 상행위에 해당하는 행위로 인한 채권도 「상법」제64조에서 정한 5년의 소멸시효기간이 적용되는 상사채권에 해당하는 것이고, 그 상행위에는 「상법」제46조 각 호에 해당하는 기본적 상행위뿐만 아니라 상인이 영업을 위하여 하는 보조적 상행위도 포함되며, 상인의 행위는 영업을 위하여 하는 것으로 추정되는 것이라고 하고 있습니다(대법원 2008.4.10. 선고 2007다91251 판결).

또한, 판례는 상사시효가 적용되는 채권은 직접 상행위로 인하여 생긴 채권뿐만 아니라 상행위로 인하여 생긴 채무의 불이행에 기하여 성립한 손해배상채권도 포함하며(대법원 1997.8.26. 선고 97다9260 판결), 은행이 영업행위로서 한 대출금에 대한 변제기 이후의 지연손해금은 그 원본채권과 마찬가지로 상행위로 인한 채권으로서 5년의 소멸시효를 규정한 「상법」제64조가 적용된다고 하였습니다(대법원 2008.3.14. 선고 2006다2940 판결).

따라서 귀하의 보증채무 및 그 지연손해금(지연이자)의 소멸시효기간은 「상법」제64조에 따라 5년이라고 볼 수 있습니다.

「민법」 제169조는 시효의 중단은 당사자 및 그 승계인사이에만 효력이 있다.고 규정하고 있고 한편, 「민법」 제440조는 "주채무자에 대한 시효의 중단은 보증인에 대하여 그 효력이 있다."라고 규정하고 있는데, 「민법」 제440조는 「민법」 제169조의 예외 규정으로서 이는 채권자 보호 또는 채권담보의 확보를 위하여 주채무자에 대한 시효중단의 사유가 발생하였을 때는 그 보증인에 대한 별도의 중단조치가 이루어지지 않더라도 동시에 시효중단의 효력이 생기도록 한 것이고, 그 시효중단사유가 압류, 가압류 및 가처분이라고 하더라도 이를 보증인에게 통지하여야 비로소 시효중단의 효력이 발생하는 것은 아니다(대법원 2005.10.27. 선고 2005다35554 판결).

■ 부동산중개인이 체결한 보증보험 계약상 보험금청구권의 소멸시효 기간은?

Q. 저는 부동산중개업자 甲의 중개로 乙소유아파트를 임차하였고, 그 때 甲은 乙이 제시하는 발행일자 없는 등기사항증명서의 복사본만을 보여주면서 아무런 문제 없으니 계약을 체결하라고 하여 계약을 체결하고 입주하였다가 그 이전에 설정된 근저당권에 의한 경매로 보증금을 한 푼도 받지 못하고 위 아파트에서 퇴거당하였으며, 甲에게는 재산이 없으므로 2년이 경과되었는데, 지금 甲이 부동산중개업자로서 가입한 인·허가보증보험에 의한 보험금을 청구하려고 하는데, 보증보험회사에서는 소멸시효기간이 경과되었다고 합니다. 그것이 타당한지요?

A. 「공인중개사법」 제25조 제1항은 개업공인중개사가 중개를 의뢰받은 경우, 중개가 완성되기 전에 당해 중개대상물의 상태·입지 및 권리관계, 법령의 규정에 의한 거래 또는 이용제한사항, 그 밖에 대통령령이 정하는 사항을 확인하여 이를 당해 중개대상물에 관한 권리를 취득하고자 하는 중개의뢰인에게 성실·정확하게 설명하고, 토지대장 등본 또는 부동산종합증명서, 등기사항증명서 등 설명의 근거자료를 제시하여야 한다고 규정하고 있고, 같은 법 시행령 제21조 제1항 제2호는 소유권·전세권·저당권·지상권 및 임차권 등 중개대상물의 권리관계에 관한 사항을 확인·설명하도록 규정하고 있습니다. 또한, 「공인중개사법」 제30조 제1항에서 개업공인중개사는 중개행위를 함에 있어서 고의 또는 과실로 인하여 거래당사자에게 재산상의 손해를 발생하게 한 때에는 그 손해를 배상할 책임이 있다고 규정하고, 같은 법 제30조 제3항에서 개업공인중개사는 업무를 개시하기 전에 제1항 및 제2항의 규정에 의한 손해배상책임을 보장하기 위하여 대통령령이 정하는 바에 따라 보증보험 또는 제42조의 규정에 의한 공제에 가입하거나 공탁을 하여야 한다고 규정하고 있으며, 같은 법 시행령 제26조 제1항에서 중개의뢰인이 손해배상금으로 보증보험금·공제금 또는 공탁금을 지급 받고자 하는 경우에는 그

중개의뢰인과 개업공인중개사간의 손해배상합의서·화해조서, 또는 확정된 법원의 판결문사본 그 밖에 이에 준하는 효력이 있는 서류를 첨부하여 보증기관에 손해배상금의 지급을 청구하여야 한다고 규정하고 있습니다.

그런데 위와 같은 보증보험계약에 따라 중개의뢰인이 보험자에게 보험금을 직접 청구하는 근거에 관한 판례를 보면, 부동산중개업자가 중개행위를 함에 있어서 고의 또는 과실로 인하여 중개의뢰인에게 재산상의 손해를 입힌 경우 그 손해배상책임을 보장하기 위하여 인·허가관청을 피보험자로 하여 체결한 인·허가보증보험계약은 중개업자가 중개행위를 함에 있어서 고의 또는 과실로 인하여 중개의뢰인에게 재산상의 손해를 입힌 경우 그 손해를 보상하기 위하여 체결된 이른바 '타인을 위한 손해보험계약'으로서 중개인의 고의 또는 과실로 인하여 재산상 손해를 입은 중개의뢰인은 당연히 그 계약의 이익을 받아 보험자에게 보험금을 청구할 수 있다고 하면서, 그 보험금액청구권소멸시효기간은 2년이라고 하였습니다(대법원 1999.3.9. 선고 98다61913 판결). 그런데, 현행 상법 제662조는 보험금 청구권의 소멸시효를 3년으로 규정하고 있고, 상법 부칙(2014.3.11. 법률 제12397호로 개정된 것) 제1조, 제2조 제4항에 따르면, 제662조의 개정규정은 구 계약의 청구권이 이 법 시행일(2015.3.12) 이후에 발생한 경우에도 적용되는바, 구 계약의 청구권 발생시기에 따라 소멸시효기간이 달라짐을 주의하여야 합니다.

또한, 보험금액청구권 소멸시효기산점에 관하여, 보험금청구권은 보험사고가 발생하기 전에는 추상적인 권리에 지나지 않고 보험사고발생으로 인하여 구체적인 권리로 확정되어 그때부터 권리를 행사할 수 있게 되는 것이므로, 보험금청구권소멸시효는 특별한 다른 사정이 없는 한 보험사고가 발생한 때부터 진행하는 것이 원칙이지만, 보험사고가 발생하였는지가 객관적으로 분명하지 아니하여 보험금청구권자가 과실 없이 보험사고발생을 알 수 없었던 경우에도 보험사고가 발생한 때부터 보험금청구권소멸시효가 진행한다고 해석하는 것은 보험금청구권자에게 가혹한 결과를 초래하게 되어 정의와 형평의 이념에 반하고 소멸시효제도 존재 이유에도 부합하지 않고, 따라서 객관적으로 보아 보험사고가 발생한 사실을 확인할 수 없는 사정이 있는 경우에는 보험금청구권자가 보험사고 발생을 알았거나 알 수 있었던 때부터 보험금청구권소멸시효가 진행한다고 하였습니다(대법원2008.11.13.「선고」2007다19624 판결).

그러므로 「공인중개사법」 제30조 제1항, 제3항의 규정에 의한 인·허가 보증보험계약은 이른바 '타인을 위한 손해보험계약'으로서 그 보험금액의 청구권의 발생시기가 2015.3.12. 전이라면 2년, 2015.3.12. 이후라면 3년간 행사하지 아니하면 소멸시효가 완성하고, 그 보험금액청구권의 소멸시효는 보험사고가 발생한 때로부터 진행하게 될 것입니다.

따라서 위 사안의 경우 甲의 중개행위로 인한 손해의 발생이 있은 때가 2015.3.12. 전이고 2년이 경과되었거나, 2015.3.12. 이후이고 3년이 경과되었다면 보증보험회사에 인·허가보증보험에 의한 보험금을 청구할 수 없을 것으로 보입니다.

참고로 한국공인중개사협회의 공제약관에 공제금지급청구권은 공제사고 발생일로부터 2년 이내에 행사하지 아니하면 소멸시효가 완성된다고 정하고 있는데, 한국공인중개사협회의 공제사업에 가입한 부동산중개회사의 대표이사가 권한 없이 다세대주택에 관한 채권적 전세계약을 중개하여 그 전세보증금을 편취하는 공제사고를 일으켰으나, 그 당시에는 임차인들이 위 전세보증금을 반환받지 못하여 손해를 입게 되리라는 것이 단지 관념적인 상태에서 잠재적으로만 존재하고 있었을 뿐이고, 이후 임차인들이 다세대주택의 소유자로부터 건물인도 등의 청구를 받음에 따라 그 손해가 현실화되었으므로, 임차인들의 공제금청구권은 위 청구를 받은 때로부터 소멸시효가 진행한다고 한 하급심 판결이 있습니다(서울고등법원「2010.10.20.」선고「2010나44837」판결).

■ 채권자의 회생절차 참가로 인한 시효중단이 보증채무에도 미치는지요?

Q. 甲은 乙주식회사에 대하여 물품대금 5,000만원의 채권을 갖고 있으나, 乙회사의 회생절차가 개시되었으므로 회생채권신고를 하면서 그 절차에 참가하였는데, 乙회사의 甲에 대한 위 채무에 관하여 연대보증을 한 乙회사의 이사 丙이 있고, 위 물품대금채권은 그 변제기로부터 3년이 다 되어갑니다. 회생절차참가는 시효중단의 효력이 있다고 하는데, 丙의 보증채무의 소멸시효도 甲의 회생절차참가로 중단되는 것인지요?

A. 「채무자 회생 및 파산에 관한 법률」 제32조 제1호에서 회생채권자·회생담보권자·주주·지분권자의 목록제출, 그 밖의 회생절차참가는 시효중단 효력이 있고 다만, 그 목록에 기재되어 있지 아니한 회생채권자 또는 회생담보권자가 그 신고를 취하하거나 그 신고가 각하된 때에는 그러하지 아니하다고 규정하고, 같은 법 제250조 제2항에서 회생계획은 회생채권자 또는 회생담보권자가 회생절차가 개시된 채무자의 보증인 그 밖에 회생절차가 개시된 채무자와 함께 채무를 부담하는 자에 대하여 가지는 권리와 채무자 외의 자가 회생채권자 또는 회생담보권자를 위하여 제공한 담보에 영향을 미치지 아니한다고 규정하고 있는데 한편, 「민법」 제440조에서 주채무자에 대한 시효중단은 보증인에 대하여 그 효력이 있다고 규정하고 있습니다.

그런데 「채무자 회생 및 파산에 관한 법률」 시행으로 폐지된 구 회사정리법의 정리절차참가로 인한 시효중단효력이 보증채무에도 미치는지 판례를 보면, 회사정리법 제240조 제2항(현행 채무자 회생 및 파산에 관한 법률 제250조 제2항)에 따르면 정리채권자는 정리계획과 관계없이 보증인에 대하여 언제든지 본래채권을 청구할 수 있고, 정리계획에 의하여 정리채권의 수액이나 변제기가 변경되더라도 보증인책임범위에는 아무런 영향이 없으나, 시효중단의 보증인에 대한 효력을 규정한 민법 제440조에 의하면 보증채무부종성에서 비롯된 당연한 규정이 아니라 채권자보호를 위하여 보증채무만 따로 시효소멸 하는 결과를 방지하기 위한 정책적 규정이므로, 회사정리법 제240조 제2항이 회사정리계획의 효력범위에 관하여 보증채무부종성을 배제하고 있더라도 회사정리법 제5조(현행 채무자 회생 및 파산에 관한 법률 제32조)가 규정한 정리절차참가로 인한 시효중단효력에 관하여 민법 제440조의 적용이 배제되지 아니하고, 따라서 정리절차참가로 인한 시효중단효력은 정리회사채무를 주채무로 하는 보증채무에도 미치고 그 효력은 정리절차참가라는 권리행사가 지속되는 한 그대로 유지된다고 하였습니다(대법원 1998.11.10. 선고 98다42141 판결).

그러므로 위 판례취지에 의한다면 채권자 甲의 회생절차참가라는 권리행사가 지속되는 한 연대보증인 丙에 대한 보증채권도 소멸시효중단효력이 미친다고 보아야 할 것입니다. 참고로 회생절차참가로 인하여 중단되었던 보증채무의 소멸시효가 다시 진행하는 시점에 관하여 정리해보면, ① 회생계획으로 주채무의 전부 또는 일부가 면제되거나 이율이 경감된 경우 그 부분에 대응하는 보증채무소멸시효는 그 인가결정확정 된 때부터 다시 진행하고, ②회생계획에 의해서도 주채무가 잔존하고 있는 경우에는 회생절차의 폐지결정 또는 종결결정이 확정된 시점부터 중단되어 있던 보증채무소멸시효가 다시 진행하고, 그 이후에도 보증채무가 소멸하기 전에 주채무에 대한 시효중단사유가 발생한 때에는 보증채무에 대하여도 그 시효중단효력이 미치며, 시효중단으로 원본채무가 유지되는 경우 종된 채무인 이자채무나 지연손해금채무도 존속하게 됨은 당연하고, 이 경우 회생계획에서 주채무의 이율이 감경되어도 보증채무의 이자나 지연손해금은 감경되기 전의 원래 약정상의 이율에 의하여야 하고, 회생계획에 의하여 정리채권의 수액이나 변제기가 변경되었더라도 보증인책임에는 아무런 효력을 미치지 아니하게 됩니다(대법원 2007.5.31. 선고 2007다11231 판결).

보증계약 체결 후 채권자가 보증인의 승낙 없이 주채무자에 대해 변제기를 연장해 준 경우, 그것이 반드시 보증인의 책임을 가중하는 것이라고는 할 수 없으므로 원칙적으로 보증채무에 대해도 그 효력이 미친다 (대법원 1996.2.23. 선고 95다49141 판결).

■ 물상보증인에 대한 경매개시결정이 주채무의 소멸시효를 중단시키는지요?

Q. 甲은 乙에 대한 대여금채무가 있고, 乙은 위 채무에 대하여 물상보증을 한 丙의 부동산을 경매하여 채무일부를 변제 받았는데, 乙은 위 채무의 변제기로부터는 10년이 경과되었으나, 물상보증인 丙의 부동산에 대한 경매의 종료시점으로부터는 10년이 경과되지 않은 상태에서 甲을 상대로 잔여채무의 이행청구소송을 제기하였습니다. 이 경우 甲은 소멸시효기간이 완성되었음을 주장할 수는 없는지요?

A. 주채무자에 대한 시효중단은 보증인에 대하여 그 효력이 있으나(민법 제440조), 보증채무의 소멸시효가 중단되었더라도 이로써 주채무에 대한 소멸시효가 중단되는 것은 아니고, 주채무가 소멸시효완성으로 소멸된 경우 보증채무도 그 채무자체의 시효중단에 불구하고 부종성에 따라 당연히 소멸됩니다(대법원 2002.5.14. 선고 2000다62476 판결).
   그런데 「민사집행법」 제83조 제1항에서 경매절차를 개시하는 결정에는 동시에 그 부동산의 압류를 명하여야 한다고 규정하고, 이 규정은 「민사집행법」 제268조에 따라서 담보권실행을 위한 경매절차에도 준용하고 있으며, 「민법」 제168조 제2호에서 압류 또는 가압류, 가처분을 소멸시효중단사유로 규정하고 있으므로 경매개시결정은 소멸시효중단사유가 됩니다. 그리고 「민법」 제176조에서 압류, 가압류 및 가처분은 시효의 이익을 받은 자에 대하여 하지 아니한 때에는 이를 그에게 통지한 후가 아니면 시효중단효력이 없다고 규정하고 있으며 판례를 보면, 채권자가 물상보증인에 대하여 그 피담보채권실행으로서 임의경매를 신청하여 경매법원이 경매개시결정을 하고 경매절차이해관계인으로서의 채무자에게 그 결정이 송달되거나 또는 경매기일이 통지된 경우에는 시효이익을 받는 채무자는 민법 제176조에 따라서 당해 피담보채권의 소멸시효중단효과를 받는다고 하였고(대법원 1997.8.29. 선고 97다12990 판결), 이 경우 경매개시결정의 통지방법에 관하여 판례를 보면, 경매절차에서 이해관계인인 주채무자에게 경매개시결정이 송달되었다면 주채무자는 민법 제176

조에 따라서 당해 피담보채권의 소멸시효중단효과를 받는다고 할 것이나, 민법 제176조의 규정에 따라 압류사실이 통지된 것으로 볼 수 있기 위해서는 압류사실을 주채무자가 알 수 있도록 경매개시결정이나 경매기일통지서가 교부송달방법으로 주채무자에게 송달되어야만 하는 것이지, 이것이 우편송달(발송송달)이나 공시송달의 방법에 의하여 채무자에게 송달됨으로써 채무자가 압류사실을 알 수 없었던 경우까지도 압류사실이 채무자에게 통지되었다고 볼 수 있는 것은 아니라고 하였습니다(대법원 1994.11.25. 선고 94다26097 판결).

따라서 위 사안에서 채무자 甲의 乙에 대한 채무는 乙이 물상보증인 丙의 부동산에 대한 담보권실행을 위한 경매를 신청하여 경매개시결정이 채무자 甲에게 송달되거나 또는 그 경매기일이 통지되었다면 소멸시효기간의 진행이 중단되었다 할 것이고, 이 경우 경매절차의 종료시점부터 새로이 소멸시효기간이 진행된다고 할 것이므로 甲은 소멸시효를 주장할 수 없고 乙의 청구에 응하여야 할 것으로 보입니다.

■ 물상보증인의 제소에 대한 저당권자의 응소가 소멸시효 중단사유인지요?

Q. 甲은 2002.11.7.경 乙에게 1억원 상당의 물품을 납품하였고, 丙은 甲에게 乙의 위 물품대금채무담보를 위해 자기소유의 부동산에 저당권을 설정하여 주었는데, 물상보증인인 丙이 2005.6.경 甲을 상대로 저당권설정계약의 무효를 이유로 저당권설정등기말소청구소송을 제기하였고, 그 소송과정에서 甲은 2005.8.경 답변서를 통하여 저당권설정계약이 유효임을 적극적으로 주장하여 응소하였고(답변서는 2005.10.경 변론기일에서 진술), 丙은 다시 2005.12.경 위 물품대금채무가 3년의 소멸시효 완성되어 소멸되었음을 말소청구사유로 추가하였는데, 甲이 이처럼 3년의 소멸시효완성 전에 적극적으로 응소하였으므로, 물품대금채권의 시효가 중단되었다고 재항변할 수 있는지요?

A. 생산자 및 상인이 판매한 생산물 및 상품대가의 채권은 3년간 행사하지 아니하면 소멸시효가 완성하고(민법 제163조 제6호), 소멸시효는 ①청구, ②압류 또는 가압류, 가처분, ③승인의 사유로 인하여 중단되며(민법 제168조), 재판상청구는 소송의 각하, 기각 또는 취하의 경우는 시효중단효력이 없고, 그 경우 6월내에 재판상청구, 파산절차참가, 압류 또는 가압류, 가처분을 한 때에는 시효는 최초의 재판상청구로 인하여 중단된 것으로 보게 되는데(민법 제170조), 「민법」 제168조 제1호, 제170조 제1항에서 시효중단사유의 하나로 규정하고 있는 재판상청구는 권리자가 시효를 주장하는 자를 상대로 소로써 권리를 주장하는 경우뿐만 아니라, 시효주장자가 원고가 되어 소를 제기한데 대하여 피고로서 응소하여 그 소송에서 적극적으로 권리를 주장하고 그것이 받아들여진 경우도 포함됩니다(대법원 2010.8.26. 선고 2008다42416, 42423 판결).

그런데 물상보증인이 제기한 저당권설정등기말소등기절차 이행청구소송에서 채권자 겸 저당권자의 응소행위가 피담보채권의 소멸시효중단사유인 재판상청구인지 판례를 보면, 시효주장자의 소제기에 대한 응소행위가 민법상 시효중단사유로서 재판상청구에 준하는 행위로 인정되려면 '의무 있는 자가 제기한 소송에서 권리자가 의무 있는 자를 상대로 응소하여야' 할 것이므로, 담보가등기가 설정된 후에 그 목적부동산의 소유권을 취득한 제3취득자나 물상보증인 등 시효를 원용할 수 있는 지위에 있으나 직접 의무를 부담하지 않는 자가 제기한 소송에서의 응소행위는 권리자의 의무자에 대한 재판상청구에 준하는 행위에 해당한다고 볼 수 없다고 하였습니다(대법원 2007.1.11. 선고 2006다33364 판결).

또한, 채무자 겸 저당권설정자가 피담보채무의 부존재 또는 소멸을 이유로 하여 제기한 저당권설정등기말소등기절차 이행청구소송에서 채권자 겸 저당권자가 청구기각판결을 구하면서 피담보채권존재를 주장하는 경우, 그러한 주장은 재판상청구에 준하는 것으로서 피담보채권에 관하여 소멸시효중단효력이 생기지만, 타인채무를 담보하기 위하여 자기의 물건에 담보권을 설정한 물상보증인은 채권자에 대하여 물적 유한책임을 지고 있어 그 피담보채권의 소멸에 의하여 직접 이익을 받는 관계에 있으므로 소멸시효완성을 주장할 수 있는 것이지만, 채권자에 대하여는 아무런 채무도 부담하고 있지 아니하므로, 물상보증인이 그 피담보채무의 부존재 또는 소멸을 이유로 제기한 저당권설정등기말소등기절차 이행청구소송에서 채권자 겸 저당권자가 청구기각판결을 구하고 피담보채권존재를 주장하였더라도 이로써 직접 채무자에 대하여 재판상청구를 한 것으로 볼 수는 없는 것이므로 피담보채권소멸시효에 관하여 규정한 민법 제168조 제1호 소정의 '청구(재판상청구 포함)'에 해당하지 아니한다고 하였습니다(대법원 2004.1.16. 선고 2003다30890 판결).

따라서 위 사안의 경우 甲은 다른 시효중단사유가 없는 한, 위 저당권말소청구소송절차에서의 응소행위로써 소멸시효가 중단되었다고 항변할 수 없을 것으로 보입니다.

■ 주채무에 대한 확정판결이 있는 경우 보증채무의 소멸시효기간은 연장되나요?

Q. 건설자재 등 판매업을 하는 甲이 乙 주식회사를 상대로 제기한 물품대금 청구소송에서 甲 승소 판결이 확정된 후 丙이 乙 회사의 물품대금채무를 연대보증한 사안에서, 甲의 丙에 대한 보증채권의 소멸시효도 10년으로 연장되나요?

A. 민법에 따른다면 설령 단기소멸시효가 적용되는 법률관계라고 하여도 판결에 의하여 확정된 채권은 그 소멸시효가 10년으로 됩니다(민법 제165조 제1항). 한편 보증채무는 주채무와는 별개의 독립한 채무이므로 보증채무와 주채무의 소멸시효기간은 채무의 성질에 따라 각각 별개로 정해지고, 주채무자에 대한 확정판결에 의하여 민법 제163조 각 호의 단기소멸시효에 해당하는 주채무의 소멸시효기간이 10년으로 연장된 상태에서 주채무를 보증한 경우, 특별한 사정이 없는 한 보증채무에 대하여는 민법 제163조 각 호의 단지소멸시효가 적용될 여지가 없고, 성질에 따라 보증인에 대한 채권이 민사채권일 경우에는 10년, 상사채권인 경우에는 5년의 소멸시효기간이 적용됩니다(대법원 2014.6.12. 선고 2011다76105 판결).
따라서 건설자재 등 판매업을 하는 甲이 乙 주식회사를 상대로 제기한 물품대금 청구소송에서 甲 승소판결이 확정된 후 丙이 乙 회사의 물품대금채무를 연대보증한 사안에서, 상인인 甲이 상품을 판매한 대금채권에 대하여 丙으로부터 연대보증을 받은 행위는 반증이 없는 한 상행위에 해당하고, 따라서 甲의 丙에 대한 보증채권은 특별한 사정이 없는 한 상사채권으로서 소멸시효기간은 5년이라고 할 것입니다.

■ 보증채무의 소멸시효기간은 얼마인지요?

Q. 주채무자에 대한 확정판결에 의하여 단기소멸시효에 해당하는 주채무의 소멸시효기간이 10년으로 연장된 상태에서 주채무를 보증한 경우, 보증채무의 소멸시효기간은 얼마인지요?

A. 보증채무는 주채무와는 별개의 독립한 채무이므로 보증채무와 주채무의 소멸시효기간은 채무의 성질에 따라 각각 별개로 정해집니다. 그리고 주채무자에 대한 확정판결에 의하여 민법 제163조 각 호의 단기소멸시효에 해당하는 주채무의 소멸시효기간이 10년으로 연장된 상태에서 주채무를 보증한 경우, 특별한 사정이 없는 한 보증채무에 대하여는 민법 제163조 각 호의 단기소멸시효가 적용될 여지가 없고, 성질에 따라 보증인에 대한 채권이 민사채권인 경우에는 10년, 상사채권인 경우에는 5년의 소멸시효기간이 적용됩니다(대법원 2014.06.12. 선고 2011다76105 판결).

■ 상해위인 보증채무의 소멸시효기간은?

Q. 주채무자에 대한 확정판결에 의하여 단기소멸시효에 해당하는 주채무의 소멸시효기간이 10년으로 연장된 상태에서 주채무를 보증한 경우, 보증채무의 소멸시효기간은?

A. 보증채무는 주채무와는 별개의 독립한 채무이므로 보증채무와 주채무의 소멸시효기간은 채무의 성질에 따라 각각 별개로 정해집니다. 그리고 주채무자에 대한 확정판결에 의하여 민법 제163조 각 호의 단기소멸시효에 해당하는 주채무의 소멸시효기간이 10년으로 연장된 상태에서 주채무를 보증한 경우, 특별한 사정이 없는 한 보증채무에 대하여는 민법 제163조 각 호의 단기소멸시효가 적용될 여지가 없고, 성질에 따라 보증인에 대한 채권이 민사채권인 경우에는 10년, 상사채권인 경우에는 5년의 소멸시효기간이 적용됩니다.

건설자재 등 판매업을 하는 甲이 乙주식회사를 상대로 제기한 물품대금청구소송에서 甲승소판결이 확정된 후 丙이 乙회사의 물품대금채무를 연대보증한 사안에서, 상인인 甲이 상품을 판매한 대금채권에 대하여 丙으로부터 연대보증을 받은 행위는 반증이 없는 한 상행위에 해당하고, 따라서 甲의 丙에 대한 보증채권은 특별한 사정이 없는 한 상사채권으로서 소멸시효기간은 5년이라 할 것입니다(대법원 2014.6.12. 선고 2011다76105 판결)

■ 주채무인 회생채권이 소멸시효기간 경과 전에 실권된 경우 보증인이 주채무의 소멸시효 완성을 원용할 수 있는지요?

Q. 주채무인 회생채권이 소멸시효기간 경과 전에 채무자 회생 및 파산에 관한 법률 제251조에 따라 실권된 경우, 보증인이 주채무의 소멸시효 완성을 원용할 수 있을까요?

A. 주채무인 회생채권이 그 소멸시효기간 경과 전에 채무자 회생 및 파산에 관한 법률(이하 '채무자회생법'이라 한다) 제251조에 의하여 실권되었다면 더 이상 주채무의 소멸시효 진행이나 중단이 문제 될 여지가 없으므로, 이러한 경우 보증인은 보증채무 자체의 소멸시효 완성만을 주장할 수 있을 뿐 주채무의 소멸시효 완성을 원용할 수 없습니다(대법원 2016.11.9. 선고 2015다218785 판결).

■ 주택분양보증인이 분양이행을 하여, 분양자로서 하자담보책임을 부담하는 경우 소멸시효가 10년이 되는지요?

Q. 주택분양보증인이 분양이행을 하여, 구 집합건물의 소유 및 관리에 관한 법률 제9조 제1항의 분양자로서 하자담보책임을 부담하는 경우 위 책임의 소멸시효가 10년이 되나요 아니면 상행위로 보아 5년이 되나요?

A. 주택분양보증인은 사업주체가 파산 등의 사유로 분양계약을 이행할 수 없게 되는 경우 해당 주택의 분양의 이행 또는 납부한 계약금 및 중도금의 환급을 책임져야 하고, 보증채무의 이행방법이 분양이행으로 결정된 때에는 해당 주택의 건축공사를 완료한 다음 사용검사 또는 사용승인을 받고 소유권보존등기를 마친 후 수분양자 앞으로 소유권이전등기를 마쳐주게 됩니다. 이와 같이 분양이행을 한 집합건물의 주택분양보증인은 비록 분양계약을 체결한 당사자는 아니지만 분양보증계약의 내용에 따라 주택 건축공사를 완료하고 사용검사 또는 사용승인, 등기 등 분양계약의 기본적인 사항을 이행하게 되므로, 집합건물을 건축하여 분양한 자에 해당한다고 할 수 있습니다.

또한 사업주체는 해당 주택의 건축공사를 완료할 능력을 상실하여 분양계약상의 주택공급의무를 이행하지 못한 이상 건물을 건축하였다거나 그 분양을 완료하였다고 볼 수 없으므로, 실제로 건축공사를 맡는 주택분양보증인으로 하여금 하자가 없는 안전하고 견고한 건물을 짓도록 유도하고 집합건물이 부실하게 건축된 경우 수분양자와 그로부터 건물을 양수한 구분소유자를 두텁게 보호하기 위해서 주택분양보증인을 하자담보책임을 부담하는 분양자로 보는 것이 타당합니다.

따라서 주택분양보증인이 분양이행을 하여 구 집합건물법 제9조 제1항의 분양자로서 하자담보책임을 부담하게 되는 경우, 위 책임의 소멸시효는 5년이 아닌 10년이 됩니다(대법원 2016.6.23. 선고 2013다66287 판결).

■ 주채무자가 개인회생 시, 보증인의 시효주장에 관하여 채권자에게 소멸
시효항변을 할 수 있을까요?

Q. 甲은 乙의 빚에 대해 보증을 서주었습니다. 그런데 乙은 도저히 빚
을 갚지 못해 개인회생을 신청하였고 5년간 성실히 회생계획안을
이행하여, 채무를 전부 면책 받았습니다. 그런데 그로부터 5년 후
채권자가 甲에게 채무이행을 청구합니다. 이 경우 보증계약을 체결
한 때로부터 10년이 도과하였음을 근거로, 甲은 채권자에게 소멸시
효항변을 할 수 있을까요?

A. 채무자 회생 및 파산에 관한 법률 제625조 3항은 "면책은 개인회생채권자
가 채무자의 보증인 그 밖에 채무자와 더불어 채무를 부담하는 자에 대하여
가지는 권리와 개인회생채권자를 위하여 제공한 담보에 영향을 미치지 아니
한다."라 하여, 채무자가 개인회생으로 면책을 받더라도, 채무자의 보증인의
채무는 그 면책의 효력이 미치지 않습니다. 따라서 乙이 면책을 받더라도,
甲의 보증채무는 존속하게 됩니다.

또한 민법 제168조 3호는 채무자가 채무를 승인하는 경우 시효가 중단된
다 규정하고 있으며, 민법 제440조는 주채무자에 대한 시효 중단의 효력은
보증인에 대하여도 효력이 있다 규정하고 있습니다.

그런데 乙이 변제계획안 수행으로, 변제금을 채권자에게 지급하는 행위는
민법 제168조 3호에 따라 채무의 승인으로 볼 수 있습니다. 따라서 민법
제168조 3호 및 제440조에 따라 乙이 변제계획안을 수행할 때마다, 甲의
보증채무도 시효가 중단된다 할 것입니다. 그러므로 변제계획안을 완료한때
부터, 甲의 보증채무의 시효가 진행되게 됩니다. 따라서 갑의 보증채무의
시효 진행은 아직 10년이 도과하지 않았기 때문에, 소멸시효가 완성되지
않아 시효항변을 할 수 없습니다.

■ 하자보수보증보험계약에 따른 보험금청구권의 소멸시효 기산점은 언제
부터 인가요?

Q. 甲은 乙과 시공계약을 체결하면서, 丙과 甲, 乙시공계약 중 타일,
석공사 등 기타공사의 하자를 보증대상으로 하는 보험계약을 체결
하였습니다. 甲은 타일부분에서 하자가 발생하였는데도 乙이 수리
를 해주지 않아 丙에게 보험계약에 따른 보험금을 청구하였는데,
丙은 하자발생시기로부터 이미 오랜 시간이 지나 소멸시효이 완성
되었다고 주장합니다. 丙의 주장은 정당한가요?

A. 보험금청구권의 소멸시효는 3년입니다(2014. 개정 전 법률은 2년). 또한 보험
금청구권은 보험사고가 발생한 때부터 시효가 기산됩니다. 그러므로 보험사
고가 발생한 때로부터 3년 간 보험금을 청구해야 시효완성을 막을 수 있습
니다. 그런데 하자보수보증보험계약에 따른 보험금청구권의 시효는 언제부
터 기산되는지 문제가 됩니다. 이에 대해 대법원 2015.3.26. 선고 2012다
25432 판결에 따르면 "보험금청구권의 소멸시효 기산점은 특별한 사정이
없는 한 보험사고가 발생한 때이고, 하자보수보증보험계약의 보험사고는 보
험계약자가 하자담보 책임기간 내에 발생한 하자에 대한 보수 또는 보완청구
를 받고도 이를 이행하지 아니한 것을 의미하므로, 이 경우 보험금청구권의
소멸시효는 늦어도 보험기간의 종기부터 진행한다."고 판단한바 있습니다.
이에 따르면 보험계약자가 하자에 대한 보수 또는 보완청구를 받고도 이
행하지 않을 때부터 보험금청구권의 시효가 기산되며, 늦어도 보험기간의
종기부터 시효가 진행된다 해석됩니다.
그러므로 하자발생시기로부터 3년이 지났다 하더라도 甲이 하자보수를 청
구하지 않았고 보험기간이 만료되지 않았다면, 시효가 아직 진행되지 않아
丙의 주장은 부당하게 됩니다.

■ 보증인이 주채무 소멸시효 완성을 원용할 수 있는지요?

Q. 甲의 주채무자 乙에 대한 회생채권이 시효 기간 경과 전에 회생계획인가로 실권되었습니다. 이 경우 위 회생채권을 보증한 丙이 주채무인 회생채권의 소멸시효 완성을 주장하여 시효항변을 할 수 있을까요?

A. 대법원 2016.11.9. 선고 2015다218785 판결은 "주채무인 회생채권이 그 소멸시효기간 경과 전에 「채무자 회생 및 파산에 관한 법률」(이하 '채무자회생법'이라 한다) 제251조에 의하여 실권되었다면 더 이상 주채무의 소멸시효 진행이나 중단이 문제 될 여지가 없으므로, 이러한 경우 보증인은 보증채무 자체의 소멸시효 완성만을 주장할 수 있을 뿐 주채무의 소멸시효 완성을 원용할 수 없다."고 판단하였습니다.

위 판례에 비추어보건대, 丙은 자신의 보증채무의 소멸시효가 완성되어야 시효항변을 할 수 있을 뿐, 회생채권의 시효가 완성되었음을 근거로 시효항변을 할 수 없습니다.

■ 주채무의 소멸시효기간이 10년으로 연장된 상태에서 주채무를 보증한 경우, 보증채무의 소멸시효는 어떻게 되나요?

Q. 乙은 丙 병원에 치료비 채무를 부담하고 있었는데, 丙은 을에게 치료비청구의 소를 제기하여 승소확정 되었습니다. 이후 甲이 乙의 丙에 대한 치료비채무를 보증하였는데, 이 경우 보증채무의 소멸시효는 어떻게 되나요?

A. 치료비 채무는 민법 제163조 2호에 따라 3년의 단기소멸시효가 적용됩니다. 그런데 민법 제165조 1항에 따르면 단기의 소멸시효에 해당하는 채권도 판결에 의해 확정되면 시효가 10년으로 연장됩니다.

이 상태에서 판결로 확정된 채무를 보증한 경우, 보증인의 채무의 시효가 원래의 단기소멸시효가 적용될지 문제될 수 있습니다. 이에 대해 대법원 2014.6.12. 선고 2011다76105 판결은 "보증채무는 주채무와는 별개의 독립한 채무이므로 보증채무와 주채무의 소멸시효기간은 그 채무의 성질에 따라 각각 별개로 정해진다. 그리고 주채무자에 대한 확정판결에 의하여 민법 제163조 각 호의 단기소멸시효에 해당하는 주채무의 소멸시효기간이 10년으로 연장된 상태에서 그 주채무를 보증한 경우, 특별한 사정이 없는 한 그 보증채무에 대하여는 민법 제163조 각 호의 단기소멸시효가 적용될 여지가 없고, 그 성질에 따라 보증인에 대한 채권이 민사채권인 경우에는 10년, 상사채권인 경우에는 5년의 소멸시효기간이 적용된다."고 판단하였습니다.

즉 원래 주채무의 시효기간인 단기소멸시효가 적용되는 것이 아니라, 보증채무의 성질에 따라 민법 상 10년 또는 상법상 5년의 소멸시효가 적용됩니다.

■ 보증채무의 소멸시효의 기간은?

Q. 乙은 甲에게 2001.11.28. 사업자금으로 6400만 원을, 변제기는 2 달 뒤로 정해서 차용하였습니다. 그리고 丙이 이에 대해 연대보증을 하였습니다. 그런데 을이 이를 갚지 않자 甲은 2002.8.을을 상대로 소송을 제기하여 승소하였고, 2012.8. 다시 丙을 상대로 소송을 제기하였습니다. 甲은 丙을 상대로 보증채무의 이행을 구할 수 있을까요?

A. 채권자가 개인에게 돈을 빌려줬더라도 개인이 상인이고, 그 돈이 사업자금으로 쓰일 것을 알고 있었다면 민법상 시효인 10년이 아닌 상사시효 5년의 소멸시효가 적용됩니다. 따라서 甲이 을을 상대로 대여금채권에 과한 확정판결을 받았다고 하더라도, 주채무가 상사채권인 점은 변함이 없고, 丙의 보증채무 역시 상사채권으로 보아 5년의 시효에 걸립니다. 또 甲과을 사이의 판결은 당사자에게만 효력이 미치므로 丙에 대해서는 10년으로 시효가 연장되었다고 할 수 없으므로 5년이 지난 2012.8.丙의 보증채무는 5년의 시효완성으로 인하여 소멸되었다고 할 것이므로 甲은 丙에게 채무이행을 구할 수 없습니다(대법원 2016.5.12. 선고 2014 다37552 판결).

■ 주채무자의 시효이익포기와 보증인의 시효소멸는?

Q. 스포츠용품 소매점을 운영하는 甲은 2010.1.1. 도매업자인 乙과 사이에 물품공급계약을 맺었고, 丙은 같은 날 甲이 乙에게 부담하는 물품대금채무에 대하여 연대보증을 섰습니다. 그런데 乙은 2015.1.1.이 지나도록 甲에게 물품대금의 지급을 구하지 않았는데, 2016.7.1.이 되어서야 甲에게 지급을 구하였고, 甲은 乙에게 대금을 2016.10.31.까지 지급하겠다고 기한의 유예를 요청하였습니다. 甲은 약속된 날짜가 지나도록 乙에게 변제하지 못하였고, 이에 乙은 연대보증인인 丙에게 보증책임을 묻고 있습니다. 이 경우에 丙은 보증채무를 이행하여야 하는 것인가요?

A. 주채무가 소멸시효 완성으로 소멸된 경우에는 보증채무도 부종성에 따라 당연히 소멸되므로, 보증인 병으로서는 주채무의 시효소멸을 항변으로 주장할 수 있습니다. 그런데, 사안의 경우에는 주채무자인 갑이 시효완성 후에 기한의 유예를 요청하여 그 시효이익을 포기한 행위가 있었으므로, 그러한 경우에도 보증인이 주채무의 시효소멸을 원용할 수 있는지가 문제됩니다. 통상의 경우 보증인이 보증채무에 관한 시효이익을 포기하였다 하더라도 그와 같은 의사는 주채무의 존속을 전제로 한 것, 즉 주채무가 있으면 보증책임도 계속 부담하겠다는 것이지 주채무가 소멸된 경우까지도 그와 상관없이 보증인이 독자적으로 책임을 지겠다는 취지는 아니라 할 것이므로, 특별한 사정이 없는 한 丙은 주채무의 시효소멸을 원용할 수 있습니다. 대법원 2012.7.12. 선고 2010다51192 판결도 같은 취지입니다.

■ 주채무자에 대한 시효중단 사유가 가압류 등인 경우, 이를 보증인에게 통지하여야 시효중단의 효력이 발생하는지요?

Q. 甲은 乙에게 변제기를 2000.1.1.로 정하여 금 1억원을 대여해주었고, 이 대여금채무에 대해 丙이 보증책임을 지기로 약정하였습니다. 乙이 변제기로부터 약 10년이 다 되어가도록 대여금을 변제하지 않자 甲은 2009.10.1. 위 대여금채권을 피보전채권으로 하여 乙 소유의 A토지를 가압류했고(2009.10.15. 乙에게 가압류명령이 송달되었습니다), 2010.2.1. 乙, 丙을 상대로 대여금청구소송을 제기하였습니다. 그러자 丙은 자신은 가압류사실을 알지 못했으므로 보증채무는 시효소멸하였다고 주장하는바, 丙의 주장은 이유 있는가요?

A. 가압류에 의한 시효중단 효력은 가압류를 신청한 때 발생합니다(대법원 2017.4.7. 선고 2016다35451 판결). 주채무에 대한 시효중단이 보증인에 대하여도 그 효력이 미치기 위해서 별도로 보증인에 대한 통지가 있어야 하는지가 문제입니다.

민법 제169조는 "시효의 중단은 당사자 및 그 승계인 간에만 효력이 있다."고 규정하고 있고, 한편 민법 제440조는 "주채무자에 대한 시효의 중단은 보증인에 대하여 그 효력이 있다."라고 규정하고 있는바, 민법 제440조는 민법 제169조의 예외규정으로서 이는 채권자 보호 내지 채권담보의 확보를 위하여 주채무자에 대한 시효중단의 사유가 발생하였을 때는 그 보증인에 대한 별도의 중단조치가 이루어지지 아니하여도 동시에 시효중단의 효력이 생기도록 한 것이고, 그 시효중단사유가 압류, 가압류 및 가처분이라고 하더라도 이를 보증인에게 통지하여야 비로소 시효중단의 효력이 발생하는 것은 아니라고 판시(대법원 2005.10.27. 선고 2005다35554 판결)하여 보증인에게 별도의 통지가 이루어질 필요는 없는 것으로 보고 있습니다.

따라서 丙이 시효중단 사실을 알았는지에 관계없이, 2009.10.1. 甲의 가압류신청으로 인해 乙, 丙에 대한 시효가 중단되므로 丙의 항변은 이유 없습니다.

■ 보증채무 자체의 이행지체로 인한 지연손해금은?

Q. 갑은 을에게 사업자금 2008.8.2. 변제기 1년, 연이율 2%로 하여 5,000만원을 빌리면서 저에게 보증을 서달라고 부탁을 하길래 제가 보증을 서 주었습니다. 그 후 변제일이 지나도 채무자인 갑이 돈을 갚지 않자 을이 제게 보증채무의 이행을 구하였습니다. 그러나 그 당시에는 제가 돈이 없어 변제를 미루다가 5개월 쯤 뒤에 위 대여금 5,000만원 및 이자 100만원도 함께 갑에게 주었는데 갑은 그 외에도 제가 돈을 늦게 줬기에 지연이자도 더 줘야한다고 주장하고 있습니다. 보증채무의 한도는 주채무+이자에 한한다고 알고 있는데, 을의 주장처럼 지연이자도 더 줘야하나요?

A. 대법원은 보증서의 보증금액은 보증인이 보증책임을 지게 될 주채무에 관한 한도액을 정한 것으로서 그 한도액에는 주채무자의 채권자에 대한 원금과 이자 및 지연손해금이 모두 포함되고 그 합계액이 보증의 한도액을 초과할 수 없지만, 보증채무는 주채무와는 별개의 채무이기 때문에 보증채무 자체의 이행지체로 인한 지연손해금은 보증의 한도액과는 별도로 부담하여야 하고(대법원 1998.2.27.선고 97다1433판결 등 참조), 이때 보증채무의 연체이율에 관하여 특별한 약정이 없는 경우라면 그 거래행위의 성질에 따라 상법 또는 민법에서 정한 법정이율에 따라야 한다(대법원 2014.2.27. 선고 2013다76567판결 참조)고 판시하고 있습니다. 이 사안의 경우 귀하께서는 보증채무 자체의 이행지체로 인한 지연손해금을 보증의 한도액과는 별도로 을에게 지급해야합니다. 또 주채무가 사업자금을 위한 것으로 상법상의 법정이율에 따라 계산하여 지급하면 될 것입니다.

■ 채무자·물상보증인 공동저당부동산 동시배당의 경우 배당방법은 어떻게 되나요?

Q. 甲은 乙의 丙에 대한 채무에 대하여 자신이 소유한 토지를 乙소유 토지와 공동담보로 근저당권을 설정해주었습니다. 그런데 乙이 채무의 변제기가 지났음에도 변제를 하지 않자 丙은 甲과 乙의 토지를 함께 경매신청하여 배당기일이 지정된 상태입니다. 이 경우에도 각 토지의 경매대가에 비례하여 배당하게 되는지요?

A. 민법은 동일한 채권담보로 수개의 부동산에 저당권을 설정한 경우에 그 부동산의 경매대가를 동시에 배당하는 때에는 각 부동산의 경매대가에 비례하여 그 채권분담을 정한다고 규정하고(민법 제368조 제1항), 변제할 정당한 이익이 있는 자는 변제로 당연히 채권자를 대위한다고 하였으며(민법 제481조), 변제자대위규정에 따라서 채권자를 대위한 자는 자기권리에 의하여 구상할 수 있는 범위에서 채권 및 그 담보에 관한 권리를 행사할 수 있고, 그 권리행사는 ①보증인은 미리 전세권이나 저당권의 등기에 그 대위를 부기하지 아니하면 전세물이나 저당물에 권리를 취득한 제3자에 대하여 채권자를 대위하지 못하고, ②제3취득자는 보증인에 대하여 채권자를 대위하지 못하며, ③제3취득자 중의 1인은 각 부동산가액에 비례하여 다른 제3취득자에 대하여 채권자를 대위하고, ④자기재산을 다른 사람의 채무담보로 제공한 자가 수인인 경우에는 위 ③의 규정을 준용하며, ⑤자기재산을 다른 사람의 채무담보로 제공한 자와 보증인 사이에는 그 인원수에 비례하여 채권자를 대위하지만, 자기재산을 다른 사람의 채무담보로 제공한 자가 수인인 때에는 보증인부담부분을 제외하고 그 잔액에 대하여 각 재산가액에 비례하여 대위하며, 이 경우에 그 재산이 부동산인 때에는 위 ①의 규정을 준용한다고 합니다(민법 제482조).

그런데 공동저당권목적물인 채무자소유의 부동산과 물상보증인소유의 부동산이 함께 경매되어 그 경매대가를 동시에 배당하는 경우 배당방법에 관한 판례를 보면, 공동저당권이 설정되어 있는 수개의 부동산 중 일부는 채무자소유이고 일부는 물상보증인의 소유인 경우 위 각 부동산의 경매대가를 동시에 배당하는 때에는, 물상보증인이 민법 제481조, 제482조의 규정에 의한 변제자대위에 의하여 채무자소유 부동산에 대하여 담보권을 행사할 수 있는 지위에 있는 점 등을 고려할 때, "동일한 채권의 담보로 수개의 부동산에 저당권을 설정한 경우에 그 부동산의 경매대가를 동시에 배당하는 때에는 각 부동산의 경매대가에 비례하여 그 채권의 분담을 정한다."고 규정하고 있는 민법 제368조 제1항은 적용되지 아니한다고 봄이 상당하고, 따라서 이러한 경우 경매법원으로서는 채무자소유 부동산의 경매대가에서 공동저당권자에게 우선적으로 배당을 하고, 부족분이 있는 경우에 한하여 물상보증인소유 부동산의 경매대가에서 추가로 배당을 하여야 한다고 하였습니다(대법원 2010.4.15. 선고 2008다41475 판결). 따라서 위 사안에서도 채무자인 乙소유 부동산의 경매대가에서 공동저당권자 丙에게 우선적으로 배당을 하고, 부족분이 있는 경우에 한하여 물상보증인 甲소유 부동산의 경매대가에서 추가로 배당을 하게 될 것으로 보입니다.

참고로 사해행위취소의 소에서 채무자가 수익자에게 양도한 목적물에 저당권이 설정되어 있는 경우라면 그 목적물 중에서 일반채권자들의 공동담보에 제공되는 책임재산은 피담보채권액을 공제한 나머지 부분만이라고 할 것이고 그 피담보채권액이 목적물의 가액을 초과할때는 당해 목적물의 양도는 사해행위에 해당한다고 할 수 없으나, 수 개의 부동산에 공동저당권이 설정되어 있는 경우 책임재산을 산정함에 있어 각 부동산이 부담하는 피담보채권액은 특별한 사정이 없는 한 민법 제368조 의 규정 취지에 비추어 공동저당권의 목적으로 된 각 부동산의 가액에 비례하여 공동저당권의 피담보채권액을 안분한 금액이라고 보아야 합니다(대법원 2003.11.13.선고 2003다39989판결 참조). 그러나 그 수 개의 부동산 중 일부는 채무자의 소유이고 다른 일부는 물상보증인의 소유인경우에는 물상보증인이 민법 제481조, 제482조 의 규정에 따른 변제자대위에 의하여 채무자 소유의 부동산에 대하여 저당권을 행사할 수 있는 지위에 있는 점 등을 고려할 때, 그 물상보증인이 채무자에 대하여 구상권을 행사할 수 없는 특별한 사정이 없는 한 채무자 소유의 부동산에 관한 피담보채권액은 공동저당권의 피담보채권액 전액으로 봄이 상당하고(대법원 2008.4.10.선고 2007다78234판결 참조). 이러한 법리는 하나의 공유부동산 중 일부 지분이 채무자의 소유이고, 다른 일부 지분이 물상보증인의 소유인 경우에도 마찬가지로 적용됩니다(대법원 2013.7.18. 선고 2012다5643 전원합의체 판결).

■ 채무자 소유 부동산과 물상보증인 소유 부동산의 경매대가를 동시에 배당하는 경우, 민법 제368조 제1항 이 적용되는지요?

Q. 채무자 甲소유의 부동산과 물상보증인 乙소유의 부동산이 공동저당권의 목적물로 되어있는 상황에서 乙이 甲을 위한 연대보증인의 지위를 겸하고 있다면 甲, 乙 소유의 부동산의 경매대가를 동시에 배당하는 경우 민법 제368조 제1항이 적용되나요?

A. 판례는 '공동저당권이 설정되어 있는 수개의 부동산 중 일부는 채무자 소유이고 일부는 물상보증인 소유인 경우 위 각 부동산의 경매대가를 동시에 배당하는 때에는 민법 제368조 제1항은 적용되지 아니하고, 채무자 소유 부동산의 경매대가에서 공동저당권자에게 우선적으로 배당을 하고, 부족분이 있는 경우에 한하여 물상보증인 소유 부동산의 경매대가에서 추가로 배당을 하여야 한다(대법원 2010.4.15.선고 2008다41475판결 참조). 그리고 이러한 이치는 물상보증인이 채무자를 위한 연대보증인의 지위를 겸하고 있는 경우에도 마찬가지이다(대법원 2016.3.10. 선고 2014다231965 판결).'라고 판시하고 있습니다. 따라서 乙이 甲을 위한 연대보증인의 지위를 겸하고 있다고 하더라도 乙은 물상보증인에 해당하는 이상 민법 제368조 제1항이 적용되지 아니하여 甲 소유 부동산의 경매대가에서 공동근저당권자에게 우선 배당한 후 부족분이 있는 경우 乙 소유 부동산의 경매대가에서 추가로 배당을 하게 될 것입니다.

■ 합병 전에 저당목적물의 소유권을 취득한 경우, 합병 당시를 기준으로 근저당권의 피담보채무가 확정되는지요?

Q. 물상보증인 甲은 채무자 乙회사를 위하여 丙에게 근저당권을 설정하여 주었습니다. 乙회사는 丁회사에 합병되었고 합병 후 상당한 기간이 지나도록 甲은 달리 근저당권설정계약을 존속시킨다는 동의를 한 바 없는데, 근저당권의 피담보채무는 언제 확정되는 것인가요?

A. 판례는 '물상보증인이 설정한 근저당권의 채무자가 합병으로 소멸하는 경우 합병 후의 존속회사 또는 신설회사는 합병의 효과로서 채무자의 기본계약상 지위를 승계하지만 물상보증인이 존속회사 또는 신설회사를 위하여 근저당권설정계약을 존속시키는 데 동의한 경우에 한하여 합병 후에도 기본계약에 기한 근저당거래를 계속할 수 있고, 합병 후 상당한 기간이 지나도록 그러한 동의가 없는 때에는 합병 당시를 기준으로 근저당권의 피담보채무가 확정된다. 따라서 위와 같이 근저당권의 피담보채무가 확정되면, 근저당권은 그 확정된 피담보채무로서 존속회사 또는 신설회사에 승계된 채무만을 담보하게 되므로, 합병 후 기본계약에 의하여 발생한 존속회사 또는 신설회사의 채무는 근저당권에 의하여 더 이상 담보되지 아니한다. 그리고 이러한 법리는 채무자의 합병전에 물상보증인으로부터 저당목적물의 소유권을 취득한 제3자가 있는 경우에도 마찬가지로 적용된다(대법원 2010.1.28. 선고 2008다12057 판결)라고 판시하고 있습니다. 따라서 사안의 경우 합병 후 상당한 기간이 지나도록 근저당권설정계약을 존속시키는 데 甲의 동의가 없었으므로 합병 당시를 기준으로 근저당권의 피담보채무가 확정된다고 할 것입니다.

■ 당사자 사이 사회질서에 반하지 않는 보증책임면책특약의 효력은?

Q. 甲신용보증기금은 乙회사와 丙은행간의 대출원리금채무를 보증함에 있어 丙은행과의 사이에서, "당해 시설 준공 즉시 주담보 취득하고 공장용지의 소유권 이전 즉시 추가담보 취득하여 본 보증을 우선해지 할 것"이라는 특약사항과 丙은행이 위 특약사항을 위배하였을 때에는 보증책임의 전부 또는 일부에 대하여 책임을 지지 아니한다는 사항을 신용보증서에 기재하였습니다. 그러나 丙은행이 그 후 주담보만 취득하고 추가담보를 취득하지 못한 상태에서 보증채무금 청구소송을 제기하여 왔습니다. 이 경우 주담보 취득 범위 내에서 甲신용보증기금의 보증책임이 면제된다고 볼 수 있는지요?

A. 민법에서 법률행위의 당사자가 법령 중의 선량한 풍속 기타 사회질서에 관계없는 규정과 다른 의사를 표시한 때에는 그 의사에 의한다고 규정하고 있고(민법 제105조), 보증인은 주채무자가 이행하지 아니하는 채무를 이행할 의무가 있고, 보증은 장래의 채무에 대하여도 할 수 있다고 규정하고 있으며(민법 제428조), 신용보증기금법에서 기금은 신용보증기금법의 목적을 달성하기 위하여 신용보증업무를 수행한다고 규정하고 있습니다(신용보증기금법 제23조 제1항 제2호).

그러므로 위 사안에서 甲신용보증기금과 丙은행간에 체결된 특약이 법령 중의 선량한 풍속 기타 사회질서에 관계없는 경우에는 당사자간의 의사표시대로 해석할 수 있을 것인데, 위 사안과 관련된 판례를 보면, 신용보증기금이 피보증인의 금융기관에 대한 대출원리금채무를 보증함에 있어 금융기관과의 사이에서, '당해 시설 준공 즉시 주담보 취득하고 공장용지의 소유권이전 즉시 추가담보 취득하여 본 보증을 우선해지 하실 것'이라는 특약을 체결하였고, 금융기관이 위 특약사항을 위배하였을 때에는 보증책임의 전부 또는 일부에 대하여 책임을 지지 아니한다는 사항을 신용보증서에 기재한 취지는 금융기관이 원래 예상했던 담보를 모두 취득하지 못한 경우라 하더라도 금융기관이 실제로 취득한 담보의 가치만큼은 보증계약을 해지하도록 하기 위한 것이므로 취득한 주담보가액에 해당하는 만큼 신용보증기금의 책임을 면제하여야 한다고 하였습니다(대법원 2001.8.21. 선고 99다53964 판결).

따라서 위 甲신용보증기금과 丙은행간의 보증계약우선해지특약은 그 문언의 취지대로 해석하더라도 선량한 풍속 등에 반하지 않는 것으로 볼 수 있어 확보된 주담보가액의 범위 내에서라도 보증해지를 주장할 수 있을 것으로 보입니다.

참고로 신용보증특약과 관련된 판례를 보면, 신용보증서에 "채무자가 준공하여 그 소유권을 취득하기로 예정된 시설(당해시설)을 준공하는 즉시 당해시설을 담보로 취득한 후 신용보증계약을 전액 해지할 것"이라는 특약사항과 함께 "금융기관이 위 특약사항을 위반하였을 때에는 보증책임의 전부 또는 일부에 대하여 책임을 지지 아니한다"는 면책조항을 기재한 경우 그 취지는, 금융기관이 신용보증기금의 신용보증 아래 채무자에게 대출한 시설자금으로 채무자가 설치한 시설에 관하여 금융기관이 물적 담보를 취득한 경우 신용보증계약을 전부 해지시켜 신용보증기금이 보증책임을 면하게 하려는 것뿐 아니라, 나아가 보증인인 신용보증기금이 그 보증채무를 이행한 경우에 금융기관을 대위하여 채무자에 대하여 구상권을 행사하여도 물적 담보가 없어 실효를 거둘 수 없는 결과가 초래되지 않도록, 채무자가 대출금에 의하여 설치하는 시설이 준공되면 그 시설에 관하여 저당권을 설정하는 등의 방법으로 선량한 관리자의 주의로써 물적 담보를 확보하게 하는 의무를 금융기관에 부담시키고, 금융기관이 그의 귀책사유로 인하여 원래 취득하기로 한 담보물을 전부 취득하지 못하게 되면 신용보증기금의 보증책임은 전부 면책되지만, 담보물을 전부 취득하지 못하게 된 것이 금융기관의 귀책사유에 기인하지 않는 경우에는 신용보증기금의 보증책임은 면책되지 않는 것으로 약정한 취지라고 보아야 한다고 하였고(대법원 2007.7.12. 선고 2007다13640 판결), 금융기관이 그 귀책사유로 특약사항을 지키지 못하면 면책약관조항에 따라 보증기관의 책임이 면책되는 것이지, 달리 특별한 사정이 없는 한 금융기관이 특약사항을 이행하지 못한 데에 보증기관의 잘못이 경합되었다고 하여 별도의 불법행위책임을 추궁할 수 있음은 몰라도 그러한 사정을 보증기관의 보증채무면책범위를 정함에 참작할 근거는 없다고 하였습니다(대법원 2008.10.9. 선고 2007다67654 판결).

제4장

보증인은 어떤 보호를 받을 수 있나요?

제4장 보증인은 어떤 보호를 받을 수 있나요?

1. 보증인의 보호(보증채무 이행전)

1-1.채권자의 통지의무 등

① 채권자는 보증계약을 체결한 후에 다음의 어느 하나에 해당하는 사유가 있는 경우에는 지체 없이 보증인에게 그 사실을 알려야 합니다 (「민법」 제436조의2제2항).

- 주채무자가 원본, 이자, 위약금, 손해배상 또는 그 밖에 주채무에 종속한 채무를 3개월 이상 이행하지 않는 경우
- 주채무자가 이행기에 이행할 수 없음을 미리 안 경우
- 주채무자의 채무 관련 신용정보에 중대한 변화가 생겼음을 알게 된 경우

② 채권자는 보증인의 청구가 있으면 주채무의 내용 및 그 이행 여부를 알려야 합니다(「민법」 제436조의2제3항).

1-2. 통지의무 위반 시 보증채무의 감면

채권자가 위에 따른 통지의무 등을 위반하여 보증인에게 손해를 입힌 경우에는 법원은 그 내용과 정도 등을 고려하여 보증채무를 감경하거나 면제할 수 있습니다.

1-3. 보증채무 이행청구 시 대응방법

1-3-1. 채권자의 보증채무 이행청구

채권자는 주채무자가 채무를 이행하지 않는 때에는 보증인에게 보증채무의 이행을 청구할 수 있습니다.

1-3-2. 주채무자의 항변권 행사

① 채권자가 보증채무의 이행을 청구하면 보증인은 주채무자의 항변으로 채권자에게 대항할 수 있습니다(「민법」 제433조제1항).

② 주채무자가 항변을 포기하더라도 보증인에게는 아무런 효력이 없으므로 보증인은 여전히 채권자에게 주채무자의 항변권을 행사할 수 있습니다(「민법」 제433조제2항).

③ 보증인이 채권자에 대하여 보증채무를 부담하지 않음을 주장할 수 있었는데도 그 주장을 하지 않은 채 보증채무의 전부를 이행하였다면 그 주장을 할 수 있는 범위에서는 신의칙상 그 보증채무의 이행으로 인한 구상금채권에 대한 연대보증인들에 대하여도 그 구상금을 청구할 수 없습니다(대법원 2006.3.10. 선고 2002다1321 판결).

1-3-3. 주채무자의 상계권 행사

보증인은 주채무자의 채권에 의한 상계로 채권자에게 대항할 수 있습니다(「민법」 제434조).

1-3-4. 이행거절권 행사

① 주채무자가 채권자에 대해 취소권 또는 해제권이나 해지권이 있는 동안은 보증인은 채권자에 대해 채무의 이행을 거절할 수 있습니다(「민법」 제435조).

② 보증인은 주채무자의 취소권, 해제권 또는 해지권을 채권자에게 직접 행사할 수는 없습니다(「민법」 제140조 참조).

1-3-5. 최고·검색의 항변권 행사

① 채권자가 보증인에게 채무의 이행을 청구한 때에는 보증인은 주채무자의 변제자력이 있다는 사실과 그 집행이 쉽다는 것을 증명하여 먼저 주채무자에게 청구할 것과 그 재산에 대해 집행할 것을 항변할

수 있습니다(「민법」 제437조 본문).

② 보증인의 항변에도 불구하고 채권자의 해태로 인하여 채무자로부터 채무의 전부나 일부의 변제를 받지 못한 경우에는 채권자가 해태하지 않았더라면 변제받았을 한도에서 보증인은 그 의무를 면합니다(「민법」 제438조).

③ 예외: 보증인이 주채무자와 연대해 채무를 부담하는 연대보증의 경우에는 최고·검색의 항변권을 행사할 수 없으므로 채권자가 보증인에게 먼저 채무이행을 청구한 경우라도 그 채무를 이행해야 합니다(「민법」 제437조 단서).

■ 친구의 빚보증을 서주었는데 변제기가 되자 채권자가 친구에게는 청구
해보지도 않고 저에게 돈을 갚으라고 합니다. 어떻게 대처해야 하나요?

Q. 친구의 빚보증을 서주었는데 변제기가 되자 채권자가 친구에게는 청
구해보지도 않고 저에게 돈을 갚으라고 합니다. 어떻게 대처해야
하나요?

A. 보증이 연대보증이 아닌 단순보증이라면 보증인은 "최고· 검색의 항변권
"을 행사할 수 있습니다. 즉, 보증인은 채권자에 대해 주채무자의 변제
자력이 있다는 사실과 그 집행이 쉽다는 것을 증명하여 먼저 주채무자
에게 청구할 것과 그 재산에 대해 집행할 것을 항변할 수 있습니다.

그러나 보증이 연대보증인 경우에는 최고· 검색의 항변권을 행사할 수
없으므로, 채권자가 주채무자에게 청구하지 않고 보증인에게 청구한 경
우라도 돈을 갚아야 합니다.

◇ 보증인의 최고· 검색의 항변권

① 채권자가 보증인에게 채무의 이행을 청구한 때에는 보증인은 주채무
자의 변제 자력이 있다는 사실과 그 집행이 쉽다는 것을 증명하여
먼저 주채무자에게 청구할 것과 그 재산에 대해 집행할 것을 항변할
수 있습니다.

② 보증인의 항변에도 불구하고 채권자의 해태(懈怠)로 인하여 채무자로
부터 채무의 전부나 일부의 변제를 받지 못한 경우에는 채권자가 해태
하지 않았더라면 변제받았을 한도에서 보증인은 그 의무를 면합니다.

③ 보증인은 다음의 어느 하나에 해당하는 경우에는 최고· 검색의 항변
권을 행사할 수 없으므로 채권자가 보증인에게 먼저 채무이행을 청
구한 경우라도 그 채무를 이행해야 합니다.

- 보증인이 주채무자와 연대해 채무를 부담하는 연대보증의 경우
- 주채무자가 파산선고를 받은 경우(변제 자력이 없기 때문)
- 주채무자가 행방불명일 경우(집행이 쉽지 않기 때문)
- 보증인이 항변권을 포기한 경우

보증인이 채권자에 대하여 보증채무를 부담하지 않음을 주장할 수 있었는데도 그 주장을 하지 않은 채 보증채무의 전부를 이행하였다면 그 주장을 할 수 있는 범위에서는 신의칙상 그 보증채무의 이행으로 인한 구상금채권에 대한 연대보증인들에 대하여도 그 구상금을 청구할 수 없다 (대법원 2006.3.10. 선고 2002다1321 판결).

■ 보증인의 주채무자 채권에 의한 상계 항변권을 주장할 수 있나요?

Q. 甲은 乙의 丙에 대한 채무를 보증하였습니다. 그런데 乙과 丙 사이에는 채권·채무관계가 있어서 서로 채권을 가지고 있습니다. 이 경우에 甲은 乙의 丙에 대한 채권을 자동채권으로 하여 자신의 丙에 대한 보증채무를 소멸시킬 수 있는가요?

A. 보증인은 주채무자의 채권에 의한 상계로 채권자에게 대항할 수 있습니다(민법 제434조).

■ 보증인이 이행거절권을 행사할 수 있나요?

Q. 甲과 乙은 A부동산에 관하여 매매계약을 체결하였습니다. 매수인인 甲이 乙에 대하여 부담하는 매매대금지급채무(계약금, 중도금 잔금으로 분할하여 지급하기로 함)에 대하여 丙이 연대보증을 섰습니다. 甲은 乙에게 계약금을 지급하였으나, 중도금지급기일을 어기자 乙은 보증인인 丙에게 중도금을 지급하라고 하였습니다. 丙은 乙에게 중도금을 지급하여야 하나요?

A. 보증인은 주채무자가 채권자에 대하여 취소권 또는 해제권 등이 있는 동안은 이행거절권을 행사 할 수 있습니다(민법 제435조). 그리고 이와 같은 이행거절권은 최고?검색의 항변권과 달리 연대보증인에게도 인정됩니다. 사안의 경우 甲과 乙사이에 계약금까지만 수수된 단계로서 위 매매당사자는 민법 제565조에 의하여 매매계약을 해제할 수 있는 권리가 있으므로, 그 동안은 보증인인 병이 이행거절권이 있습니다. 한편, 최고·검색의 항변권과 이행거절권은 모두 연기적 항변권으로서 항변권자가 이를 행사하는 의사표시를 하여야만 비로소 법원이 고려하게 되는 권리항변으로서의 성격을 가집니다.

■ 회생계획으로 회생채권의 내용 변경 시 보증인의 책임범위는?

Q. 甲회사는 乙에 대한 채무가 다액 있었는데, 회생절차가 개시되었습니다. 그런데 甲회사의 회생절차에서 乙의 채권은 회생계획에 의하여 80퍼센트 감액되었습니다. 이 경우 甲회사의 乙에 대한 채무에 대하여 연대보증을 한 저의 보증채무도 감액된 범위 내로 제한되는지요?

A. 회생계획의 효력범위에 관하여 「채무자 회생 및 파산에 관한 법률」제250조는 "①회생계획은 채무자, 회생채권자·회생담보권자·주주·지분권자, 회생을 위하여 채무를 부담하거나 담보를 제공하는 자와 신회사(합병 또는 분할합병으로 설립되는 신회사를 제외)에 대하여 효력이 있다. ②회생계획은 회생채권자 또는 회생담보권자가 회생절차가 개시된 채무자의 보증인 그 밖에 회생절차가 개시된 채무자와 함께 채무를 부담하는 자에 대하여 가지는 권리와 채무자 외의 자가 회생채권자 또는 회생담보권자를 위하여 제공한 담보에 영향을 미치지 아니한다."라고 규정하고 있습니다.

그리고 회생계획에 의하여 회생채권의 내용이 변경된 경우 보증인의 책임범위에 영향을 미치는지에 관하여 「채무자 회생 및 파산에 관한 법률」시행으로 폐지된 구 「회사정리법」하의 판례도 "회사정리법 제240조 제2항(현행 「채무자 회생 및 파산에 관한 법률」제250조 제2항 참조)에 의하면 정리채권자는 정리계획과 관계없이 보증인에 대하여 언제든지 본래의 채권을 청구할 수 있고, 정리계획에 의하여 정리채권의 수액이나 변제기가 변경되더라도 보증인의 책임범위에는 아무런 영향이 없다."라고 하였으며(대법원 1998.11.10. 선고 98다42141 판결, 2007.5.31. 선고 2007다11231 판결), "회사정리절차는 공익상의 필요에서 재정적 궁핍으로 파탄에 직면한 회사의 정리재건의 목적을 이루기 위하여 회사가 부담하고 있는 채무 또는 책임을 감소시켜 되도록 부담이 가벼워진 상태에서 회사가 영업을 계속하여 수익을 올릴 수 있는 여건을 만들어 주자는 것이므로 정리계획에 의하여 정리채권자가 회사에 대하여 갖는 권리가 소멸 또는 감축되는 이외에 보증인 등에 대하여 갖는 권리까지도 마찬가지로 소멸 또는 감축하게 된다면 정리채권자에게 일방적인 희생을 강요하게 되는 셈이 되어 오히려 회사의 정리재건을 저해하는 요인이 될 수 있다 할 것이며, 정리회사의 채무를 보증한 보증인의 책임을 면제하는 것과 같은 내용은 정리계획으로 정할 수 있는 성질의 것이 아니고, 설사 그와 같은 내용을 정리계획에 규정했다고 하더라도 그 부분은 정리계획으로서의 효력이 없다."라고 하였습니다(대법원 2005.11.10. 선고 2005다48482 판결).

따라서 위 사안에 있어서도 귀하의 乙에 대한 보증채무는 회생계획에 의하여 영향을 받지 않고, 귀하는 감액되지 않은 전액의 채무를 부담하여야 할 것으로 보입니다.

다만, 위와 달리 회사정리절차가 종결된 후 정리회사였던 주채무자와 정리채권자였던 채권자 사이에 정리계획상의 잔존 주채무를 줄이기로 하는 내용의 합의가 성립한 경우 판례는 "보증인이 원래의 채무 전액에 대하여 보증채무를 부담한다는 의사표시를 하거나 채권자 사이에 그러한 내용의 약정을 하는 등의 특별한 사정이 없는 한 '정리계획의 효력 범위'에 관하여 보증채무의 부종성을 배제한 구 회사정리법(2005.3.31. 법률 제7428호 채무자 회생 및 파산에 관한 법률 부칙 제2조로 폐지) 제240조 제2항의 규정은 적용될 수 없으므로 그 합의에 의하여 잔존 주채무가 줄어든 액수만큼 보증채무의 액수도 당연히 줄어든다."고 하면서 "이 경우 정리계획인가 결정에 의하여 일부 면제된 주채무 부분은 주채무자와 채권자 사이에서는 이미 실체적으로 소멸한 것이어서 주채무자와 채권자 사이의 합의에 의하여 다시 줄어들 수 있는 성질의 것이 아니므로, 주채무자와 채권자 사이에서 잔존 주채무를 줄이기로 한 합의에 따라 줄어드는 보증채무의 범위에는 정리계획인가 결정에 의하여 이미 소멸한 주채무 부분이 포함될 수 없다."라고 하였습니다(대법원 2007.3.30. 선고 2006다83130).

■ 이행보증계약을 체결하였는데 지급금지가처분결정이 나왔을 경우 보증금을 지급하지 않아도 되는 것인가요?

Q. 이행보증계약을 체결하였는데 저에게 지급금지가처분결정이 나왔습니다. 그렇다면 보증금을 지급하지 않아도 되는 것인가요?

A. 이행보증계약에 기한 보증인의 보증금지급의무에 관하여 지급금지가처분결정이 있었다고 하더라도 그것으로써 보증인에게 그 지급을 거절할 수 있는 사유, 즉 지급거절의 권능이 발생한다고 할 수 없고, 보증금지급의무가 실제로 발생하여 그 이행기가 도래하면 보증인은 보증채권자에게 이를 이행하여야 하며, 이를 이행하지 아니하는 경우에는 지체책임 발생의 다른 요건이 갖추어지는 한 그 이행의 지체로 인한 손해배상 등 법적 책임을 져야 합니다. 다만, 보증인은 보증금을 채권자의 수령불능을 이유로 변제공탁함으로써 자신의 보증금지급채무로부터 벗어날 수 있고, 그에 따라 위에서 본 바와 같은 지체책임도 면하게 됩니다(대법원 2010.2.25. 선고 2009다22778 판결).

따라서 질문자께서는 지급금지가처분 결정이 있다고 하여 보증금지급의무까지 사라지지는 않으므로 변제공탁을 하여 그 채무불이행의 위험에서 벗어나시길 바랍니다.

1-4. 보증인의 사전구상권

1-4-1. 보증인의 구상권

① 보증채무를 변제한 보증인은 주채무자에게 그 상환을 요구할 수 있는 권리, 즉 '구상권'을 갖습니다.

② 구상권의 범위와 내용은 주채무자의 부탁을 받고 보증인이 된 경우와 주채무자의 부탁 없이 보증인이 된 경우에 따라 달라집니다.

③ 여기서는 주채무자의 부탁을 받고 보증인이 된 경우의 사전구상권에 대하여 알아보고, 보증인의 구상권에 관한 자세한 사항은 이 콘텐츠 <보증인의 보호-보증인의 보호(보증채무 이행 후)-주채무자에 대한 구상권 행사>에서 확인할 수 있습니다.

1-4-2. 사전구상권을 행사할 수 있는 경우

① 일반적으로 주채무자의 부탁으로 보증인이 된 자도 과실 없이 변제 그 밖의 출재(出財)로 주채무를 소멸시킨 후에 주채무자에 대해 구상권을 갖습니다(「민법」 제441조제1항).

② 다만, 다음의 어느 하나에 해당하는 경우에 주채무자에 대해 미리 구상권을 행사할 수 있습니다(「민법」 제442조제1항).

- 보증인이 과실 없이 채권자에게 변제할 재판을 받은 경우
- 주채무자가 파산선고를 받은 경우에 채권자가 파산재단에 가입하지 않은 경우
- 채무의 이행기가 확정되지 않고 그 최장기도 확정할 수 없는 경우에 보증계약 후 5년을 경과한 경우
- 채무의 이행기에 이른 경우

  주채무자는 보증계약 후에 채권자가 이행기를 연기해주었더라도 보증채무 성립 당시에 정해진 이행기에 이르면 보증인의 사전구상권 행사에 대항하지 못합니다(「민법」 제442조 제2항).

③ 부탁 없이 보증인이 된 자에게는 사전구상권이 주어지지 않습니다(「민법」 제442조제1항 참조).

1-4-3. 사전구상권의 범위

사전구상권의 범위에는 채무의 원본과 이미 발생한 이자 및 지연손해금, 피할 수 없는 비용, 그 밖의 손해액은 포함되나, 채무의 원본에 대한 장래 이행기까지의 이자는 포함되지 않습니다(대법원 2002.6.11. 선고 2001다25504 판결, 대법원 2004.7.9.선고 2003다46758 판결 참조).

1-4-4. 보증인이 사전구상권 행사에 대한 주채무자의 보호

① 보증인이 사전구상권을 행사하여 주채무자가 보증인에게 배상하는 경우에 주채무자는 자기를 면책하게 하거나 자기에게 담보를 제공할 것을 보증인에게 청구할 수 있습니다(「민법」 제443조 전단).

② 또한, 주채무자는 보증인의 사전구상에 응하는 대신에 배상할 액수를 공탁하거나 담보를 제공하거나 보증인을 면책하게 함으로써 그 배상의무를 면할 수도 있습니다(「민법」 제443조 후단).

③ 주채무자의 부탁으로 보증인이 된 자의 사전구상권에는 「민법」 제443조의 담보제공청구권이 항변권으로 붙어 있으므로 주채무자가 미리 담보제공청구권의 항변권을 포기한 경우가 아닌 한 이를 자동채권으로 하는 보증인의 상계는 허용되지 않습니다(대법원 2004.5.28. 선고 2001다81245 판결).

④ '상계'란 채무자('B'라 함)가 자신도 채권자('A'라 함)에 대해 같은 종류의 채권을 갖는 경우 그 채권으로 채무를 대등액만큼 소멸시키는 것을 말합니다.

■ 담보권 실행으로 부동산소유권을 상실한 물상보증인의 구상권은 시가대로 구상할 수도 있는지요?

Q. 저는 甲의 부탁으로 甲이 乙은행으로부터 대출을 받을 때, 저의 부동산에 乙은행을 채권자로 하는 근저당권을 설정해주었는데, 甲이 대출금을 갚지 않아 근저당권이 실행되면서 시가의 2/3의 가격으로 위 부동산이 경매처분 되었습니다. 그래서 저는 甲에게 구상권을 행사하려고 하는데, 그 범위를 위 대출금에 한정해야 하는지, 아니면 부동산 시가대로 구상할 수도 있는지요?

A. 민법에서 동산질권 물상보증인의 구상권에 관하여, 타인의 채무를 담보하기 위한 질권설정자가 그 채무를 변제하거나 질권실행으로 인하여 질물의 소유권을 잃은 때에는 '보증채무에 관한 규정'에 의하여 채무자에 대한 구상권이 있다고 규정하고(민법 제341조), 이 규정은 저당권에도 준용하고 있는데(민법 제370조), 이처럼 물상보증인의 구상권에는 보증채무에 관한 규정이 준용되고, 채무자의 부탁으로 물상보증인이 되었다면 수탁보증인과 동일한 구상권을 가질 것인데, 민법 제441조 제2항에 따라서 민법 제425조 제2항이 적용되어 면책된 채무액과 면책된 날 이후의 법정이자, 피할 수 없는 비용, 기타 손해배상을 포함하여 구상할 수 있을 것이고, 채무자의 부탁 없이 물상보증인이 된 경우에는 민법 제444조에 따라 채무소멸당시의 이익을 한도로 구상할 수 있다고 할 것입니다(대법원 1990.11.13. 선고 90다카26065 판결).

그런데 매각으로 인하여 담보부동산소유권을 상실한 물상보증인이 채무자로부터 구상 받을 채권범위에 관하여 판례를 보면, 매각으로 인하여 담보부동산소유권을 상실한 물상보증인이 채무자로부터 구상 받을 채권의 범위는 특별한 사정이 없는 한 그 부동산의 '소유권을 상실하게 된 매각허가결정 확정당시의 부동산의 시가상당액'이라고 하였습니다(대법원 1978.7.11. 선고 78다639 판결). 참고로 경매로 인하여 소유권을 상실한 불법행위로 인한 손해액산정기준과 관련하여 '소유권을 상실할 당시의 그 목적물의 객관적인 교환가치'에 관한 판례를 보면, 경매목적물소유자가 경매로 인하여 입게 된 손해범위는 '소유권을 상실할 당시의 그 목적물의 객관적인 교환가치'이며, 비록 그 경매절차에서 매수신고인이 없어 2차에 걸쳐 최저경매가격이 감액된 후에야 매각되었더라도 제1차 경매기일에서의 평가액(최저경매가격)이 그 객관적인 교환가치라고 하였습니다(대법원 1996.4.23. 선고 95다42621 판결).

그렇다면 위 사안에서 귀하는 甲의 부탁으로 물상보증을 하였으므로 甲으로부터 매각허가결정당시의 시가(제1차 매각기일에서의 최저매각가격)와 매각대금간의 차액금과 매각대금 중 채권자에게 변제된 금액 및 변제로 인하여 면책된 날 이후의 변제금액에 대한 법정이자(이것은 이자의 일종으로서 채무불이행으로 인하여 발생하는 손해배상과는 그 성격을 달리하는 것임. 대법원 1997.9.5. 선고 96누16315 판결), 피할 수 없는 비용(집행비용 등) 기타의 손해배상 등을 청구할 수 있다고 할 것입니다(민법 제441조 제2항, 제425조 제2항).

예컨대, 귀하의 부동산이 매각당시의 시가가 1억 5천만원이었는데, 매각대금이 1억원으로 결정되었으며, 귀하가 乙은행에 대해 변제한 보증채무금이 6천만원이고 강제집행비용으로 지불한 금액이 1천만원이었다면, 귀하가 甲에게 구상할 수 있는 금액은 1억 2천만원{5천만원(1억5천만원—1억원)+6천만원+1천만원}과 6천만원을 변제한 날의 다음날부터 민법에서 정한 연 5%(민법 제379조)의 이자가 될 것입니다(경매법원은 배당채권자에게 배당되고 남은 잔액 3천만원은 물상보증인인 귀하에게 지급하게 될 것임).

참고로 물상보증인소유의 담보부동산을 매수한 자의 구상권여부에 관하여 판례를 보면, 타인의 채무를 담보하기 위하여 저당권을 설정한 부동산소유자(물상보증인)로부터 소유권을 양수한 제3자는 채권자에 의하여 저당권이 실행되게 되면 저당부동산에 대한 소유권을 상실한다는 점에서 물상보증인과 유사한 지위에 있다고 할 것이므로, 물상보증목적물인 저당부동산의 제3취득자가 채무를 변제하거나 저당권실행으로 저당물소유권을 잃은 때에는 물상보증인의 구상권에 관한 민법 제370조, 제341조의 규정을 유추적용 하여 보증채무에 관한 규정에 의하여 채무자에 대한 구상권이 있다고 하였으며(대법원 1997.7.25. 선고 97다8403 판결), 또한 물상보증은 채무자 아닌 사람이 채무자를 위하여 담보물권을 설정하는 행위이고 채무자를 대신해서 채무를 이행하는 사무처리를 위탁받는 것이 아니므로, 물상보증인이 변제 등에 의하여 채무자를 면책시키는 것은 위임사무처리가 아니고 법적 의미에서는 의무 없이 채무자를 위하여 사무를 관리한 것에 유사하므로, 물상보증인의 채무자에 대한 구상권은 그들 사이의 물상보증위탁계약의 법적성질과 관계없이 민법에 의하여 인정된 별개의 독립한 권리이고, 그 소멸시효에 있어서는 민법상 일반채권에 관한 규정이 적용된다고 하였습니다(대법원 2001.4.24. 선고 2001다6237 판결).

☗☗ 관련판례

수탁보증인이 「민법」 제442조에 의하여 주채무자에 대하여 미리 구상권을 행사하는 경우에 사전구상으로서 청구할 수 있는 범위는 주채무인 원금과 사전구상에 따를 때까지 이미 발생한 이자와 기한 후의 지연손해금, 피할 수 없는 비용, 그 밖의 손해액이 포함될 뿐이고, 주채무인 원금에 대한 완제일까지의 지연손해금은 사전구상권의 범위에 포함될 수 없으며, 또한 사전구상권은 장래의 변제를 위하여 자금의 제공을 청구하는 것이므로 수탁보증인이 아직 지출하지 않은 금원에 대하여 지연손해금을 청구할 수도 없다(대법원 2004.7.9.선고 2003다46758 판결).

■ 물상보증인이 사전구상권을 행사할 수 있는지요?

Q. 저는 甲의 부탁을 받고 甲이 乙로부터 5,000만원을 차용할 때, 저의 부동산에 乙을 채권자로 하는 근저당권을 설정해주었는데, 甲이 그 돈을 갚지 않아 근저당권에 기초한 임의경매를 신청하였습니다. 이 경우 제가 경매종료 전에 甲에게 구상권을 행사할 수는 없는지요?

A. 민법에서 동산질권 물상보증인의 구상권에 관하여, 타인의 채무를 담보하기 위한 질권설정자가 그 채무를 변제하거나 질권 실행으로 인하여 질물의 소유권을 잃은 때에는 '보증채무에 관한 규정'에 의하여 채무자에 대한 구상권이 있다고 규정하고(민법 제341조), 이 규정은 저당권에도 준용하고 있는데(민법 제370조), 수탁보증인의 사전구상권에 관하여, 주채무자의 부탁으로 보증인이 된 자는 ①보증인이 과실 없이 채권자에게 변제할 재판을 받은 때, ②주채무자가 파산선고를 받은 경우에 채권자가 파산재단에 가입하지 아니한 때, ③채무의 이행기가 확정되지 아니하고 그 최장기도 확정할 수 없는 경우에 보증계약 후 5년을 경과한 때, ④채무의 이행기가 도래한 때에는 주채무자에 대하여 미리 구상권을 행사할 수 있다고 규정하고 있으며(민법 제442조 제1항), 이 경우 채무의 이행기가 도래한 때에 관해서는 보증계약 후에 채권자가 주채무자에게 허락해준 기한으로 보증인에게 대항하지 못한다고 규정하고 있습니다(민법 제442조 제1항). 그런데 물상보증인이 사전구상권을 행사할 수 있는지 판례를 보면, 민법 제370조에 의하여 민법 제341조가 저당권에 준용되는데, 민법 제341조는 타인의 채무를 담보하기 위한 저당권설정자가 그 채무를 변제하거나 저당권실행으로 인하여 저당물의 소유권을 잃은 때에 채무자에 대하여 구상권을 취득한다고 규정하여 물상보증인의 구상권 발생요건을 보증인의 경우와 달리 규정하고 있는 점, 물상보증은 채무자 아닌 사람이 채무자를 위하여 담보물권을 설정하는 행위이고 채무자를 대신해서 채무를 이행하는 사무의 처리를 위탁받는 것이 아니므로 물상보증인은 담보물로서 물적 유한책임만을 부담할 뿐 채권자에 대하여 채무를 부담하는 것이 아닌 점,

물상보증인이 채무자에게 구상할 구상권범위는 특별한 사정이 없는 한 채무를 변제하거나 담보권실행으로 담보물의 소유권을 상실하게 된 시점에 확정된다는 점 등을 종합하면, 원칙적으로 수탁보증인의 사전구상권에 관한 민법 제442조는 물상보증인에게 적용되지 아니하고 물상보증인은 사전구상권을 행사할 수 없다고 하였습니다(대법원 2009.7.23. 선고 2009다 19802, 19819 판결).

그렇다면 귀하는 담보부동산에 대한 저당권실행으로 인하여 저당물의 소유권을 잃은 후에는 甲에게 구상권을 행사할 수 있을 것이지만, 甲의 채무가 변제되기 이전에 미리 구상권을 행사할 수는 없을 것으로 보입니다.

⚖ 관련판례

항변권이 붙어 있는 채권을 자동채권으로 하여 다른 채무(수동채권)와의 상계를 허용한다면 상계자 어느 한쪽의 의사표시에 의하여 상대방의 항변권 행사의 기회를 상실시키는 결과가 되므로 그러한 상계는 허용될 수 없고, 특히 수탁보증인이 주채무자에 대하여 가지는 「민법」 제442조의 사전구상권에는 「민법」 제443조의 담보제공청구권이 항변권으로 붙어 있는 만큼 이를 자동채권으로 하는 상계는 허용될 수 없으며, 다만 「민법」 제443조는 임의규정으로서 주채무자가 미리 담보제공청구권의 항변권을 포기한 경우에는 보증인은 사전구상권을 자동채권으로 하여 주채무자에 대한 채무와 상계할 수 있다(대법원 2004.5.28. 선고 2001다81245 판결).

■ 수탁보증인에게 사전구상의무를 이행하여야 하나요?

Q. 甲은 乙에게 500만 원을 변제기 2016.6.30.으로 하여 대여하였고, 丙은 乙에게 부탁을 받아 위 대여금채무를 보증하였습니다. 2016.5. 경에 丙은 파산선고를 받았습니다. 그런데 乙은 대여금채무의 변제기한이 지난 2016.8.15. 丙으로부터 사전구상권을 행사하겠다는 내용이 적힌 내용증명을 받았습니다. 乙은 병에게 사전구상의무를 이행하여야 하나요?

A. 주채무자의 부탁으로 보증인이 된 자는 주채무의 이행기가 도래한 때 주채무자에 대하여 미리 구상권을 행사할 수 있습니다(민법 제442조). 사전구상권에 대한 주채무자의 보호수단으로 여러 가지가 있는데, 사안에서 문제되는 것은 '불안의 항변권'입니다. 구상권자(보증인)인 병에 대하여 파산이 선고된 후에 사전구상권을 행사하는 경우에는 주채무자인 乙이 사전구상에 응하더라도 특별한 사정이 없는 한 구상권자가 이를 전부 주채무자의 면책을 위하여 사용하는 것은 파산절차의 제약상 기대하기 어려우므로 파산절차에도 불구하고 구상금이 전부 주채무자의 면책을 위하여 사용될 것이라는 점이 확인되기 전에는 주채무자는 신의칙과 공평의 원칙에 터 잡아 민법 제536조 제2항을 유추적용하여 사전구상의무의 이행을 거절할 수 있습니다(대법원 2002.11.26. 선고 2001다833 판결 참조). 따라서 乙은 병에게 사전구상의무의 이행을 거절할 수 있습니다.

■ 보증인이 사전 통지 없이 이중의 면책행위를 한 경우, 보증인이 주채무
　자에게 구상권을 행사할 수 있는지요?

Q. 甲은 乙에게 변제기를 2000.1.1.로 정하여 금 1억원을 대여해주었
　고, 丙은 乙의 부탁을 받고 이 대여금채무에 대해 보증책임을 지기
　로 약정하였습니다. 변제기가 지나도록 乙이 대여금을 갚지 않자 甲
　은 丙에게 보증책임을 이행하라고 독촉하기 시작하였습니다. 이에
　丙은 乙에게 아무런 통지도 하지 아니한채 2001.3.1. 甲에게 금 1
　억원을 변제하였고, 다음날인 2001.3.2. 乙에대하여 구상권에 기해
　금전지급을 구하는 소를 제기하였습니다. 하지만 뒤늦게 밝혀진 사
　실에 의하면 2001.2.1. 乙은 甲에게 1억원을 모두 변제해주어 전액
　변제했고, 이를 丙에게 별도로 통지하지 않아 丙이 모르고 보증책임
　을 이행한 것이었습니다. 이 사실을 안 丙은 乙이 변제사실을 알려
　주지 않아 자신이 보증책임을 이행한 것이라며 여전히 乙이 구상책
　임을 다할 필요가 있다고 주장합니다. 丙의 주장은 이유 있는가요?

A. 민법 제445조 제1항은 "보증인이 주채무자에게 통지하지 아니하고 변제
　기타 자기의 출재로 주채무를 소멸하게 한 경우에 주채무자가 채권자에
　게 대항할 수 있는 사유가 있었을 때에는 그 사유로 보증인에게 대항할
　수 있고 그 대항사유가 상계인 때에는 상계로 소멸할 채권은 보증인에게
　이전된다"고 규정하고 있으며, 민법 제446조는 "주채무자가 자기의 행위
　로 면책하였음을 그 부탁으로 보증인이 된 자에게 통지하지 아니한 경우
　에 보증인이 선의로 채권자에게 변제 기타 유상의 면책행위를 한 때에는
　보증인은 자기의 면책행위의 유효를 주장할 수 있다"고 규정하고 있습니
　다. 그렇다면 이 두 조항의 함께 적용되는 사안인 경우, 즉 주채무자도
　변제후 사후통지를 하지 않고 보증인도 변제 전 사전통지를 하지 않은
　경우에는 누구의 면책행위가 우선적인 효력이 있는지 문제됩니다.
　대법원은 민법 제446조의 규정은 같은 법 제445조 제1항의 규정을 전
　제로 하는 것이어서 같은 법 제445조 제1항의 사전 통지를 하지 아니

한 수탁보증인까지 보호하는 취지의 규정은 아니므로, 수탁보증에 있어서 주채무자가 면책행위를 하고도 그 사실을 보증인에게 통지하지 아니하고 있던 중에 보증인도 사전 통지를 하지 아니한 채 이중의 면책행위를 한 경우에는 보증인은 주채무자에 대하여 민법 제446조에 의하여 자기의 면책행위의 유효를 주장할 수 없다고 봄이 상당하고 따라서 이 경우에는 이중변제의 기본 원칙으로 돌아가 먼저 이루어진 주채무자의 면책행위가 유효하고 나중에 이루어진 보증인의 면책행위는 무효로 보아야 하므로 보증인은 민법 제466조에 기하여 주채무자에게 구상권을 행사할 수 없다고 판시(대법원 1997.10.10. 선고 95다46265 판결)한 바 있습니다.

따라서 사안에서도 丙이 사전통지를 하지 않고 보증채무를 변제한 이상 丙의 면책행위는 무효가 되므로 丙은 乙에게 구상권을 행사할 수 없습니다.

■ 보증인과 주채무자 사이에도 사전구상권이 인정되는지요?

Q. 저의 부탁으로 친구 갑이 제 채무에 대하여 보증을 섰었는데, 이후 갑이 그 채무를 중첩적으로 인수하기로 약정하였습니다. 그런데 얼마후 갑이 제가 가진 채무의 변제기가 도래하였고 저의 부탁으로 자신이 보증을 섰다며 민법 제442조의 사전구상권을 근거로 제게 구상을 요구하는 것입니다. 저의 부탁으로 보증을 섰던 것은 맞지만 이후 제 채무를 중첩적으로 인수하기로 한바, 이 경우에도 사전구상권이 인정되는 것인가요?

A. 대법원은 채권자와 보증인 사이에 보증인이 주채무를 중첩적으로 인수하기로 약정하였다 하더라도 특별한 사정이 없는 한 보증인은 주채무자에 대한 관계에서는 종전의 보증인의 지위를 그대로 유지한다고 봄이 상당하므로, 채무인수로 인하여 보증인과 주채무자 사이의 주채무에 관련된 구상관계가 달라지는 것은 아니라고 판시하면서(대법원 2003.11.14. 선고 2003다37730 판결), 보증인이 구상채무를 인수함으로써 보증인의 지위를 상실하였으므로 사전구상권을 행사할 수 없다는 주장은 이유없다고 보고 있습니다. 따라서 사안의 경우 보증인 지위를 상실한다는 특약을 하는 등의 특별한 사정이 없는 한 갑은 보증인의 지위를 그대로 유지하므로, 사전구상권을 행사 할 수 있습니다.

■ 수탁보증인의 사전구상권의 범위는?

Q. 제가 사업을 위해 돈을 빌리면서 갑에게 보증을 좀 부탁하여 갑이 제 채무에 대한 보증을 서 주었습니다. 변제일이 도과함에도 제가 변제를 못하고 있자, 갑이 민법에 따른 사전구상권을 청구하겠다고 하면서 청구금액을 제게 보내왔습니다. 그런데 제가 지닌 채무 및 그에 대한 지연이자보다도 더 청구를 하였기에 이 금액은 어떻게 나왔냐고 물어보니, 면책일 이후의 이자와 면책비용에 대한 법정이자를 포함한 것이라고 답이 왔습니다. 정확한 사전구상권의 범위가 어떻게 되는지, 갑의 사전구상권 청구가 정당한지 궁금합니다.

A. 대법원은 수탁보증인이 사전구상권을 행사하는 경우 보증인은 자신이 부담할 것이 확정된 채무 전액에 대하여 구상권을 행사할 수 있지만, 면책비용에 대한 법정이자나 채무의 원본에 대한 장래 도래할 이행기까지의 이자 등을 청구하는 것은 사전구상권의 성질상 허용될 수 없다 할 것이다(대법원 2002.6.11. 선고 2001다25504 판결 참조)라고 판시 한 바 있습니다. 이에 따르면 갑의 사전구상권 행사에 있어서 보증인이 부담할 것이 확정된 채무 그 이상의 금원, 면책비용에 대한 이자 등의 청구는 부당하다고 할 것입니다.

■ 보증인의 사전구상권은 어떠한 의무나 책임을 지게 되는가요?

Q. 저는 갑의 부탁으로 보증을 서 주었습니다. 저처럼 채무자의 부탁을 받아 보증을 서 주는 경우에는 사전구상권이라는 것을 청구할 수 있다고 들었는데, 어떠한 의무나 책임을 지게 되는가요?

A. 민법 제442조에서는 수탁보증인의 사전구상권으로서, 주채무자의 부탁으로 보증인이 된 자는 주채무자에 대하여 일정한 사유가 발생한 경우 미리 구상권을 행사할 수 있다고 정하고 있습니다.

이러한 사전구상권을 취득한 수탁보증인의 의무에 대하여 대법원은 원칙적으로 수탁보증인이 사전구상권을 행사하여 사전구상금을 수령하였다면 이는 결국 사전구상 당시 채권자에 대하여 보증인이 부담할 원본채무와 이미 발생한 이자, 피할 수 없는 비용 및 기타의 손해액을 선급받는 것이어서 이 금원은 주채무자에 대하여 수임인의 지위에 있는 수탁보증인이 위탁사무의 처리를 위하여 선급받은 비용의 성질을 가지는 것이므로 보증인은 이를 선량한 관리자의 주의로서 위탁사무인 주채무자의 면책에 사용하여야 할 의무가 있다(대법원 1989.9.29. 선고 88다카10524 판결 참조)라고 판시하고 있습니다. 따라서 사전구상권을 청구한 보증인은 주채무의 변제를 위해 노력할 의무가 있습니다.

1-5. 특별법상의 보호

1-5-1. 「보증인 보호를 위한 특별법」

「보증인 보호를 위한 특별법」(이하 '특별법'이라 함)은 보증에 관하여 「민법」에 대한 특례를 규정함으로써 아무런 대가 없이 호의(好意)로 이루어지는 보증으로 인한 보증인의 경제적·정신적 피해를 방지하고, 금전채무에 대한 합리적인 보증계약 관행을 확립함으로써 신용사회 정착에 이바지함을 목적으로 합니다(「보증인 보호를 위한 특별법」 제1조).

1-5-2. 특별법상 보증인의 범위

특별법에 따라 보호를 받는 보증인은 「민법」 제429조제1항에 따른 보증채무(이하 '보증채무'라 함)를 부담하는 자로서 다음의 어느 하나에 해당하는 경우를 제외한 자입니다(「보증인 보호를 위한 특별법」 제2조제1호).
- 「신용보증기금법」 제2조제1항에 따른 기업(이하 '기업'이라 함)이 영위하는 사업과 관련된 타인의 채무에 대해 보증채무를 부담하는 경우
- 기업의 대표자, 이사, 무한책임사원, 「국세기본법」 제39조 제2항에 따른 과점주주(寡占株主) 또는 기업의 경영을 사실상 지배하는 자가 그 기업의 채무에 대해 보증채무를 부담하는 경우
- 기업의 대표자, 이사, 무한책임사원, 「국세기본법」 제39조 제2항에 따른 과점주주 또는 기업의 경영을 사실상 지배하는 자의 배우자, 직계존속·비속 등 특수한 관계에 있는 자가 기업과 경제적 이익을 공유하거나 기업의 경영에 직접·간접적으로 영향을 미치면서 그 기업의 채무에 대해 보증채무를 부담하는 경우
- 채무자와 동업 관계에 있는 자가 동업과 관련한 동업자의 채무를 부담하는 경우
- 위의 어느 하나에 해당하는 경우로서 기업의 채무에 대해 그 기업의 채무를 인수한 다른 기업을 위해 보증채무를 부담하는 경우
- 기업 또는 개인의 신용을 보증하기 위해 법률에 따라 설치된 기금 또는 그 관리기관이 보증채무를 부담하는 경우

1-5-3. 보증인의 보호

① 보증채무의 최고액의 특정

보증계약을 체결하거나 보증기간을 갱신할 때에는 보증채무의 최고액(最高額)을 서면으로 특정(特定)해야 합니다(「보증인 보호를 위한 특별법」 제4조 전단).

② 채권자의 통지의무 및 그 의무위반 시 보증인의 면책

㉠ 채권자는 주채무자가 원본, 이자, 그 밖의 채무를 3개월 이상 이행하지 않는 경우 또는 주채무자가 이행기에 이행할 수 없음을 미리 안 경우에는 지체 없이 보증인에게 그 사실을 알려야 합니다(「보증인 보호를 위한 특별법」 제5조제1항).

㉡ 채권자로서 보증계약을 체결한 금융기관은 주채무자가 원본, 이자, 그 밖의 채무를 1개월 이상 이행하지 않는 경우에는 지체 없이 그 사실을 보증인에게 알려야 합니다(「보증인 보호를 위한 특별법」 제5조제2항).

㉢ 채권자는 보증인의 청구가 있으면 주채무의 내용 및 그 이행 여부를 보증인에게 알려야 합니다(「보증인 보호를 위한 특별법」 제5조제3항).

㉣ 채권자가 위에 따른 통지의무를 위반한 경우에는 보증인은 그로 인하여 손해를 입은 한도에서 채무를 면합니다(「보증인 보호를 위한 특별법」 제5조제4항).

③ 근보증 시 보증채무 최고액의 특정

㉠ '근보증'이란 채권자와 주채무자 사이의 특정한 계속적 거래계약이나 그 밖의 일정한 종류의 거래로부터 발생하는 채무 또는 특정한 원인에 기하여 계속적으로 발생하는 채무에 대해 보증하는 것을 말합니다(「보증인 보호를 위한 특별법」 제6조제1항 전단).

㉡ 근보증의 경우 그 보증하는 채무의 최고액을 서면으로 특정해야 하며, 그렇지 않은 근보증계약은 효력이 없습니다(「보증인 보호를 위한 특별법」 제6조제1항 후단 및 제2항).

④ 보증기간

　㉮ 보증기간의 약정이 없는 때에는 그 기간을 3년으로 봅니다(「보증인 보호를 위한 특별법」 제7조제1항).

　㉯ 보증기간은 갱신할 수 있으며, 이 경우 보증기간의 약정이 없는 때에는 계약체결 시의 보증기간을 그 기간으로 봅니다(「보증인 보호를 위한 특별법」 제7조제2항).

　㉰ 위와 같이 간주되는 보증기간은 계약을 체결하거나 갱신하는 때에 채권자가 보증인에게 고지해야 합니다(「보증인 보호를 위한 특별법」 제7조제3항).

　㉱ 보증계약 체결 후 채권자가 보증인의 승낙 없이 채무자에 대해 변제기를 연장하여 준 경우에는 채권자나 채무자는 보증인에게 그 사실을 알려야 하고, 이 경우 보증인은 즉시 보증채무를 이행할 수 있습니다(「보증인 보호를 위한 특별법」 제7조제4항).

⑤ 금융기관의 보증계약 시 특칙

　㉮ 금융기관이 채권자로서 보증계약을 체결할 경우 또는 보증기간을 갱신할 경우에는 「신용정보의 이용 및 보호에 관한 법률」에 따라 종합신용정보집중기관으로부터 제공받은 대출정보, 채무보증정보, 연체정보, 대위변제(代位辨濟)정보, 대지급(代支給)정보 및 부도(不渡)정보 등 채무자의 채무관련 신용정보를 보증인에게 제시하고 그 서면에 보증인의 기명날인이나 서명을 받아야 합니다(「보증인 보호를 위한 특별법」 제2조제4호 및 제8조제1항).

　㉯ 금융기관이 채무자의 채무관련 신용정보를 보증인에게 제시할 때에는 채무자의 동의를 받아야 합니다(「보증인 보호를 위한 특별법」 제8조제2항).

　㉰ 금융기관이 보증인에게 채무관련 신용정보를 제시하지 않은 경우 보증인은 금융기관에 대해 보증계약 체결 당시 채무자의 채무관련 신용정보를 제시하여 줄 것을 요구할 수 있습니다(「보증인 보호를 위한 특별법」 제8조제3항).

㉣ 금융기관이 위에 따라 채무관련 신용정보의 제시요구를 받은 날부터 7일 이내에 그 요구에 응하지 않는 경우 보증인은 그 사실을 안 날부터 1개월 이내에 보증계약의 해지를 통고할 수 있으며, 이 경우 금융기관이 해지통고를 받은 날부터 1개월이 지나면 해지의 효력이 생깁니다(「보증인 보호를 위한 특별법」 제8조제4항).

⑥ 특별법에 위반하는 약정으로서 보증인에게 불리한 것의 효과 : 특별법에 위반하는 약정으로서 보증인에게 불리한 것은 효력이 없습니다(「보증인 보호를 위한 특별법」 제11조).

1-6. 불법 채권추심으로부터의 보증인 보호

1-6-1. 채권추심

① 보증인은 주채무자가 이행하지 않는 채무를 이행할 의무가 있습니다(「민법」 제428조제1항).

② 채권자는 보증인이 보증채무를 이행하지 않는 경우 채권추심(보증인에 대한 소재파악 및 재산조사, 채권에 대한 변제 요구, 보증인으로부터 변제수령 등 채권의 만족을 받기 위한 일체의 행위를 말함, 이하 같음) 절차를 밟을 수 있습니다(「채권의 공정한 추심에 관한 법률」 제2조제4호).

1-6-2. 불법적 채권추심의 방지

① 정당한 권리의 행사로서의 채권추심은 채권자의 재산권을 보장하기 위해 보호되어야 하지만, 채권추심자가 권리를 남용하거나 불법적인 방법으로 채권추심을 하는 것은 방지되어야 합니다(「채권의 공정한 추심에 관한 법률」 제1조 참조).

② 이를 위해 「채권의 공정한 추심에 관한 법률」이 제정·시행되고 있습니다.

2. 보증인의 보호(보증채무 이행후)

2-1. 주채무자에 대한 구상권 행사

2-1-1. 보증채무를 변제한 보증인의 구상권

① 보증채무를 변제한 보증인은 주채무자에게 그 상환을 요구할 수 있는 권리, 즉 '구상권'을 갖습니다.

② 보증인의 구상권은 주채무자의 부탁을 받고 보증인이 된 경우, 주채무자의 부탁 없이 보증인이 된 경우, 주채무자의 의사에 반하여 보증인이 된 경우에 따라 범위와 내용이 달라집니다.

2-1-2. 부탁에 의한 보증인의 구상권

① 주채무자의 부탁으로 보증인이 된 자가 과실 없이 변제, 그 밖의 출재(出財)로 주채무를 소멸하게 한 때에는 주채무자에 대해 구상권을 갖습니다(「민법」 제441조제1항).

② 채권자가 주채무를 면제해 준 경우, 주채무가 시효로 소멸한 경우와 같이 보증인이 자기의 출재 없이 무상으로 주채무를 면하게 된 경우에는 구상권이 발생하지 않습니다.

③ 주채무자의 부탁으로 보증인이 된 자의 구상권은 면책[보증인이 변제, 그 밖의 출재(出財)로 주채무를 소멸하게 하는 행위를 말함. 이하 같음]된 날 이후의 법정이자 및 피할 수 없는 비용, 그 밖의 손해배상을 포함합니다(「민법」 제425조제2항 및 제441조제2항).

④ 법정이자의 이율은 다른 법률의 규정이나 당사자의 약정이 없으면 연 5퍼센트입니다(「민법」 제379조).

2-1-3. 구상권의 행사시기

① 주채무자의 부탁으로 보증인이 된 자는 자기의 출재로 주채무를 소멸하게 한 후에 구상하는 것이 원칙입니다(「민법」 제441조제1항 참조).

② 다만, 주채무자의 부탁으로 보증인이 된 자는 다음의 어느 하나에

해당하는 경우에 주채무자에 대해 미리 구상권을 행사할 수 있습니다(「민법」 제442조제1항).

- 보증인이 과실 없이 채권자에게 변제할 재판을 받은 때
- 주채무자가 파산선고를 받은 경우에 채권자가 파산재단에 가입하지 않은 때
- 채무의 이행기가 확정되지 않고 그 최장기도 확정할 수 없는 경우에 보증계약 후 5년을 경과한 때
- 채무의 이행기에 이른 때

③ 주채무자의 부탁으로 보증인이 된 자의 사전구상권에 관한 자세한 사항은 이 콘텐츠 <보증인의 보호(보증채무 이행 전)-보증인의 사전구상권>에서 확인하실 수 있습니다.

2-1-4. 구상권 행사의 제한

① 보증인이 면책통지를 하지 않은 경우

㉮ 보증인이 채무를 변제하고 주채무자에게 출재 액수를 청구하기 위해서는 변제하기 전에 변제할 것이라는 사실을 주채무자에게 알리고(사전 통지) 변제한 후에 변제했다는 사실을 주채무자에게 알려야(사후 통지) 합니다(「민법」 제445조).

㉯ 보증인이 주채무자에게 사전 통지를 하지 않고 변제, 그 밖에 자기의 출재로 주채무를 소멸하게 한 경우 주채무자는 채권자에게 대항할 수 있는 사유가 있었을 때에는 이 사유로 보증인에게 대항할 수 있고 그 대항사유가 상계인 때에는 상계로 소멸할 채권은 보증인에게 이전됩니다(「민법」 제445조제1항).

㉰ 보증인이 변제, 그 밖에 자기의 출재로 면책되었음을 사후에 주채무자에게 통지하지 않은 경우 주채무자가 그 사실을 모르고 채권자에게 변제, 그 밖에 유상의 면책행위를 한 때에는 주채무자는 자기의 면책행위의 유효를 주장할 수 있습니다(「민법」 제445조제2항).

② 주채무자가 면책통지를 하지 않은 경우

㉮ 주채무자는 보증인과는 달리 사전통지의무는 없고, 변제를 한 후 자기의 부탁으로 보증인이 된 자에 대한 사후통지의무만을 집니다.

㉯ 주채무자가 자기의 행위로 면책하였음을 그 부탁으로 보증인이 된 자에게 통지하지 않은 경우 보증인이 이 사실을 모르고 채권자에게 변제, 그 밖에 유상의 면책행위를 한 때에는 보증인은 자기의 면책행위의 유효를 주장하여 채무자에게 구상할 수 있습니다(「민법」 제446조).

㉰ 주채무자가 면책행위를 하고도 보증인에게 통지를 하지 않고 있는 동안에 주채무자의 부탁으로 보증인이 된 자가 사전 통지 없이 이중의 면책행위를 한 경우, 보증인은 「민법」 제466조에 근거하여 주채무자에게 구상권을 행사할 수 없습니다(대법원 1997.10.10. 선고 95다46265 판결).

③ 구상권 행사의 신의칙상 제한

보증인이 채권자에 대하여 보증채무를 부담하지 않음을 주장할 수 있었는데도 그 주장을 하지 않은 채 보증채무의 전부를 이행하였다면 그 주장을 할 수 있는 범위에서는 신의칙상 그 보증채무의 이행으로 인한 구상금채권에 대한 연대보증인들에 대하여도 그 구상금을 청구할 수 없습니다(대법원 2006.3.10. 선고 2002다1321 판결).

2-1-5. 부탁이 없거나 주채무자의 의사에 반한 보증인의 구상권

① 주채무자의 부탁 없이 보증인이 된 자의 구상권

주채무자의 부탁 없이 보증인이 된 자가 변제, 그 밖에 자기의 출재로 주채무를 소멸하게 한 때에는 주채무자는 그 당시에 이익을 받은 한도에서 배상해야 합니다(「민법」 제444조제1항).

② 현존 이익의 한도에서의 배상

㉮ 주채무자의 의사에 반하여 보증인이 된 자가 변제, 그 밖에 자기

의 출재로 주채무를 소멸하게 한 때에는 주채무자는 현존 이익의 한도에서 배상해야 합니다(「민법」 제444조제2항).

㉯ 이 경우에 주채무자가 구상한 날 이전에 상계원인이 있음을 주장한 때에는 그 상계로 소멸할 채권은 보증인에게 이전됩니다(「민법」 제444조제3항).

③ 사전구상권 유무

주채무자의 부탁 없이 보증인이 된 자에게는 사전구상권이 없습니다(「민법」 제442조제1항 참조).

④ 통지의무의 부담 여부

보증인은 변제 또는 그 밖의 자신의 출재로 주채무를 소멸하게 한 경우에는 주채무자에게 그 사실을 알려야 하는 통지의무를 부담하므로, 보증인이 이러한 통지를 하지 않은 경우에는 구상권 행사에 제한을 받습니다(「민법」 제445조).

■ 친구가 사업자금을 빌릴 때 부탁을 해서 보증을 섰다가 친구가 돈을 갚지 못해 대신 갚은 경우 이 돈을 돌려받을 수 있나요?

Q. 친구가 사업자금을 빌릴 때 부탁을 해서 보증을 섰다가 친구가 돈을 갚지 못해 제가 대신 갚았습니다. 친구에게 이 돈을 돌려받을 수 있나요?

A. 주채무자의 부탁으로 보증인이 된 자는 과실 없이 변제, 그 밖의 출재(出財)로 주채무를 소멸하게 한 경우 주채무자에 대해 그 상환을 요구할 수 있는 권리, 즉 "구상권"을 갖습니다. 그러므로 친구에게 대신 갚은 돈을 돌려받을 수 있습니다.

◇ "구상권"이란
  보증채무를 변제한 보증인이 주채무자에게 그 상환을 요구할 수 있는 권리를 말합니다.

◇ 부탁에 의한 보증인의 구상권
① 구상권의 발생요건 및 범위
- 주채무자의 부탁으로 보증인이 된 자가 과실 없이 변제, 그 밖의 출재(出財)로 주채무를 소멸하게 한 때에는 주채무자에 대해 구상권을 갖습니다.
- 채권자가 주채무를 면제해 준 경우, 주채무가 시효로 소멸한 경우와 같이 보증인이 자기의 출재 없이 무상으로 주채무를 면하게 된 경우에는 구상권이 발생하지 않습니다.
- 주채무자의 부탁으로 보증인이 된 자의 구상권은 면책[보증인이 변제, 그 밖의 출재(出財)로 주채무를 소멸하게 하는 행위를 말함. 이하 같음]된 날 이후의 법정이자 및 피할 수 없는 비용, 그 밖의 손해배상을 포함합니다.
- 법정이자의 이율은 다른 법률의 규정이나 당사자의 약정이 없으면 연 5퍼센트입니다.

② 구상권의 행사시기
- 주채무자의 부탁으로 보증인이 된 자는 자기의 출재로 주채무를 소멸하게 한 후에 구상하는 것이 원칙입니다.
- 다만, 주채무자의 부탁으로 보증인이 된 자는 다음의 어느 하나에 해당하는 경우에 주채무자에 대해 미리 구상권을 행사할 수 있습니다.
  ㉮ 보증인이 과실 없이 채권자에게 변제할 재판을 받은 때
  ㉯ 주채무자가 파산선고를 받은 경우에 채권자가 파산재단에 가입하지 않은 때
  ㉰ 채무의 이행기가 확정되지 않고 그 최장기도 확정할 수 없는 경우에 보증계약 후 5년을 경과한 때
  ㉱ 채무의 이행기에 이른 때
③ 보증인의 구상권 행사 제한
- 보증인이 채무를 변제하고 주채무자에게 출재 액수를 청구하기 위해서는 변제하기 전에 변제할 것이라는 사실을 주채무자에게 알리고(사전 통지) 변제한 후에 변제했다는 사실을 주채무자에게 알려야(사후 통지) 합니다.
- 보증인이 주채무자에게 사전 통지를 하지 않고 변제, 그 밖에 자기의 출재로 주채무를 소멸하게 한 경우 주채무자는 채권자에게 대항할 수 있는 사유가 있었을 때에는 이 사유로 보증인에게 대항할 수 있고 그 대항사유가 상계인 때에는 상계로 소멸할 채권은 보증인에게 이전됩니다.
- 보증인이 변제, 그 밖에 자기의 출재로 면책되었음을 사후에 주채무자에게 통지하지 않은 경우 주채무자가 그 사실을 모르고 채권자에게 변제, 그 밖에 유상의 면책행위를 한 때에는 주채무자는 자기의 면책행위의 유효를 주장할 수 있습니다.

■ 보증보험자에게 구상권을 행사할 수 있을까요?

Q. 甲은 을조합과의 사이에 甲이 4억 원을 대출받기로 약정하고, 같은 날 丙은 위 채무에 대하여 연대보증계약을 체결하였습니다. 한편 정은 甲과의 사이에 甲이 위 대출원리금을 변제하지 못하여 을이 입을 손해를 담보하기 위하여 이행보증보험계약을 체결하였습니다. 甲이 위 대출원리금을 변제하지 못하여 정이 위 대출원리금 전액을 변제하였을 시, 정은 연대보증인 丙에 대하여 구상권을 행사할 수 있을까요?

A. 이행(지급)보증보험은 보험계약자인 채무자의 주계약상의 채무불이행으로 인하여 피보험자인 채권자가 입게 되는 손해의 전보를 보험자가 인수하는 것을 내용으로 하는 손해보험으로서 실질적으로는 보증의 성격을 가지고 보증계약과 같은 효과를 목적으로 하는 점에서 보험자와 채무자 사이에는 민법의 보증에 관한 규정이 준용된다고 할 것이나, 이와 같은 보증보험계약과 주계약에 부종하는 보증계약은 계약의 당사자, 계약관계를 규율하는 기본적인 법률 규정 등이 상이하여 보증보험계약상의 보험자를 주계약상의 보증인과 동일한 지위에 있는 공동보증인으로 보기는 어렵다 할 것이므로, 보험계약상의 보험자와 주계약상의 보증인 사이에는 공동보증인 사이의 구상권에 관한 민법 제448조가 당연히 준용된다고 볼 수는 없습니다(대법원 2001.02.09. 선고 2000다55089 판결). 따라서 보증보험자인 정은 다른 효과를 목적으로 하는 연대보증인 丙에 대하여 구상권을 행사할 수 없다고 할 것입니다.

☆☆ 관련판례

「민법」 제446조는 「민법」 제445조제1항을 전제로 하는 것이어서 「민법」 제445조제1항의 사전 통지를 하지 않은 수탁보증인(주채무자의 부탁으로 보증인이 된 자를 말함)까지 보호하는 취지의 규정은 아니므로, 수탁보증(주채무자의 부탁으로 한 보증을 말함)에서 주채무자가 면책행위를 하고도 그 사실을 보증인에게 통지하지 않고 있던 중에 보증인도 사전 통지를 하지 않은 채 이중의 면책행위를 한 경우에는 보증인은 주채무자에 대하여 「민법」 제446조에 따라 자기의 면책행위의 유효를 주장할 수 없다고 봄이 상당하고 따라서 이 경우에는 이중변제의 기본 원칙으로 돌아가 먼저 이루어진 주채무자의 면책행위가 유효하고 나중에 이루어진 보증인의 면책행위는 무효로 보아야 하므로 보증인은 「민법」 제466조에 근거하여 주채무자에게 구상권을 행사할 수 없다(대법원 1997.10.10. 선고 95다46265 판결).

2-2. 구상금 이행청구

2-2-1. 구상권의 소멸시효

① 주채무자가 채권자에게 채무를 갚지 않아 보증인이 채권자에게 보증채무를 이행한 경우 보증채무를 변제한 보증인은 주채무자에게 그 상환을 요구할 수 있는 권리, 즉 구상권을 갖습니다.

② 구상권은 10년간 행사하지 않으면 소멸하므로, 보증인은 구상권이 발생하면 채무자에게 그 상환을 적극적으로 요구하는 것이 바람직합니다(「민법」 제162조제1항 참조).

2-2-2. 구상금 이행청구 방법

① 보증인의 주채무자에 대한 구상금 이행청구는 방법상 아무런 제한이 없으므로 단순히 말로 해도 상관없습니다.

② 구상금 이행청구는 구상금 이행청구를 한 사실이 우체국에 의해 증명되는 내용증명우편을 이용하여 하는 것이 바람직합니다.

③ '내용증명'이란 등기취급을 전제로 우체국 창구 또는 정보통신망을 통하여 보낸 사람이 받는 사람에게 어떤 내용의 문서를 언제 발송하였다는 사실을 우체국이 증명하는 특수취급제도를 말합니다(「우편법」 제15조제3항 및 「우편법 시행규칙」 제25조제1항제4호가목).

④ 내용증명우편을 이용하면 보증인이 주채무자에게 구상금 이행청구를 한 사실이 우체국에 의해 증명되므로, 구상채권이 소멸시효의 만료로 소멸되었는지 여부에 관한 분쟁이 발생한 경우 중요한 역할을 할 수 있습니다.

⑤ 내용증명우편을 보낼 때는 언제 배달하였다는 것을 증명해주는 배달증명우편으로 발송하는 것이 좋습니다.

⑥ '배달증명'이란 등기취급을 전제로 우편물의 배달일자 및 받는 사람을 배달우체국에서 증명하여 보낸 사람에게 통지하는 특수취급제도를 말합니다(「우편법」 제15조제3항 및 「우편법 시행규칙」 제25조제1

항제4호다목).

⑦ 내용증명은 인터넷을 통해 보내거나 가까운 우체국에 가서 직접 보낼 수 있습니다.

■ 보증인의 구상권 범위는?

Q. 주채무자 甲을 위하여 을과 丙이 연대보증인이 되었습니다. 총 주채무액 9000만 원 중 을이 2000만 원을 변제하였습니다. 이 경우 2000만 원을 변제한 것에 대하여 을은 丙에게 구상권을 행사할 수 있을까요?

A. 주채무자를 위하여 수인이 연대보증을 한 경우, 어느 연대보증인이 채무를 변제하였음을 내세워 다른 연대보증인에게 구상권을 행사함에 있어서는 그 변제로 인하여 다른 연대보증인도 공동으로 면책되었음을 요건으로 하는 것인데, 각 연대보증인이 주채무자의 채무를 일정한 한도에서 보증하기로 하는 이른바 일부보증을 한 경우에는 달리 특별한 사정이 없는 한, 각 보증인은 보증한 한도 이상의 채무에 대하여는 그 책임이 없음은 물론이지만 주채무의 일부가 변제되었다고 하더라도 그 보증한 한도 내의 주채무가 남아 있다면 그 남아 있는 채무에 대하여는 보증책임을 면할 수 없다고 보아야 하므로, 이와 같은 경우에 연대보증인 중 1인이 변제로써 주채무를 감소시켰다고 하더라도 주채무의 남은 금액이 다른 연대보증인의 책임한도를 초과하고 있다면 그 다른 연대보증인으로서는 그 한도금액 전부에 대한 보증책임이 그대로 남아 있어 위의 채무변제로써 면책된 부분이 전혀 없다고 볼 수밖에 없고, 따라서 이러한 경우에는 채무를 변제한 위 연대보증인이 그 채무의 변제를 내세워 보증책임이 그대로 남아 있는 다른 연대보증인에게 구상권을 행사할 수는 없다(대법원 2002.03.15. 선고 2001다59071 판결[구상금]). 따라서 공동연대보증인 을은 자신의 부담부분인 4500만 원 이상의 변제가 있었던 것이 아니므로 다른 연대보증인인 丙에 대하여 구상권을 행사할 수 없다고 할 것입니다.

■ 보증인의 구상권 행사 시 피구상자의 채권자가 한 가압류의 효력을 주장할 수 있나요?

Q. 甲은 乙과 함께 채무자 丙의 채권자 丁에 대한 채무에 대하여 연대보증을 하였는데, 丙이 그 채무를 변제하지 않자 채권자 丁은 연대보증인 甲과 乙의 부동산에 각각 가압류를 하였습니다. 그런데 甲이 가압류된 부동산을 매도하여야 할 필요성이 있어 위 보증채무를 전액 변제하였습니다. 이 경우 甲이 乙의 부담부분에 대한 구상금채권을 변제받기 위하여, 丁이 행한 乙의 부동산에 대한 가압류를 甲의 乙에 대한 구상금채권을 피보전권리로 하는 것으로 주장할 수 있는지요?

A. 연대보증인간에 어느 연대보증인이 변제 기타 자기의 출재로 공동면책시킨 경우 다른 연대보증인의 부담부분에 대하여 구상권을 행사할 수 있으며(민법 제448조 제2항, 제425조), 그 부담부분은 특별히 정한 바가 없으면 균등한 비율로 부담하게 됩니다(민법 제439조, 제408조).

그리고 변제할 정당한 이익이 있는 자는 변제로 당연히 채권자를 대위하고(민법 제481조), 채권자를 대위한 자는 자기의 권리에 의하여 구상할 수 있는 범위에서 채권 및 그 담보에 관한 권리를 행사할 수 있습니다(민법 제482조 제1항).

그런데 자기의 부담부분을 넘은 변제를 한 보증인이 다른 보증인에 대하여 구상권을 행사하는 경우, 그 보증인이 채권자가 한 가압류의 효력을 주장할 수 있는지에 관하여 판례는 "수인의 보증인이 있는 경우에 어느 보증인이 자기의 부담부분을 넘은 변제를 한 때에는 다른 보증인에 대하여 구상권을 행사할 수 있고, 그 구상권의 범위 내에서 종래 채권자가 가지고 있던 채권 및 그 담보에 관한 권리는 법률상 당연히 그 변제자에게 이전되는 것이므로, 채권자가 어느 공동보증인의 재산에 대하여 가압류결정을 받은 경우에, 그 피보전권리에 관하여 채권자를 대위하는 변제자는 채권자의 승계인으로서, 가압류의 집행이 되기 전이라면 민사소송법 제708조(현행 민사집행법 제31조) 제1항에 따라 승계집행문을 부여받아 가압류의 집행을 할 수 있고, 가압류의 집행이 된 후에는 위와 같은 승계집행문을 부여받지 않더라도 가압류에 의한 보전의 이익을 자신을 위하여 주장할 수 있다."라고 하였습니다(대법원 1993.7.13. 선고 92다33251 판결).

또한, 변제를 한 보증인이 다른 보증인의 사정변경에 의한 가압류취소신청에 참가하여 다툴 수 있는지에 관하여 위 판례는 "변제를 한 보증인은 구상권의 범위 내에서 채권자가 다른 공동보증인에 대하여 가지고 있던 가압류의 피보전권리를 대위행사 할 수 있다고 보아야 할 것이므로, 가압류가 대위변제의 경우에 이전되는 담보에 관한 권리에 해당하지 아니한다거나, 위 변제로 인하여 가압류의 피보전권리가 변제를 한 보증인에게 이전되는 결과 채권자가 그 범위 내에서 피보전권리를 상실한다는 사정 때문에 가압류채권자의 지위를 승계한 보증인이 다른 공동보증인의 사정변경에 의한 가압류취소신청을 다툴 수 없는 것은 아니다."라고 하였습니다.

따라서 위 사안에서 연대보증인 甲은 다른 연대보증인 乙의 부담부분에 대한 구상금채권을 변제받기 위하여, 채권자 丁이 행한 乙의 부동산에 대한 가압류를 甲의 乙에 대한 구상금채권을 피보전권리로 하는 것으로 주장할 수 있을 것으로 보이고, 또한 乙이 공동면책 되었음을 이유로 丁을 상대로 사정변경에 의한 가압류취소신청을 제기할 경우에도 보조참가 하여 다툴 수 있을 것으로 보입니다.

2-3. 구상금 미이행 시 해결 방법

2-3-1. 독촉절차

① '독촉절차'란 금전, 그 밖의 대체물이나 유가증권의 일정 수량의 지급을 목적으로 하는 청구권에 관해서 채무자가 다투지 않을 것으로 예상될 경우, 채권자가 간이·신속·저렴하게 집행권원(執行權源)을 받을 수 있는 절차를 말합니다.

② 독촉절차는 채권자(주채무자에 대한 구상금 청구의 경우 보증인이 채권자가 됨)가 법원에 지급명령을 신청하는 방법으로 이루어집니다(「민사소송법」 제462조 참조).

2-3-2. 민사조정 신청

① '민사조정'이란 조정담당판사 또는 법원에 설치된 조정위원회가 분쟁당사자로부터 주장을 듣고 여러 사정을 고려하여 조정안을 제시하고 서로 양보와 타협을 통하여 합의에 이르게 함으로써 분쟁을 평화적이고 간이·신속하게 해결하는 제도를 말합니다.

② 민사에 관한 분쟁의 당사자는 법원에 조정을 신청할 수 있습니다(「민사조정법」 제2조).

2-3-3. 구상금 청구소송

① 보증인의 구상금 이행청구에 대해 주채무자가 채무의 존재 자체를 다투는 경우 보증인은 주채무자에 대하여 구상금 청구소송을 제기할 수 있습니다.

② 구상금 청구소송은 일반 민사소송의 절차에 따라 진행됩니다.

2-3-4. 가압류 신청

① '가압류'란 금전채권이나 금전으로 환산할 수 있는 채권에 관하여 장래 그 집행을 보전하려는 목적으로 미리 채무자의 재산을 압류하여

채무자가 처분하지 못하도록 하는 제도를 말합니다(「민사집행법」 제
276조 참조).

② 가압류 신청은 가압류할 물건의 소재지 지방법원이나 본안소송이 계
속 중이거나 앞으로 본안이 제소되었을 때 이를 관할 할 수 있는 법
원 중 한 곳에 제출해야 합니다(「민사집행법」 제278조 참조).

소   장

원   고   ○○○ (주민등록번호)
　　　　　○○시 ○○구 ○○길 ○○(우편번호)
　　　　　전화·휴대폰번호:
　　　　　팩스번호, 전자우편(e-mail)주소:
피   고   1. 김◇◇ (주민등록번호)
　　　　　　○○시 ○○구 ○○길 ○○(우편번호)
　　　　　　전화·휴대폰번호:
　　　　　　팩스번호, 전자우편(e-mail)주소:
　　　　　2. 박◇◇ (주민등록번호)
　　　　　　○○시 ○○구 ○○길 ○○(우편번호)
　　　　　　전화·휴대폰번호:
　　　　　　팩스번호, 전자우편(e-mail)주소:

구상금청구의 소

청 구 취 지

1. 피고들은 연대하여 원고에게 ○○○만원 및 이에 대한 20○○. ○.
　○.부터 이 사건 소장 부본 송달일 까지는 연 5%, 그 다음날부터 다
　갚는 날까지는 연 12%의 각 비율로 계산한 돈을 지급하라.
2. 소송비용은 피고들이 부담한다.
3. 위 제1항은 가집행 할 수 있다.
라는 판결을 원합니다.

청 구 원 인

1. 사실관계
가. 당사자의 신분관계
　　피고 김◇◇가 20○○. ○. ○. 소외 ◆◆은행으로부터 사업자금으로
　　○○○만원을 대출 받음에 있어, 원고는 위 피고 김◇◇와 연대하여

갚기로 할 것을 내용으로 한 연대보증을 선 관계에 있고, 피고 박◇◇는 원고가 위 피고 김◇◇을 대신하여 변제하였을 경우 이에 대한 구상금을 위 피고 김◇◇와 연대하여 갚을 것을 내용으로 하는 보증계약을 체결한 관계에 있습니다(갑 제1호증의1, 2 각 보증계약서 참조).

나. 원고의 대위변제

변제기에 이르러 원고는 위 ○○은행으로부터 변제최고를 받고(갑 제2호증 통고서 참조), 여러 차례에 걸쳐 주채무자인 위 피고 김◇◇에게 대출금을 변제하여 줄 것을 요청하였으나(갑 제3호증 최고서 참조), 위 피고 김◇◇는 사업이 부진하여 결국 변제를 하지 못하여, 원고는 부득이 대여금 전액을 변제하였습니다(갑 제4호증 대위변제확인서 참조).

2. 피고 박◇◇의 채무불이행

원고는 대여금을 대위변제한 후 20○○. ○. ○.부터 여러 차례에 걸쳐 구상금에 대한 보증을 선 피고 박◇◇에게 원고가 대위변제한 대여금인 ○○○만원의 지급을 최고하였으나(갑 제5호증 최고서 참조), 피고 박◇◇는 그 지급을 미루기만 하고 변제하지 않고 있습니다.

3. 결론

원고는 주채무자인 피고 김◇◇ 및 구상금에 대한 연대보증인인 피고 박◇◇에게 대위변제금 ○○○만원 및 이에 대한 대위변제 다음날인 20○○. ○. ○.부터 이 사건 소장 부본 송달일 까지는 민법에서 정한 연 5%, 그 다음날부터 다 갚는 날까지는 소송촉진등에관한특례법에서 정한 연 12%의 각 비율로 계산한 지연손해금을 지급 받기 위하여 이 사건 청구에 이르렀습니다.

입 증 방 법

1. 갑 제1호증의1, 2   각 보증계약서 사본
1. 갑 제2호증   통고서 사본
1. 갑 제3호증   최고서 사본
1. 갑 제4호증   대위변제확인서사본
1. 갑 제5호증   최고서 사본

첨 부 서 류

1. 위 입증방법   각 3통
1. 소장 부본   2통
1. 송달료납부서   1통

20○○. ○. ○.

위 원고   ○○○ (서명 또는 날인)

○○지방법원 귀중

[서식 예] 구상금청구의 소(대출금의 연대보증인)

소   장

원   고   1. 김○○ (주민등록번호)
            ○○시 ○○구 ○○길 ○○(우편번호)
            전화·휴대폰번호:
            팩스번호, 전자우편(e-mail)주소:
         2. 이○○ (주민등록번호)
            ○○시 ○○구 ○○길 ○○(우편번호)
            전화·휴대폰번호:
            팩스번호, 전자우편(e-mail)주소:
         3. 박○○ (주민등록번호)
            ○○시 ○○구 ○○길 ○○(우편번호)
            전화·휴대폰번호:
            팩스번호, 전자우편(e-mail)주소:
피   고   ◇◇◇ (주민등록번호)
            ○○시 ○○구 ○○길 ○○(우편번호)
            전화·휴대폰번호:
            팩스번호, 전자우편(e-mail)주소:

구상금청구의 소

청 구 취 지

1. 피고는 원고 김○○에게 ○○○만원, 원고 이○○에게 ○○○만원, 원
   고 박○○에게 ○○○만원 및 이에 대하여 20○○. ○. ○.부터 이 사
   건 소장 부본 송달일 까지는 연 5%, 그 다음날부터 다 갚는 날까지는
   연 12%의 각 비율로 계산한 돈을 각 지급하라.
2. 소송비용은 피고가 부담한다.
3. 위 제1항은 가집행 할 수 있다.
라는 판결을 구합니다.

청 구 원 인

1. 연대보증채무의 성립

   피고는 20○○. ○. ○. ◉◉농업협동조합으로부터 금 ○○○만원을, 대출기간은 20○○. ○. ○.까지, 이율은 연 13.5%, 지연배상금율은 연 19.5%로 정하여 대출 받았는바, 이때 원고들은 피고의 부탁으로 위 대출금채무에 대하여 연대보증을 하였습니다(갑 제1호증 대출거래약정서 사본, 갑 제2호증의 1 내지 4 각 신분증 사본, 갑 제3호증 대출금원장 사본 참조).

2. 구상권의 발생

   그런데 대출기간이 경과하여 채권자인 ◉◉농업협동조합으로부터 변제의 독촉을 받았음에도 주채무자인 피고가 변제를 하지 않자, 연대보증인인 원고들이 ◉◉농업협동조합으로부터 변제의 독촉을 받게 되었습니다.

   그러므로 원고들은 20○○. ○. ○. 채권자인 ◉◉농업협동조합에게 연대보증인으로서 대출원금 ○○○만원, 이자 금 ○○만원, 비용 금 ○○만원 합계 금 ○○○만원 중 원고 김○○은 금 ○○○만원을, 원고 이○○는 금 ○○○만원을, 원고 박○○는 금 ○○○만원을 각 변제하였습니다(갑 제4호증 대위변제확인서 참조).

3. 결론

   따라서 피고는 구상금으로서 원고 김○○에게 금 ○○○만원, 원고 이○○에게 금 ○○○만원, 원고 박○○에게 금 ○○○만원 및 이에 대하여 면책된 날 다음날인 20○○. ○. ○.부터 이 사건 소장 부본 송달일 까지는 민법에서 정한 연 5%, 그 다음날부터 다 갚는 날까지는 소송촉진등에관한특례법에서 정한 연 12%의 각 비율로 계산한 지연손해금을 지급할 의무가 있으므로, 원고들은 위 각 돈을 지급 받고자 이 사건 청구에 이른 것입니다.

입 증 방 법

1. 갑 제1호증   대출거래약정서 사본
1. 갑 제2호증의 1내지4   각 신분증 사본
1. 갑 제3호증   대출금원장 사본

1. 갑 제4호증   대위변제확인서

첨 부 서 류

1. 위 입증방법   각 1통
1. 소장부본   1통
1. 송달료납부서   1통

20○○.   ○.   ○.

위 원고 1. 김○○ (서명 또는 날인)
         2. 이○○ (서명 또는 날인)
         3. 박○○ (서명 또는 날인)

○○지방법원 ○○지원 귀중

소　　　장

원　고　　○○○ (주민등록번호)
　　　　　　○○시 ○○구 ○○길 ○○(우편번호)
　　　　　　전화·휴대폰번호:
　　　　　　팩스번호, 전자우편(e-mail)주소:
피　고　　◇◇◇ (주민등록번호)
　　　　　　○○시 ○○구 ○○길 ○○(우편번호)
　　　　　　전화·휴대폰번호:
　　　　　　팩스번호, 전자우편(e-mail)주소:

구상금청구의 소

청 구 취 지

1. 피고는 원고에게 ○○○만원 및 이에 대한 20○○. ○. ○.부터 이 사
　건 소장 부본 송달일 까지는 연 5%, 그 다음날부터 다 갚는 날까지는
　연 12%의 각 비율로 계산한 돈을 지급하라.
2. 소송비용은 피고가 부담한다.
3. 위 제1항은 가집행 할 수 있다.
라는 판결을 원합니다.

청 구 원 인

1. 사실관계
　원고는 20○○. ○. ○. 피고의 부탁으로 피고가 소외 ◉◉은행으로부
　터 ○○○만원을 대출을 받음에 있어 원고 소유의 ○○시 ○○구 ○
　○동 ○○번지 토지와 건물을 담보로 제공한 사실이 있습니다(갑 제1
　호증 부동산등기사항증명서 참조).

2. 원고의 대위변제
가. 채무자인 피고는 위 대출금을 약정한 기일에 상환하지 못하여, 근저당
　　권자인 소외 ◉◉은행은 원고 소유의 부동산에 대하여 경매를 신청

을 하겠다고 통지를 해왔습니다(갑 제2호증 통고서 참조).

나. 경매를 하겠다는 통지를 받고 원고는 피고에게 조속한 변제를 최고하였으나(갑 제3호증 통고서 참조), 피고는 당장에 변제할 능력이 없다며 하소연하여, 원고는 20○○. ○. ○. 다급한 경매를 피하기 위하여 부득이 ○○○만원을 근저당권자인 소외 ◉◉은행에 변제하였습니다(갑 제4호증 대위변제확인서 참조).

3. 피고의 채무불이행
   피고는 원고가 대위변제한 금 ○○○만원을 원고에게 변제할 의무가 있음에도 불구하고 미루면서 변제하지 않고 있습니다.

4. 결론
   따라서 원고는 피고로부터 원고가 소외 ◉◉은행에 대위변제한 ○○○만원 및 이에 대한 대위변제일 다음날인 20○○. ○. ○.부터 이 사건 소장 부본 송달일 까지는 민법에서 정한 연 5%, 그 다음날부터 다 갚는 날까지는 소송촉진등에관한특례법에서 정한 연 12%의 각 비율로 계산한 돈을 지급 받기 위하여 이 사건 청구에 이르렀습니다.

입 증 방 법

1. 갑 제1호증   부동산등기사항증명서
1. 갑 제2호증   통고서(◉◉은행의 원고에 대한 통고)
1. 갑 제3호증   통고서(원고의 피고에 대한 통고)
1. 갑 제4호증   대위변제확인서

첨 부 서 류

1. 위 입증방법   각 1통
1. 소장부본   1통
1. 송달료납부서   1통

20○○.   ○.   ○.
위 원고   ○○○   (서명 또는 날인)

○○지방법원 귀중

소   장

원   고   ○○○ (주민등록번호)
　　　　　○○시 ○○구 ○○길 ○○(우편번호)
　　　　　전화·휴대폰번호:
　　　　　팩스번호, 전자우편(e-mail)주소:
피   고   ◇◇◇ (주민등록번호)
　　　　　○○시 ○○구 ○○길 ○○(우편번호)
　　　　　전화·휴대폰번호:
　　　　　팩스번호, 전자우편(e-mail)주소:

구상금청구의 소

청 구 취 지

1. 피고는 원고에게 30,000,000원 및 이에 대한 20○○. ○. ○○.부터
　이 사건 소장 부본 송달일 까지는 연 5%, 그 다음날부터 다 갚는 날까
　지는 연 12%의 각 비율로 계산한 돈을 지급하라.
2. 소송비용은 피고가 부담한다.
3. 위 제1항은 가집행 할 수 있다.
라는 판결을 구합니다.

청 구 원 인

1. 기초사실
　원고는 20○○. ○. ○. 피고의 부탁으로 피고가 소외 ◆◆◆로부터
　30,000,000원을 차용하는데 보증을 선 사실이 있습니다(갑 제1호증
　보증계약서 참조).

2. 원고의 대위변제
가. 채권자인 소외 ◆◆◆는 보증인인 원고에게 20○○. ○. ○.까지 위
　　대여금 및 이자를 변제를 하지 않으면 압류를 하겠다는 압류절차개시

통지를 하였고(갑 제2호증 압류절차개시통고서 참조), 피고에게 위 금원의 조속한 지급을 최고하였습니다(갑 제3호증 최고서 참조).

나. 그러나 피고는 위 금원을 변제하지 못하였으며, 원고는 부득이 압류를 피하기 위하여 20○○. ○. ○. 금 30,000,000원을 대위변제하고 채권자인 소외 ◆◆◆로부터 대위변제확인서를 교부받았습니다(갑 제4호증 대위변제확인서 참조).

3. 결론

원고는 위와 같이 피고의 대여금을 대위변제한 후 피고에게 위 돈의 상환을 구하였으나 피고는 정당한 이유도 없이 불응하므로, 원고는 대위변제금 30,000,000원 및 이에 대한 대위변제 다음날인 20○○. ○. ○○.부터 이 사건 소장 부본 송달일 까지는 민법에서 정한 연 5%, 그 다음날부터 다 갚는 날까지는 소송촉진등에관한특례법에서 정한 연 12%의 각 비율로 계산한 지연손해금을 지급 받기 위하여 이 사건 소송제기에 이르렀습니다.

입 증 방 법

1. 갑 제1호증	보증계약서
1. 갑 제2호증	압류절차개시통고서
1. 갑 제3호증	최고서
1. 갑 제4호증	대위변제확인서

첨 부 서 류

1. 위 입증방법	각 1통
1. 소장부본	1통
1. 송달료납부서	1통

20○○. ○. ○.

위 원고   ○○○   (서명 또는 날인)

○○지방법원 귀중

[서식 예] 구상금청구의 소(회사 동료의 은행대출금을 보증한 연대보증인)

소　　　　장

원　　고　　○○○ (주민등록번호)
　　　　　　○○시 ○○구 ○○길 ○○(우편번호)
　　　　　　전화·휴대폰번호:
　　　　　　팩스번호, 전자우편(e-mail)주소:
피　　고　　◇◇◇ (주민등록번호)
　　　　　　○○시 ○○구 ○○길 ○○(우편번호)
　　　　　　전화·휴대폰번호:
　　　　　　팩스번호, 전자우편(e-mail)주소:

구상금청구의 소

청 구 취 지

1. 피고는 원고에게 ○○○만원 및 이에 대한 20○○. ○. ○.부터 이 사
   건 소장 부본 송달일 까지는 연 5%, 그 다음날부터 다 갚는 날까지는
   연 12%의 각 비율로 계산한 돈을 지급하라.
2. 소송비용은 피고가 부담한다.
3. 위 제1항은 가집행 할 수 있다.
라는 판결을 원합니다.

청 구 원 인

1. 사실관계
   원고는 20○○. ○. ○○. 같은 직장동료인 피고의 간절한 부탁으로
   피고가 소외 ◉◉은행으로부터 금 ○○○만원을 대출을 받음에 있어
   대출계약서의 연대보증인란에 서명.날인한 사실이 있습니다(갑 제1호
   증 대출계약서 참조).

2. 원고의 대위변제
   가. 채무자인 피고는 위 대출금을 약정한 기일에 갚지 못하여, 소외 ◉
   　　◉은행은 원고의 급료에 가압류를 하겠다고 통지를 해왔습니다(갑

제2호증 통고서).

나. 원고는 가압류를 시키겠다는 통지를 받고 피고에게 빠른 시일 내에 변제할 것을 최고하였으나(갑 제3호증 통고서), 피고는 당장에 변제할 능력이 없다고 하소연하여, 원고는 20○○. ○. ○. 다급한 급료의 가압류를 피하기 위하여 부득이 금 ○○○만원을 소외 ◉◉은행에 변제하였습니다(갑 제4호증 대위변제확인서 참조).

3. 피고의 채무불이행
   피고는 원고가 대위변제한 금 ○○○만원을 원고에게 변제할 의무가 있음에도 불구하고 계속 미루면서 변제하지 않고 있습니다.

4. 결론
   따라서 원고는 피고로부터 원고가 소외 ◉◉은행에 대위변제한 금 ○○○만원 및 이에 대한 대위변제일 다음날인 20○○. ○. ○.부터 이 사건 소장 부본 송달일 까지는 민법에서 정한 연 5%, 그 다음날부터 다 갚는 날까지는 소송촉진등에관한특례법에서 정한 연 12%의 각 비율로 계산한 돈을 지급 받기 위하여 이 사건 청구에 이르렀습니다.

입 증 방 법

1. 갑 제1호증　　　대출계약서
1. 갑 제2호증　　　통고서(◉◉은행의 원고에 대한 통고)
1. 갑 제3호증　　　통고서(원고의 피고에 대한 통고)
1. 갑 제4호증　　　대위변제확인서

첨 부 서 류

1. 위 입증방법　　　　　　　각 1통
1. 소장부본　　　　　　　　　1통
1. 송달료납부서　　　　　　　1통

20○○.　○.　○.
위 원고　　○○○　(서명 또는 날인)

○○지방법원　귀중

[서식 예] 구상금청구의 소(회사 상사의 은행대출금을 보증한 연대보증인)

소　　　장

원　　고　　○○○ (주민등록번호)
　　　　　○○시 ○○구 ○○길 ○○(우편번호)
　　　　　전화·휴대폰번호:
　　　　　팩스번호, 전자우편(e-mail)주소:
피　　고　　◇◇◇ (주민등록번호)
　　　　　○○시 ○○구 ○○길 ○○(우편번호)
　　　　　전화·휴대폰번호:
　　　　　팩스번호, 전자우편(e-mail)주소:

구상금청구의 소

청 구 취 지

1. 피고는 원고에게 ○○○원 및 이에 대한 20○○. ○. ○.부터 이 사건 소장 부본 송달일 까지는 연 5%, 그 다음날부터 다 갚는 날까지는 연 12%의 각 비율로 계산한 돈을 지급하라.
2. 소송비용은 피고가 부담한다.
3. 위 제1항은 가집행 할 수 있다.
라는 판결을 원합니다.

청 구 원 인

1. 사실관계
　　원고는 20○○. ○. ○. 같은 직장의 상사인 피고의 간절한 부탁으로 피고가 소외 ◉◉은행으로부터 금 ○○○원을 대출 받음에 있어 대출계약서의 연대보증인란에 서명.날인한 사실이 있습니다(갑 제1호증 대출계약서 참조).

2. 원고의 대위변제
가. 채무자인 피고는 위 대출금을 약정한 기일에 상환하지 못하여, 위 은행은 원고의 급료에 가압류를 하겠다고 통지를 해왔습니다(갑 제2호

2. 보증인의 보호(보증채무 이행후)　227

증 통고서 참조).

나. 원고는 가압류를 시키겠다는 통지를 받고 피고에게 빠른 시일 내에
변제하도록 최고하였으나(갑 제3호증 최고서 참조), 피고는 당장에 변
제할 능력이 없다고 하소연하여, 원고는 20○○. ○. ○. 다급한 급료
의 가압류를 피하기 위하여 부득이 금 ○○○원을 소외 ◉◉은행에
변제하였습니다(갑 제4호증 대위변제확인서 참조).

3. 피고의 채무불이행

피고는 원고가 대위변제한 금 ○○○원을 원고에게 변제할 의무가 있
음에도 불구하고 계속 미루면서 변제하지 않고 있습니다.

4. 결론

따라서 원고는 피고로부터 원고가 소외 ◉◉은행에 대위변제한 금 ○
○○원 및 이에 대한 대위변제일 다음날인 20○○. ○. ○.부터 이 사
건 소장 부본 송달일 까지는 민법에서 정한 연 5%, 그 다음날부터 다
갚는 날까지는 소송촉진등에관한특례법에서 정한 연 12%의 각 비율
로 계산한 돈을 지급 받기 위하여 이 사건 청구에 이르렀습니다.

입 증 방 법

1. 갑 제1호증	대출계약서
1. 갑 제2호증	통고서
1. 갑 제3호증	최고서
1. 갑 제4호증	대위변제확인서

첨 부 서 류

1. 위 입증방법	각 1통
1. 소장부본	1통
1. 송달료납부서	1통

20○○. ○. ○.

위 원고   ○○○ (서명 또는 날인)

○○지방법원 귀중

근 저 당 권 설 정 계 약 서

채권자○○주식회사와 채무자 △△주식회사 및 담보제공자 □□□간에 근저당설정에 관하여 다음과 같이 계약한다.

제1조 20○○년 ○○월 ○○일자로 채권자 ○○주식회사과 채무자 △△주식회사 사이에 체결한 계속적 석탄매매 등 상거래 계약에 기준하여 위의 거래 및 그 파생거래에 따라, 채무자 △△주식회사이 채권자 ○○주식회사에게 이미 부담하였으며, 또한 장차 부담할 채무의 이행을 담보하기 위하여 별지목록1 채무자 △△주식회사의 소유에 속하는 부동산 표시 위에 제○○번, 별지목록2 담보제공자 □□□ 소유에 속하는 부동산표시에 순위 제○○번의 근저당권을 설정한다.
  ① 채권최고액 ○○○만원
  ② 약정기한 20○○년 ○월 ○일부터 20○○년 ○월 ○일까지
  ③ 이자는 년 2할로 하며 매월말일 지참 지급한다.

제2조 채무자 △△주식회사이나 담보제공자 □□□이 다음 각 호의 하나라도 해당되었을 때에는 전부 기한의 이익을 잃으며 즉시 현존하는 채무금을 일시에 지불하여야 한다.
  ① 1회라도 거래채무의 지불을 지연시켰을 때
  ② 다른 채무 때문에 가압류, 가처분, 강제집행, 경매신청 등을 받았을 때
  ③ 담보물건을 멸실, 훼손 혹은 가치를 상당히 감소시켰을 때
  ④ 기타 본 계약에 위반하는 행위가 있었을 때

제3조 채무자 △△주식회사이나 담보제공자 □□□은 담보물건의 전부나 일부를 팔거나 또는 빌려주는 등, 그 형상을 변경하려 하는 때에는 미리 채권자 ○○주식회사에게 동의를 얻어야 한다.

제4조 채무자 △△주식회사과 담보제공자 □□□이 기한의 이익을 잃고 또는 기한 내에 변제를 하지 못하였을 경우에는 채권자 ○○주식회사은 그 선택에 따라 담보물건의 경매와 바꾸어 대물변제로서 담보물건의 전부의 소유권을 돈○○만원으로 견적하고 취득할 수가 있는 것으로 하여 본 계약에 기준한 근저당권설정과 동시에 소유권이전청구권보전의 가등기를 하는 것으로 한다.

제5조 제1항 및 제4항에 기준하는 등기는 채무자 △△주식회사의 책임과 비용으로 한다.

위와 같은 계약을 증명하기 위하여 본 계약서 3통을 작성해서 각각 서명.날인한 것을 1통씩 보존한다.

20○○년 ○월 ○일

채권자	주 소							
	성 명		인	주민등록번호		-	전 화 번 호	
채무자	주 소							
	성 명		인	주민등록번호		-	전 화 번 호	
담보 제공자	주 소							
	성 명		인	주민등록번호		-	전 화 번 호	

[별 지1]

부 동 산 의 표 시

○○시 ○○구 ○○동 ○○

대 ○○○㎡. 끝.

[서식 예] 근저당권설정등기말소청구의 소(물상보증인의 변제)

소   장

원   고   ○○○ (주민등록번호)
           ○○시 ○○구 ○○로 ○○(우편번호 ○○○-○○○)
           전화·휴대폰번호:
           팩스번호, 전자우편(e-mail)주소:
피   고   주식회사 ◇◇은행
           ○○시 ○○구 ○○로 ○○(우편번호 ○○○-○○○)
           대표이사 ◈◈◈
           전화·휴대폰번호:
           팩스번호, 전자우편(e-mail)주소:

근저당권설정등기말소청구의 소

청 구 취 지

1. 피고는 원고에게 별지목록 기재 부동산에 관하여 ○○지방법원 ○○등
   기소 20○○. ○. ○. 접수 제○○○○호로 마친 근저당권설정등기에
   대하여 20○○. ○. ○. 변제를 원인으로 한 말소등기절차를 이행하라.
2. 소송비용은 피고가 부담한다.
라는 판결을 구합니다.

청 구 원 인

1. 원고는 별지목록 기재 부동산의 소유자인데, 원고의 동생인 소외 ◉
   ◉◉가 피고은행으로부터 가계대출을 받고자 하여 피고의 담보제공
   요구에 원고의 별지목록 기재 부동산을 담보로 제공하게 되었습니다.
2. 그래서 원고는 20○○. ○. ○. 피고은행과 근저당권자 피고은행, 채
   무자 소외 ◉◉◉, 근저당권설정자 원고, 채권최고액 ○○○원으로
   하는 근저당권설정계약을 체결하였고 같은 달 ○. ○○지방법원 ○○
   등기소 20○○. ○. ○. 접수 제○○○○호로 근저당권설정등기를 마
   쳤습니다.

3. 그 뒤 소외 ◉◉◉는 피고은행에 대한 대출금을 연체하였고, 피고은행은 원고의 별지목록 기재 부동산에 대해 ○○지방법원 20○○ 타경제○○○호로 경매신청을 하여, 원고는 소외 ◉◉◉의 물상보증인으로서 20○○. ○. ○. 피담보채무액 ○○○원을 피고은행에 대위변제하였습니다.

4. 그런데 피고은행은 소외 ◉◉◉의 또 다른 채무가 있다는 이유로 이 사건 근저당권을 말소해주지 않고 있으나, 이 사건 근저당권은 포괄근저당권이 아님이 근저당권설정계약서상 명백하므로 피고은행의 위와 같은 주장은 타당하지 못한 것입니다.

5. 따라서 원고는 별지목록 기재 부동산에 관하여 ○○지방법원 ○○등기소 20○○. ○. ○. 접수 제○○○○호로 마쳐진 근저당권설정등기의 말소를 구하고자 이 사건 청구에 이른 것입니다.

입 증 방 법

1. 갑 제1호증	근저당권설정계약서
1. 갑 제2호증	부동산등기사항증명서
1. 갑 제3호증	대위변제동의서
1. 갑 제4호증	경매통지서
1. 갑 제5호증	완납증명원

첨 부 서 류

1. 위 입증방법	각 1통
1. 소장부본	1통
1. 송달료납부서	1통

20○○.　○.　○.

위 원고　○○○ (서명 또는 날인)

○○지방법원 귀중

[별 지1]

부 동 산 의 표 시

1. ○○시 ○○구 ○○동 ○○-○○
   대 157.4㎡

1. 위 지상
   벽돌조 평슬래브지붕 2층주택
   1층 74.82㎡
   2층 74.82㎡
   지층 97.89㎡. 끝.

제5장

특수한 보증에는 어떤 종류가 있나요?

제5장 특수한 보증에는 어떤 종류가 있나요?

1. 연대보증

1-1. 연대보증의 개념

① '연대보증'이란 보증인이 주채무자와 연대해 채무를 부담함으로써 주 채무의 이행을 담보하는 보증채무를 말합니다.

② 연대보증은 채권의 담보를 목적으로 하는 점에서 단순보증과 같으나 보증인에게 최고·검색의 항변권이 없으므로 채권자의 권리담보가 보 다 확실하여 실제 거래에서는 보증을 세워야 하는 대부분의 경우 연 대보증이 이용됩니다.

③ '최고·검색의 항변권'이란 채권자가 보증인에게 채무의 이행을 청구할 경우 보증인이 주채무자의 변제 자력이 있는 사실 및 그 집행이 쉽다 는 것을 증명하여 먼저 주채무자에게 청구할 것과 그 재산에 대해 집행할 것을 항변할 수 있는 권리를 말합니다(「민법」 제437조 본문).

1-2. 연대보증계약의 체결

① 연대보증은 보증인이 주채무자와 연대해 채무를 보증할 것을 내용으 로 채권자와 연대보증계약을 체결함으로써 성립합니다.

② 연대보증은 법률의 규정에 의해서도 성립하는데 보증이 상행위이거나 주채무가 상행위로 인한 것인 경우 그 보증채무는 언제나 연대보증 이 됩니다(「상법」 제57조제2항).

1-3. 채권자의 권리와 연대보증인의 책임

① 연대보증인은 주채무자가 채권자에 대하여 가지는 항변권이나 주채무 자의 채권에 의한 상계로 채권자에게 대항할 수 있습니다(「민법」 제 433조 및 제434조).

② 주채무자가 채권자에 대해 취소권 또는 해제권이나 해지권이 있는 동안은 연대보증인은 채권자에 대해 채무의 이행을 거절할 수 있습니다(「민법」 제435조).

③ 다만, 연대보증인에게는 단순보증인에게는 인정되는 최고·검색의 항변권이 인정되지 않기 때문에 채권자가 주채무자에게 채무 이행을 청구해보지도 않고 연대보증인에게 먼저 청구하더라도 보증인은 주채무자에게 변제 자력이 있다는 사실과 집행이 쉽다는 것을 증명하여 먼저 주채무자에게 청구하고 주채무자의 재산에 대해 집행할 것을 요구할 수 없고 채무를 이행해야 합니다(「민법」 제437조 참조).

■ 연대보증인은 어떤 책임이 있나요?

Q. 1년 전 사업자금을 빌리는데 연대보증을 서달라는 형의 부탁을 받고 별 문제는 없을 거라는 생각에 연대보증을 서주었는데, 며칠 전부터 형에게 돈을 빌려준 사람이 찾아와 돈을 갚으라고 합니다. 돈을 줘야 하나요?

A. 연대보증은 보증인이 주채무자와 연대해 채무를 보증하는 것으로 단순보증과 달리 채권자가 주채무자에게 채무 이행을 청구해보지도 않고 연대보증인에게 먼저 청구하더라도 보증인은 주채무자에게 변제 자력이 있다는 사실과 집행이 쉽다는 것을 증명하여 먼저 주채무자에게 청구하고 주채무자의 재산에 대해 집행할 것을 요구할 수 없고 채무 전액에 대해 책임을 져야 합니다. 이처럼 연대보증은 단순보증에 비해 보증인의 책임이 막중하기 때문에 연대보증을 서는 경우 좀 더 신중하게 결정하는 것이 바람직합니다.

⚖ **관련판례**

회사의 임원이나 직원의 지위에 있었기 때문에 부득이 회사와 제3자 사이의 계속적 거래에서 발생하는 회사의 채무를 연대보증한 사람이 그 후 회사에서 퇴직하여 임직원의 지위에서 떠난 때에는 연대보증계약의 기초가 된 사정이 현저히 변경되어 그가 계속 연대보증인의 지위를 유지하도록 하는 것이 사회통념상 부당하다고 볼 수 있다. 이러한 경우 연대보증인은 특별한 사정이 없는 한 연대보증계약을 일방적으로 해지할 수 있다고 보아야 한다(대법원 2018.3.27. 선고 2015다12130 판결).

■ 확정채무인 상태에서 연대보증인은 어떤 책임을 지나요?

Q. 2년 전에 친구의 부탁으로 친구가 은행에서 대출기간을 1년으로 하여 5천만원을 대출받는데 연대보증을 서주었습니다. 며칠 전 은행에서 친구가 갚지 못한 대출금을 갚으라는 연락을 받았는데, 알아보니 처음 대출기간이 만료되었을 때는 친구의 경제사정이 좋아 대출금을 갚고도 남는 상태였으나 그 후 경제사정이 악화되어 이자를 연체하자 은행이 저의 동의도 받지 않고 대출기간을 1년 더 연장해준 것이었습니다. 이런 경우 저는 은행에 대출금을 갚아야 하나요?

A. 판례에 따르면 보증계약 체결 후 채권자가 보증인의 승낙 없이 주채무자에 대하여 변제기를 연장하여 준 경우, 그것이 반드시 보증인의 책임을 가중하는 것이라고는 할 수 없으므로 원칙적으로 보증채무에 대하여도 그 효력이 미치고(대법원 1996.2.23 선고 95다49141 판결), 채무가 특정되어 있는 확정채무에 대하여 연대보증한 이상, 연대보증인으로서는 자신의 동의 없이 피보증채무의 이행기를 연장해 주었느냐의 여부에 상관없이 그 연대보증 채무를 부담합니다(대법원 1995.10.13. 선고 94다4882 판결).

또한 판례는 현실적인 자금의 수수 없이 형식적으로만 신규 대출을 하여 기존 채무를 변제하는 이른바 '대환(貸還)'의 경우 특별한 사정이 없는 한 형식적으로는 별도의 대출에 해당하나 실질적으로는 기존 채무의 변제기의 연장에 불과하므로 채권자와 보증인 사이에 미리 신규 대출 형식에 의한 대환을 하는 경우 보증책임을 면하기로 약정하는 등의 특별한 사정이 없는 한 기존 채무에 대한 보증책임이 존속된다고 하였습니다(대법원 1998.2.27. 선고 97다16077 판결).

결국 사안의 경우 확정채무의 보증인은 대출기간을 연장해주었다는 점을 주장하여 보증책임을 면하기는 어려울 것으로 보이며, 채권자와 미리 신규 대출 형식에 의한 대환을 하는 경우 보증책임을 면하기로 약정하는 등의 특별한 사정이 없는 한 채권자인 은행에 5천만원을 갚아야 할 것입니다.

☸ 관련판례

대부업자인 갑 주식회사의 직원이, 을이 채무자로, 병이 연대보증인으로 각 기재되어 있고 을과 병의 이름이 적힌 대부거래계약서 및 연대보증계약서 등을 받은 후 병과 대출 심사를 위한 통화를 하여, 병이 연대보증계약서 등을 자필로 작성하여 팩스로 보낸 것이 맞고 을에 대한 대출에 대하여 연대보증 의사가 있다고 답변하였으며, 이에 갑 회사가 을에게 돈을 대출하였는데, 그 후 갑 회사가 병에게 다시 연대보증계약서의 작성을 요구하였으나 병이 보증 의사가 없다는 이유로 거절한 사안에서, 연대보증계약서가 병의 서명에 의한 보증계약서로서 보증의 효력이 발생하려면, 원칙적으로 병 본인에 의한 서명이어야 하며 타인에 의한 서명으로는 부족하므로, 막연히 연대보증계약서의 연대보증인란에 병의 이름으로 된 서명이 있다는 사실만 가지고 병의 서명이 있다고 판단할 것이 아니라, 그것이 병이 직접 서명한 것인지 아니면 타인이 병의 이름으로 서명한 것인지를 명확히 가려야 하며, 병이 직접 서명하였다는 점에 대하여는 보증의 효력을 주장하는 갑 회사가 증명책임을 지는데, 병이 갑 회사의 직원과의 통화에서 연대보증계약서를 자필로 작성하였다고 답변하였지만, 그 후 병이 대출중개업자의 안내에 따라 응한 것일 뿐이라고 하여 답변 내용을 다투어 왔고 갑 회사 스스로도 위 통화 후 다시 병에게 연대보증계약서의 작성을 요구한 것은 위 연대보증계약서만으로는 병의 서명에 의한 보증계약서로서의 효력이 문제 될 수 있음을 고려한 것으로 보일 뿐 아니라, 실제로 연대보증계약서의 연대보증인란에 적힌 병의 이름이 병의 필체와 다르다고 보이는 사정까지 있음에 비추어 보면, 병이 직접 연대보증계약서에 서명하였다는 점에 대한 증명이 충분하지 않음에도, 연대보증인란에 병의 이름으로 된 서명이 있어 연대보증계약으로서 유효하다고 본 원심판단에 법리오해 등의 잘못이 있다(대법원 2017.12.13. 선고 2016다233576 판결).

■ 치료비를 연대보증한 경우 연대보증인은 어떤 책임을 지나요?

Q. 대학부속병원 의사인 저는 얼마 전 응급환자의 치료비 연대보증을 섰습니다. 당시 환자는 즉시 수술을 받지 않으면 생명이 위독한 정도로 위급했고 추석명절인지라 교통체증 때문에 환자의 가족들이 병원에 속히 올 수 없게 되어 부득이 그렇게 한 것입니다. 3개월 정도 입원하면서 그 환자의 치료비가 1천만원 정도 나왔는데 제가 그 채무전액에 대해 책임을 져야 하나요?

A. 판례는 이와 유사한 사안에서 대학부속병원의 의사로 재직하는 사정으로 아무 관계도 없는 자의 치료비채무를 보증하게 된 자에 대하여 피보증인의 치료비 전액에 대한 보증책임을 묻는 것은 신의칙상 부당하므로 치료비채무 전액을 보증하기로 한 입원서약서의 문면에도 불구하고 보증책임을 제한함이 상당하다고 하였습니다(대법원 1992.9.22. 선고 92다17334 판결). 그러므로 사안의 경우 판례의 입장에 따르면 **치료비 중 가족들이 병원에 찾아왔을 때까지의 치료비에 한정하여 보증책임이 있는 것으로 본다든가 하여 제한적인 범위에서만 보증책임을 지게 될 것으로 보입니다.**

♨ 관련판례

주채무자를 위하여 수인이 연대보증을 한 경우, 어느 연대보증인이 채무를 변제하였음을 내세워 다른 연대보증인에게 구상권을 행사함에 있어서는 그 변제로 인하여 다른 연대보증인도 공동으로 면책되었음을 요건으로 하는 것인데, 각 연대보증인이 주채무자의 채무를 일정한 한도에서 보증하기로 하는 이른바 일부보증을 한 경우에는 달리 특별한 사정이 없는 한, 각 보증인은 보증한 한도 이상의 채무에 대하여는 그 책임이 없음은 물론이지만 주채무의 일부가 변제되었다고 하더라도 그 보증한 한도 내의 주채무가 남아 있다면 그 남아 있는 채무에 대하여는 보증책임을 면할 수 없다고 보아야 하므로, 이와 같은 경우에 연대보증인 중 1인이 변제로써 주채무를 감소시켰다고 하더라도 주채무의 남은 금액이 다른 연대보증인의 책임한도를 초과하고 있다면 그 다른 연대보증인으로서는 그 한도금액 전부에 대한 보증책임이 그대로 남아 있어 위의 채무변제로써 면책된 부분이 전혀 없다고 볼 수밖에 없고, 따라서 이러한 경우에는 채무를 변제한 위 연대보증인이 그 채무의 변제를 내세워 보증책임이 그대로 남아 있는 다른 연대보증인에게 구상권을 행사할 수는 없다(대법원 2002.3.15. 선고 2001다59071 판결).

■ 형이 사업자금을 빌릴 때 연대보증을 서주었는데 변제기가 되자 형에게 는 가보지도 않고 제게 찾아와 대신 돈을 갚으라는데 줘야 하나요?

Q. 형이 사업자금을 빌릴 때 연대보증을 서주었어요. 변제기가 되자 채권자가 형에게는 가보지도 않고 제게 찾아와 대신 돈을 갚으라는데 줘야 하나요?

A. 연대보증의 경우 단순보증과 달리 채권자는 주채무자의 변제 자력의 유무에 관계없이 주채무자이든 보증인이든 동시에 또는 순차적으로 돈을 갚으라고 청구할 수 있습니다. 이처럼 연대보증은 단순보증에 비해 보증인의 책임이 막중하기 때문에 연대보증을 서는 경우 좀 더 신중하게 결정하는 것이 바람직합니다.

◇ 채권자의 이행청구 및 연대보증인의 대응
① 채권자는 채권의 변제기가 되면 주채무자와 연대보증인에게 채무의 이행을 동시에 청구할 수도 있고 차례로 청구할 수 있습니다. 그러므로 채권자는 반드시 채무이행을 주채무자에게 먼저 청구할 필요는 없고 보증인에게 먼저 청구할 수도 있습니다.
② 연대보증인의 항변권 등
- 연대보증인은 주채무자가 채권자에 대하여 가지는 항변권이나 주채무자의 채권에 의한 상계(채무자가 자신도 채권자에 대해 같은 종류의 채권을 갖는 경우 그 채권으로 채무를 대등액만큼 소멸시키는 것을 말함)로 채권자에게 대항할 수 있습니다.
- 주채무자가 채권자에 대해 취소권 또는 해제권이나 해지권이 있는 동안은 연대보증인은 채권자에 대해 채무의 이행을 거절할 수 있습니다.
- 다만, 연대보증인에게는 단순보증인에게는 인정되는 최고·검색의 항변권이 인정되지 않기 때문에 채권자가 주채무자에게 채무 이행을 청구해보지도 않고 연대보증인에게 먼저 청구하더라도 보증인은 주채무자에게 변제 자력이 있다는 사실과 집행이 쉽다는 것을 증명하여 먼저 주채무자에게 청구하고 주채무자의 재산에 대해 집행할 것을 요구할 수 없고 채무를 이행해야 합니다.

부동문자로 된 근저당권설정계약서의 일부조항에 ;연대보증책임을 부담한다.는 문언이 적혀 있고 말미 서명부분에 근저당권설정자 겸 연대보증인이라고 적혀 있는 경우, 물상보증인이 근저당권설정계약체결 시 채무자의 물품대금채무에 관하여 연대보증 할 의사가 있었는지 여부와 채권자가 물적 담보 외에 인적담보까지 요구하였는지 여부, 근저당권설정계약서에 근저당권설정계약과는 별개의 계약이라고 할 수 있는 연대보증의 조항이 마치 근저당권설정계약에 관한 약정사항인 듯이 적힌 연유, 물상보증인이 근저당권설정계약 당시 연대보증 조항을 알고 있었거나 채권자측에서 이를 설명하여 주었는지 여부 등에 나아가 심리하여, 처분문서인 근저당권설정계약서에 적혀있는 있는 내용과는 달리 물상보증인이 체결한 것은 근저당권설정계약뿐이고 연대보증계약은 체결하지 않았다고 인정할 특별한 사정은 없는지 살펴본 다음, 물상보증인이 채권자에 대한 물품대금채무에 대해 연대보증하기로 약정하였는지 여부에 대해 판단하였어야 함에도, 이에 나아가 심리함이 없이 근저당권설정계약서 일부 조항에 연대보증의 약정이 적혀 있다는 사실만으로 물상보증인이 물품대금채무에 대해 연대보증책임을 부담하기로 약정하였다고 인정한 원심판결에는 심리미진의 위법이 있다(대법원 1994.9.30. 선고 94다13107 판결).

■ 연대보증계약에서 내용의 일부를 취소할 수 있나요?

Q. 지인의 부탁으로 지인의 채무에 대하여 연대보증을 해주었습니다. 한번만 도와달라는 부탁에 평소 친하게 지내던 사람이기도 하고, 그 동안 도움 받은 것도 있고 해서 덜컥 연대보증을 해 주었는데, 분명 저한테는 10,000만원이라고 하였는데 채권자가 제게 청구한 금액은 30,000만원이었습니다. 너무 놀라서 물어보니 지인이 금액을 3천만 원이라고 하면 연대보증을 안 해줄 것 같아서 속였다고 하더라고요. 제가 다 갚아야 하는 건가요?

A. 주채무자의 기망에 의하여 연대보증을 하였는데, 그 연대보증의 효력에 관하여 문제가 됩니다. 우선, 채권자와 연대보증인 사이의 연대보증계약은 주채무자의 기망에 의하여 체결되었다고 볼 수 있기 때문에, 민법 제110조에 따라 취소권을 행사할 수 있습니다. 다만, 보증책임은 금전채무로서 채무의 성격상 가분적이고 질문자님께서는 보증한도를 일정금액인 10,000만원으로 하는 보증의사는 있었다고 보여 집니다. 따라서 보증계약 전체를 취소할 수는 없고, 위 10,000만원의 금액을 초과하는 범위 내에서만 취소의 효력이 생긴다고 할 것입니다(대법원 2002.9.10. 선고 2002다21509).

⚖ 관련판례

갑의 을 은행에 대한 대출금 채무에 대하여 병 주식회사가 근보증, 정 주식회사 등이 연대보증한 후 병 회사가 을 은행에 대출금 채무를 대위변제하였는데, 갑이 을 은행으로부터 '대출금이 이미 상환되었으니 정 회사와 상의하라'고 안내받고 정 회사의 요청에 따라 정 회사 명의 계좌로 대출금 상당액을 송금한 사안에서, 정 회사가 대출금의 대위변제에 따른 구상금 채권을 행사할 정당한 권한을 가진 것으로 믿을 만한 외관을 구비하였다고 보기 어렵고, 갑이 선의·무과실이라고 보기도 어려운데도, 갑의 정 회사에 대한 대출금 상당액 지급이 채권의 준점유자에 대한 변제로서 유효하다고 본 원심 판결에 법리오해의 위법이 있다(대법원 2013.12.12. 선고 2013다54055 판결).

■ 의사무능력자가 한 연대보증은 효력이 있나요?

Q. 甲은 2,000만 원의 채무에 대하여 연대보증을 하였는데, 甲은 당시 이미 정신지체장애 3급 판정을 받은 장애인으로서, 지능지수는 58 이고, 읽을 수는 있으나, 이름과 주소 말고는 쓸 수 없는 상태였습니다. 이 경우, 甲의 연대보증은 유효한가요?

A. 甲이 위 연대보증계약 당시 그 계약의 법률적으로 어떠한 의미를 갖고 어떠한 효력이 있는지를 이해할 의사능력을 갖추고 있었다고는 볼 수 없고, 따라서 이러한 계약은 의사능력이 없는 상태에서 체결된 것으로서 무효라고 볼 가능성이 큽니다(대법원 2006.9.22. 선고 2006다29358 판결 참조).

☗ 관련판례

갑 주식회사가 신용보증기관인 을이 발행한 신용보증서에 근거하여 병 은행과 여신거래약정을 체결하였고, 정과 무가 을의 신용보증채무 이행으로 인한 갑 회사의 구상채무에 대하여 연대보증 하였는데, 이후 갑 회사가 을 및 병 은행과 신용보증약정 보증기간 및 여신거래 약정기한을 연장하면서 무와 기가 갑 회사의 을에 대한 구상채무를 연대보증한 사안에서, 을의 신용보증은 갑 회사의 병 은행에 대한 채무를 보증하는 근보증이고, 정의 보증계약도 을이 위와 같은 보증계약을 이행함에 따른 갑 회사의 불확정한 구상채무를 보증하는 계속적 보증계약에 해당함에도, 이와 달리 을의 신용보증이 개별보증임을 전제로 정이 보증책임을 부담하여야 한다고 본 원심판결에 법리오해의 위법이 있다(대법원 2014.4.10. 선고 2011다53171 판결).

■ 대리권 없는 남편이 처의 대리로 체결한 연대보증계약과 표현대리한 경우 보증책임을 부담할 수밖에 없는지요?

Q. 甲은 乙회사와 대리점계약을 체결한 후 처인 丙이 대리점계약에 의한 甲의 채무를 연대보증 한다는 내용에 丙의 인감도장이 날인된 丙 명의의 연대보증각서와 대리 발급된 丙의 인감증명서를 제출하였는데, 위 대리점계약이 종료된 후 乙회사가 丙에게 물품대금의 보증채무 이행을 청구한 경우 丙이 보증책임을 부담할 수밖에 없는지요?

A. 민법상 부부간에는 일상가사에 관하여 서로 대리권이 있으므로(민법 제827조 제1항), 부부일방이 일상가사에 관하여 채무를 부담한 경우에는 다른 일방도 이로 인한 채무에 대하여 연대책임이 있습니다(민법 제832조). 그리고 대리인이 그 권한 외의 법률행위를 한 경우에 제3자가 그 권한이 있다고 믿을 만한 정당한 이유가 있는 때에는 본인은 그 행위에 대하여 책임이 있습니다(민법 제126조).

그런데 처가 특별히 대리권을 받은 바 없이 남편을 대리하여 보증을 한 경우, 권한을 넘은 표현대리성립여부에 관하여 판례를 보면, 타인의 채무에 대한 보증행위는 그 성질상 아무런 반대급부 없이 오직 일방적으로 불이익만을 입는 것인 점에 비추어 볼 때, 남편이 처에게 타인의 채무를 보증함에 필요한 대리권을 수여한다는 것은 사회통념상 이례에 속하므로, 처가 특별한 수권 없이 남편을 대리하여 보증행위를 하였을 경우에 그것이 민법 제126조에서 정한 표현대리가 되려면 처에게 일상가사대리권이 있었다는 것만이 아니라 상대방이 처에게 남편이 그 행위에 관한 대리의 권한을 주었다고 믿었음을 정당화할 만한 객관적인 사정이 있어야 하고, 처가 임의로 남편의 인감도장과 용도란에 아무런 기재 없이 대리방식으로 발급받은 인감증명서를 소지하고 남편을 대리하여 친정오빠의 할부판매보증보험계약상의 채무를 연대보증 한 경우, 남편의 표현대리책임을 부정한 사례가 있습니다(대법원 1998.7.10. 선고 98다18988 판결).

또한, 남편이 식품회사와 대리점계약을 체결한 후 그 회사에 '처가 대리점계약에 의한 남편의 채무를 연대보증한다.'는 내용에 처의 인감도장이 날인된 처 명의의 연대보증각서와 대리 발급된 처의 인감증명서를 제출한 사안에서, 그와 같은 연대보증각서의 제출이나 그 각서제출 전 남편이 체결한 보증보험계약에 처가 직접 연대보증 하였다는 사정만으로 처가 남편에게 연대보증에 관한 대리권을 수여하였다고 보기 어렵다고 한 사례가 있습니다(대법원 2009.12.10. 선고 2009다66068 판결).

그렇다면 위 사안의 경우에도 위 판례의 취지에 비추어 볼 때 乙이 남편인 甲에게 그 행위에 관한 대리의 권한을 주었다고 믿었음을 정당화할 만한 객관적인 사정이 있지 않는 한 丙은 甲이 대리권 없이 작성·교부한 연대보증각서에 대한 보증책임을 부담하지 않을 것으로 보입니다.

⚖ 관련판례

금융기관으로부터 대출을 받으면서 제3자가 자신의 명의를 사용하도록 한 경우에는 그가 채권자인 금융기관에 대하여 주채무자로서 책임을 지는지와 관계없이 내부관계에서는 실질상의 주채무자가 아닌 한 연대보증책임을 이행한 연대보증인에 대하여 당연히 주채무자로서의 구상의무를 부담한다고 할 수는 없고, 연대보증인이 제3자가 실질적 주채무자라고 믿고 보증을 하였거나 보증책임을 이행하였고, 그와 같이 믿은 데에 제3자에게 귀책사유가 있어 제3자에게 책임을 부담시키는 것이 구체적으로 타당하다고 보이는 경우 등에 한하여 제3자가 연대보증인에 대하여 주채무자로서의 전액 구상의무를 부담하며, 이는 물상보증의 경우에도 마찬가지로 보아야 한다(대법원 2014.4.30. 선고 2013다80429,80436 판결).

■ 판결의 확정과 연대보증채무의 소멸시효기간이 연장되는지요?

Q. 甲은 상인으로서 乙에게 상품을 판매하였고 丙이 위 판매대금에 관하여 연대보증을 하였는데, 만약 甲이 乙을 상대로 매매대금 청구소송을 제기하여 승소판결이 확정되어 소멸시효기간이 10년으로 연장되었다면 丙에 관하여도 자동으로 소멸시효기간이 연장되는지요?

A. 「민법」제163조 제6호에 의하면 "생산자 및 상인이 판매한 생산물 및 상품의 대가"은 3년간 행사하지 아니하면 소멸시효가 완성합니다. 그러나, 「민법」제165조 제1항에 의하면 판결에 의하여 확정된 채권은 단기의 소멸시효에 해당한 것이라도 그 소멸시효는 10년으로 하는 바, 만약 甲이 乙을 상대로 매매대금 청구소송을 제기하여 승소판결이 확정되었다면 甲의 乙에 대한 매매대금 채권의 소멸시효기간은 3년에서 10년으로 연장됩니다.

다만, 주채무에 관한 판결이 확정되어 소멸시효가 10년으로 연장된 경우, 보증채무의 소멸시효기간도 10년으로 연장되는 보아야 하는지 의문이 있을 수 있으나, 이에 관하여 대법원은 "민법 제165조가 판결에 의하여 확정된 채권, 판결과 동일한 효력이 있는 것에 의하여 확정된 채권은 단기의 소멸시효에 해당한 것이라도 그 소멸시효는 10년으로 한다고 규정하는 것은 당해 판결 등의 당사자 사이에 한하여 발생하는 효력에 관한 것이고 채권자와 주채무자 사이의 판결 등에 의해 채권이 확정되어 그 소멸시효가 10년으로 되었다 할지라도 위 당사자 이외의 채권자와 연대보증인 사이에 있어서는 위 확정판결 등은 그 시효기간에 대하여는 아무런 영향도 없고 채권자의 연대보증인의 연대보증채권의 소멸시효기간은 여전히 종전의 소멸시효기간에 따른다."고 판시한 바 있습니다(대법원 1986.11.25. 선고 86다카1569 판결 참조). 그렇다면, 甲이 乙을 상대로 매매대금 청구소송을 제기하여 승소판결이 확정되어 소멸시효기간이 10년으로 연장되었다고 하더라도, 채권자 甲의 연대보증인 丙에 대한 채권의 소멸시효기간은 종전의 소멸시효기간인 3년으로 보아야 할 것입니다.

⚖ 관련판례 1

갑 새마을금고가 을 등의 연대보증 아래 병에게 가계일반자금대출을 하였으나 병이 상환기일이 지나서도 대출금을 변제하지 못하자 병을 상대로 대출원리금 등의 지급을 구한 사안에서, 대출금이 병에 대한 가계자금대출의 외관을 갖추고 있지만 실질은 을이 대표이사로 있는 건설회사의 아파트 등 신축공사에 대한 계획대출이고, 실질적 채무자는 상인인 을 등으로 보이는 점 등에 비추어, 갑 금고의 대출행위는 금고의 회원에 대한 대출행위라는 외양을 빌렸으나 실질은 영리를 목적으로 하는 상행위에 해당하므로, 그로 인하여 발생한 대출원리금채권은 상사채권에 해당하여 5년의 소멸시효기간이 적용된다(서울서부지방법원 2015.9.10. 선고 2014나4907 판결).

⚖ 관련판례 2

건설자재 등 판매업을 하는 갑이 을 주식회사를 상대로 제기한 물품대금 청구소송에서 갑 승소판결이 확정된 후 병이 을 회사의 물품대금채무를 연대보증한 사안에서, 상인인 갑이 상품을 판매한 대금채권에 대하여 병으로부터 연대보증을 받은 행위는 반증이 없는 한 상행위에 해당하고, 따라서 갑의 병에 대한 보증채권은 특별한 사정이 없는 한 상사채권으로서 소멸시효기간은 5년이라고 한 사례(대법원 2014.6.12. 선고 2011다76105 판결).

■ 채권자의 우선변제권 확보 후 연대보증인의 재산처분이 사해행위인지요?

Q. 甲은 乙이 丙으로부터 돈을 빌리는데 연대보증을 서주었고, 丙은 乙의 부동산에 차용금을 초과하는 채권최고금액으로 근저당권을 설정하였음은 물론 그 부동산가액도 丙의 채권을 변제하기에 충분합니다. 그런데 최근 연대보증인 甲이 그의 유일한 재산인 부동산을 그의 처 丁에게 증여하자 丙은 사해행위라고 주장하면서 그 증여계약취소를 청구하겠다고 합니다. 이러한 경우에도 사해행위가 되는지요?

A. 채권자취소에 대해 민법에서 채무자가 채권자를 해함을 알고 재산권을 목적으로 한 법률행위(사해행위)를 한 때에는 채권자는 그 취소 및 원상회복을 법원에 청구할 수 있고, 다만 그 행위로 인하여 이익을 받은 자나 전득한 자가 그 행위 또는 전득당시에 채권자를 해함을 알지 못하는 경우에는 그러하지 아니하며, 이러한 소송은 채권자가 취소원인을 안 날로부터 1년, 법률행위 있은 날로부터 5년 내에 제기하여야 한다고 규정하고 있습니다(민법 제406조).

그런데 주채무자 또는 제3자소유의 부동산에 대하여 채권자 앞으로 근저당권이 설정되어 있고, 그 부동산가액 및 채권최고액이 그 채무액을 초과하여 채무전액에 대하여 채권자에게 우선변제권이 확보되어 있는 경우, 연대보증인이 자신의 유일한 재산을 처분한 행위가 사해행위에 해당하는지 판례를 보면, 주채무자 또는 제3자소유의 부동산에 관하여 채권자 앞으로 근저당권이 설정되어 있고, 그 부동산가액 및 채권최고액이 당해 채무액을 초과하여 채무전액에 대하여 채권자에게 우선변제권이 확보되어 있다면 그 범위 내에서는 채무자의 재산처분행위가 채권자를 해하지 아니하므로, 연대보증인이 비록 유일한 재산을 처분하는 법률행위를 하더라도 채권자에 대하여 사해행위가 성립하지 않는다고 보아야 하고, 그 채무액이 부동산가액 및 채권최고액을 초과하는 경우에는 그 담보물로부터 우선변제 받을 금액을 공제한 나머지 채권액에 대하여만 채권자취소권이 인정되고, 이 경우 피보전채권의 존재와 범위는 채권자취소권행사의 한 요건에 해당하므로, 채권자취소권을 행사하는 채권자는 자신이 주장하는 피보전채권이 담보권존재에도 불구하고 우선변제권범위 밖에 있다는 점을 주장·입증하여야 한다고 하였습니다(대법원 2010.1.28. 선고 2009다30823 판결). 그리고 연대보증인의 법률행위가 사해행위인지 판단함에 있어서 주채무에 관하여 주채무자 또는 제3자소유의 부동산에 대하여 채권자 앞으로 근저당권이 설정되어 있는 등으로 채권자에게 우선변제권이 확보되어 있는 경우가 아닌 이상, 주채무자의 일반적인 자력은 고려할 요소가 아니라고 하였습니다(대법원 2003.7.8. 선고 2003다13246 판결). 따라서 위 사안에서 甲의 丁에 대한 부동산증여행위는 사해행위라고 보기 어려울 것으로 보입니다.

참고로 채권자가 채무자소유 부동산에 근저당권을 설정 받아 채권전액에 대한 우선변제권을 확보하고 있는 경우, 그 보증인이 채무자에 대한 사전구상채권을 피보전권리로 삼아 채무자의 다른 재산처분행위에 대하여 사해행위로 취소를 구할 수 있는지에 관하여 판례를 보면, 채무자가 다른 재산을 처분하는 법률행위를 하더라도 채무자소유의 부동산에 채권자 앞으로 근저당권이 설정되어 있고 그 부동산가액 및 채권최고액이 당해 채권액을 초과하여 채권자에게 채권전액에 대한 우선변제권이 확보되어 있다면, 그러한 재산처분행위는 채권자를 해하지 아니하므로 채권자에 대하여 사해행위가 성립하지 않고, 이러한 경우 주채무의 보증인이 있더라도 채무자가 보증인에 대하여 부담하는 사전구상채무를 별도로 소극재산으로 평가할 수는 없고, 보증인이 변제로 채권자를 대위할 경우 자기 권리에 의하여 구상할 수 있는 범위에서 채권 및 그 담보에 관한 권리를 행사할 수 있으므로, 사전구상권을 피보전권리로 주장하는 보증인에 대하여도 사해행위가 성립하지 않는다고 하였습니다(대법원 2009.6.23. 선고 2009다549 판결).

상가 분양자인 갑 주식회사가 을 은행과 수분양자들에 대한 중도금 대출에 관하여 대출업무약정을 체결하면서 수분양자들의 대출금 채무를 연대보증하기로 하였고, 이에 따라 수분양자인 병의 을 은행에 대한 대출금 채무의 연대보증인이 되었는데, 갑 회사가 을 은행에 주채무자인 수분양자들의 개별 동의 없이 대출의 만기연장을 요청하면서 그로 인하여 발생하는 모든 문제를 책임지기로 하였고, 그 후 갑 회사가 병과 분양계약을 합의해제하면서 대출금의 상환을 책임지기로 약정하였으나, 대출금을 상환하지 아니한 채 계속하여 만기를 연장하면서 이자만을 납부하였으며, 을 은행은 병에 대하여 시효중단 등의 조치를 취하지 아니하여 병의 대출금 채무가 시효완성된 사안에서, 보증채무의 부종성을 부정하여야 할 특별한 사정이 있다고 보아 갑 회사가 주채무의 시효소멸을 이유로 보증채무의 소멸을 주장할 수 없다고 본 원심판결에 법리오해 등의 잘못이 있다(대법원 2018.5.15. 선고 2016다211620 판결).

■ 연대보증인의 사해행위에 있어서 사해의사의 판단기준은?

Q. 甲은 乙회사의 丙에 대한 대여금채무에 대하여 연대보증을 해주었는데, 甲은 乙회사의 재무상태에 관하여는 전혀 알지 못하고 乙회사의 대표의 부탁에 의하여 연대보증을 해주었을 뿐입니다. 그런데 최근 甲이 그의 유일한 부동산을 아들 丁에게 증여하자 丙이 사해행위취소의 소를 제기하겠다고 합니다. 이처럼 연대보증인 甲이 주채무자인 乙회사의 자산상태가 채무를 담보하는데 부족이 생기게 되리라는 것을 알지 못한 경우에도 사해행위가 될 수 있는지요?

A. 채권자취소에 대해 민법에서 채무자가 채권자를 해함을 알고 재산권을 목적으로 한 법률행위(사해행위)를 한 때에는 채권자는 그 취소 및 원상회복을 법원에 청구할 수 있으나, 그 행위로 인하여 이익을 받은 자나 전득한 자가 그 행위 또는 전득당시에 채권자를 해함을 알지 못하는 경우에는 그렇지 않다고 정하고 있습니다(민법 제406조 제1항). 여기서 '채무자가 채권자를 해함을 알고'의 의미, 즉 채권자취소권의 주관적 요건인 사해의사란 채무자가 법률행위를 함에 있어 그 채권자를 해함을 안다는 것이고, '안다'고 함은 의도나 의욕을 의미하는 것이 아니라 단순한 인식으로 충분하며, 결국 사해의사란 공동담보부족에 의하여 채권자가 채권변제를 받기 어렵게 될 위험이 생긴다는 사실(채무자의 재산처분행위에 의하여 그 재산이 감소되어 채권의 공동담보에 부족이 생기거나, 이미 부족상태에 있는 공동담보가 한층 더 부족하게 됨으로써 채권자의 채권을 완전하게 만족시킬 수 없게 된다는 사실)을 인식하는 것이며, 이러한 인식은 일반 채권자에 대한 관계에서 있으면 충분하고, 특정채권자를 해한다는 인식이 있어야 하는 것은 아닙니다(대법원 2009.3.26. 선고 2007다63102 판결).

그런데 연대보증채무자의 사해행위에 있어서 사해의사가 있었는지의 판단기준에 관하여 판례를 보면, 연대보증인에게 부동산의 매도행위 당시 사해의사가 있었는지는 연대보증인이 자신의 자산상태가 채권자에 대한 연대보증채무를 담보하는 데 부족하게 되리라는 것을 인식하였는가 하는 점에 의하여 판단하여야 하고, 연대보증인이 주채무자의 자산상태가 채무를 담보하는 데 부족하게 되리라는 것까지 인식하였어야만 사해의사를 인정할 수 있는 것은 아니며, 채무자가 자기의 유일한 재산인 부동산을 매각하여 소비하기 쉬운 금전으로 바꾸는 행위는 특별한 사정이 없는 한 채권자에 대하여 사해행위가 되므로 채무자의 사해의사는 추정되는 것이고, 이를 매수한 자가 선의라는 입증책임은 수익자에게 있다고 하였습니다(대법원 2010.6.10. 선고 2010다12067 판결). 또한, 채무자의 재산처분행위가 사해행위가 되는지는 처분행위당시를 기준으로 판단하여야 한다고 하였는데(대법원 2011.1.13. 선고 2010다71684 판결), 사해성 요건은 행위당시는 물론 채권자가 취소권을 행사할 당시(사해행위취소소송의 사실심 변론종결 된 때)에도 갖추고 있어야 하므로, 처분행위당시에는 채권자를 해하는 것이었더라도 그 후 채무자가 자력을 회복하거나 채무가 감소하여 취소권행사를 할 때에 채권자를 해하지 않게 되었다면, 채권자취소권에 의하여 책임재산을 보전할 필요성이 없으므로 채권자취소권은 소멸한다고 하였습니다(대법원 2009.3.26. 선고 2007다63102 판결).

따라서 위 사안에서 甲의 丁에 대한 그의 유일한 부동산의 증여행위가 채권자취소권의 다른 요건을 모두 갖춘 경우라면, 甲이 乙회사의 재무상태를 알지 못하여 乙회사의 자산상태가 丙의 채권을 담보하는데 부족이 생기게 되리라는 것을 알지 못하였다는 사정만으로 甲의 丁에 대한 그의 유일한 부동산의 증여행위가 사해행위가 아니라고는 할 수 없을 것으로 보입니다.

■ 할부구입자동차가 양도된 경우 할부금에 대한 연대보증인의 책임은?

Q. 저는 甲이 8톤 덤프트럭을 36개월 할부로 구입할 때 乙과 함께 그 할부금지급채무에 대하여 연대보증을 섰는데, 甲은 할부금을 4회 납입한 후 그 트럭을 丙에게 양도하면서 나머지 할부금은 丙이 납입하기로 약정하였으나, 丙은 위 약정에 위배하여 할부금을 여러 차례 연체하였으므로, 할부금융사에서는 저의 부동산을 가압류하고 위 트럭의 할부금 잔액전부와 연체이자 등을 지불하라고 하는데 제가 모두 변제해야 하는지요?

A. 채무인수와 보증 등에 관하여 민법에서, 전 채무자의 채무에 대한 보증이나 제3자가 제공한 담보는 채무인수로 인하여 소멸하지만, 보증인이나 제3자가 채무인수에 동의한 경우에는 그렇지 않다고 규정하고 있습니다(민법 제459조). 그리고 채무인수에는 중첩적 채무인수(또는 병존적 채무인수, 종전채무자와 신채무자가 함께 채무를 부담하는 경우)와 면책적 채무인수(종전채무자는 채무관계에서 탈퇴하여 채무를 면하고 신채무자가 채무를 부담하게 되는 경우)가 있는데, 채무인수가 면책적인지, 중첩적인지는 채무인수계약에 나타난 당사자의 의사해석에 관한 문제이며(대법원 2010.9.30. 선고 2009다65942, 65959 판결), 채무인수에 있어서 면책적 채무인수인지, 중첩적 채무인수인지 분명하지 아니한 때에는 이를 중첩적으로 인수한 것으로 보게 되고(대법원 2002.9.24. 선고 2002다36228 판결), 면책적 채무인수로 보기 위해서는 채권자의 승낙이 있어야 하는데(대법원 2008.9.11. 선고 2008다39663 판결), 민법 제459조는 면책적 채무인수의 경우에 한하여 적용되는 것일 뿐, 중첩적 채무인수의 경우에는 적용되지 않습니다(대전고등법원 2003.6.12. 선고 2002나2070 판결). 그런데 판례를 보면, 면책적 채무인수란 채무의 동일성을 유지하면서 이를 종전채무자로부터 제3자인 인수인에게 이전하는 것을 목적으로 하는 계약이고, 채무인수로 인하여 종전채무가 소멸하는 것이 아니며, 민법 제459조 단서의 채무인수에 대한 동의는 인수인을 위하여 새로운 담보

를 설정하도록 하는 의사표시를 의미하는 것이 아니라 기존담보를 인수인을 위하여 계속시키는데 대한 의사표시를 의미하는 것이므로, 물상보증인이 채무인수에 동의함으로써 소멸하지 아니하는 담보는 당연히 기존담보와 동일내용을 갖는 것이고(대법원 1996.10.11. 선고 96다27476 판결), 인수인이 다른 원인으로 부담하게 된 새로운 채무까지 담보하는 것으로 볼 수 없다고 하였습니다(대법원 2000.12.26. 선고 2000다56204 판결).

다음으로 채무인수와 유사한 것으로서 이행인수가 있는데, 이행인수는 인수인이 채무자에 대하여 그 채무를 이행할 것을 약정하는 채무자와 인수인 사이의 계약으로서, 인수인은 채무자와 사이에 채권자에게 채무를 이행할 의무를 부담하는데 그치고 직접 채권자에 대하여 채무를 부담하는 것이 아니므로, 채권자는 직접 인수인에 대하여 채무를 이행할 것을 청구할 수 없고, 다만 채무자의 인수인에 대한 청구권을 채권자가 대위행사 할 수 있을 뿐이며(대법원 2009.6.11. 선고 2008다75072 판결), 채무자는 채권자에 대하여 채무를 면하지 못하므로 이행인수가 있었더라도 채무자의 보증인은 보증책임이 소멸되지 않습니다. 참고로 판례를 보면, 인수약정이 이행인수에 불과한지 아니면 병존적 채무인수를 구별함에 있어서 그 판별기준은, 계약당사자에게 제3자 또는 채권자가 계약당사자 일방 또는 인수인에 대하여 직접 채권을 취득하게 할 의사가 있는지 여부에 달려 있고, 구체적으로는 계약체결의 동기, 경위 및 목적, 계약에 있어서의 당사자의 지위, 당사자 사이 및 당사자와 제3자 사이의 이해관계, 거래관행 등을 종합적으로 고려하여 그 의사를 해석하여야 하고, 인수대상으로 된 채무의 책임을 구성하는 권리관계도 함께 양도된 경우이거나 인수인이 그 채무부담에 상응하는 대가를 얻을 때에는 특별한 사정이 없는 한 원칙적으로 이행인수가 아닌 병존적 채무인수로 보아야 할 것이라고 하였습니다(대법원 2010.2.11. 선고 2009다73905 판결).

그렇다면 위 사안에서 甲의 할부금융사에 대한 채무를 丙이 인수키로 하는 약정이 면책적 채무인수인지 또는 중첩적 채무인수인지, 아니면 이행인수인지가 문제되는데, 만일 할부금융사가 위 인수약정을 승낙하지 않아 면책적 채무인수가 아니라 이행인수로 보아야 한다면, 귀하는 甲의 연대보증인으로서 甲과 丙 사이에 위와 같은 이행인수가 있었다고 하여도 연대보증인으로서 할부금융사의 청구에 응해야 할 것이고, 다만 주채무자인 甲에 대해서는 귀하가 할부금융사에 변제한 금액을 구상할 수 있고, 공동보증인인 乙에 대하여도 그 부담부분에 관한 특약이 없는 한 균등부담이므로 변제액의 반액을 청구할 수 있을 것입니다(대법원 2009.6.25. 선고 2007다70155 판결).

■ **연대보증계약에서 주채무자가 바뀐 경우 연대보증인의 책임이 있는지요?**

Q. 저는 수개월 전 甲이 은행대출을 받는다면서 보증을 요청해와 甲이 가져온 대출약정서의 연대보증인란에 서명·날인하고 인감증명서를 교부하였는데, 최근 은행으로부터 채무자 乙의 채무불이행으로 제가 보증채무를 갚아야 한다는 통지가 왔습니다. 제가 보증인으로서 서명·날인할 때에는 채무자란이 비어 있었는데, 甲이 저를 속인 것으로 보이고, 乙은 甲보다 재산상태가 훨씬 열악합니다. 이 경우에도 제가 보증인으로서의 책임을 져야 하는지요?

A. 사기·강박에 의한 의사표시에 관하여 민법에서, 사기나 강박에 의한 의사표시는 취소할 수 있고, 상대방 있는 의사표시에 관하여 제3자가 사기나 강박을 행한 경우에는 상대방이 그 사실을 알았거나 알 수 있었을 경우에 한하여 그 의사표시를 취소할 수 있다고 규정하고 있습니다(민법 제110조 제1항 제2항). 위 사안에서 채무자란이 공백인 상태에서 甲을 위하여 보증을 해달라는 요청을 받고 甲에게 보증을 선다는 의사로써 보증하였는데, 甲이 그것을 乙에 대한 보증행위로 바꾸었다면 그것은 甲의 사기행위라고 볼 여지도 있으나, 은행이 그러한 사실을 알았거나 알 수 있었을 경우가 아니라면 귀하가 은행에 대하여 甲의 사기를 이유로 대출보증계약을 취소할 수 없을 것으로 보입니다.

또한, 권한을 넘은 표현대리에 관하여 민법에서, 대리인이 그 권한 외의 법률행위를 한 경우에 제3자가 그 권한이 있다고 믿을 만한 정당한 이유가 있는 때에 본인은 그 행위에 대하여 책임이 있다고 규정하고 있는데(민법 제126조), 주채무자가 바뀐 보증계약의 보증인책임에 관하여 판례를 보면, '보험회사를 대리하거나 보험계약체결을 보조하는 지위'에 있는 자동차판매회사의 영업사원이 자동차구매자의 연대보증인으로부터 교부받은 보증관계서류를 임의로 다른 구매자를 위한 할부판매보증보험의 연대보증계약에 사용한 경우에는 표현대리의 성립을 부인한 바 있지만(대법원 1998.4.10. 선고 97다55478 판결), 승용차할부매매계약과 보증보험계약상 甲의 연대보증인이 되기로 한 乙이 백지의 보증보험약정서 상 연대보증인란에 인감도장을 날인하고 甲에게 인감증명서와 인감도장을 건네주었는데, 甲이 丙을 구입자로 하여 할부매매계약 및 보증보험계약을 체결한 경우 권한을 넘은 표현대리의 성립을 인정한 사례가 있으며(대법원 1992.10.13. 선고 92다31781 판결, 2001.2.9. 선고 2000다54918 판결, 2002.3.26. 선고 2002다2478 판결), 지입차주가 지입회사명의로 리스 하는 덤프트럭에 관하여 리스보증보험계약상 연대보증을 위하여 보증인의 인감증명서를 제출하였는데, 지입회사가 잘못하여 그 서류를 다른 지입차주가 같은 지입회사명의로 리스 할 덤프트럭에 관한 리스보증보험계약을 체결하는데 사용한 경우 보증인의 표현대리책임을 인정한 사례가 있습니다(대법원 1995.9.5. 선고 95다20973 판결).

그렇다면 위 사안에서 은행이 위 대출약정서 연대보증인란의 작성이 정당하게 작성된 것이라고 믿을 만한 정당한 이유가 있는 때에 해당된다면 귀하는 보증인으로서의 책임을 면하기 어려울 것이나, 다만 은행이 그러한 사실을 미리 알고 있었다는 점이 입증된다면 책임을 면하게 될 여지도 있는 것으로 보입니다. 그리고 귀하가 보증책임을 부담할 경우, 甲을 상대로 하여 甲의 사기 행위를 입증하여 불법행위로 인한 손해배상을 청구할 수 있을 것입니다.

참고로 민법 제126조의 표현대리에서 대리권이 있다고 믿은 데 '정당한 이유'가 있는지 에 관련된 판례를 보면, 민법 제126조에서 말하는 권한을 넘은 표현대리의 효과를 주장하려면 자칭 대리인이 본인을 위한다는 의사를 명시 또는 묵시적으로 표시하거나 대리의사를 가지고 권한 외의 행위를 하는 경우에 상대방이 자칭 대리인에게 대리권이 있다고 믿고 그처럼 믿는 데 정당한 이유가 있을 것을 요건으로 하는 것인데, 여기서 정당한 이유의 존부는 자칭 대리인의 대리행위가 행하여질 때에 존재하는 모든 사정을 객관적으로 관찰하여 판단하여야 하고, 금융기관이 채무자 본인의 서명날인 또는 채무자의 보증의사확인 등 계약체결에 관한 사무처리규정을 마련하여 둔 경우에는 연대보증계약을 체결하면서 그러한 사무처리규정을 준수하였는지 여부가 표현대리에서 정당한 이유가 있는지 여부를 판단하는 요소가 될 수 있다고 하였습니다(대법원 2009.2.26. 선고 2007다30331 판결).

☗☗ 관련판례

갑 주식회사로부터 공장신축공사를 도급받은 을 주식회사가 공사에 필요한 레미콘을 병 주식회사로부터 공급받기 위한 계약서를 작성할 무렵 갑 회사의 대리인인 정 또는 그의 허락을 받은 무가, 을 회사가 병 회사에 대하여 현재 및 장래에 부담하는 레미콘대금 지급의무를 연대보증할 의사로 계약서의 연대보증인란에 갑 회사의 명판과 법인인감도장을 날인하였는데, 당시 계약서에 계약기간, 현장명, 대금지급조건, 레미콘의 규격과 ㎥당 단가 등은 기재되어 있었으나, 총레미콘의 공급량이나 보증채무의 최고액은 기재되어 있지 않았던 사안에서, 갑 회사의 보증의사가 표시된 계약서에 보증채무의 최고액이 특정되었다고 할 수 없는데도, 이와 달리 본 원심판단에 법리오해의 잘못이 있다(대법원 2019.3.14. 선고 2018다282473 판결).

■ 동일 채무에 대하여 연대보증과 근저당권설정등기를 해준 경우 그 효력은?

Q, 저는 2년 전 친구 甲이 乙로부터 3,000만원을 차용할 때 丙과 함께 연대보증을 해주면서 저의 부동산에 채권최고금액 3,000만원인 근저당권을 설정해주었는데, 甲은 위 채무를 단 한 푼도 갚지 않았고, 乙은 위 근저당권을 실행하여 저의 부동산을 경매처분하면서 그 매각대금으로부터 3,000만원을 배당 받았으나, 乙은 저에게 연대보증책임을 물어 3,000만원이 초과된 지연이자에 대하여도 다시 청구하겠다고 합니다. 이 경우 저는 근저당권의 채권최고액에 대하여만 책임이 있는 것이 아닌지요?

A, 보증인의 채무범위에 관하여 민법에서 보증채무는 주채무의 이자, 위약금, 손해배상 기타 주채무에 종속한 채무를 포함하고, 보증인은 그 보증채무에 관한 위약금 기타 손해배상액을 예정할 수 있다고 규정하고 있습니다(민법 제429조).

그런데 위 사안과 같이 보증인으로서의 지위를 가짐과 동시에 보증인소유 부동산에 근저당권을 설정해 줌으로써 그 채무범위가 달라질 수 있는지 문제될 수 있는데, 이에 관하여 판례를 보면, 동일한 사람이 동일채권의 담보를 위하여 연대보증계약과 근저당권설정계약을 체결한 경우라 하더라도, 그 두 계약은 별개의 계약이므로 연대보증책임의 범위가 근저당권의 채권최고금액의 범위 내로 제한되기 위해서는 이를 인정할 만한 특별한 사정의 존재가 입증되어야 하는 것이라고 하였습니다(대법원 1993.7.13. 선고 93다17980 판결).

그리고 연대보증채무는 분별의 이익(공동보증에 있어서 공동보증인은 주채무액을 분할한 그 일부분에 대해서만 채무를 부담하는 보증인의 이익)이 없으므로 연대보증인이 수인일지라도 그 1인이 주채무의 전부를 변제할 의무가 있는 것입니다. 따라서 귀하는 연대보증책임범위가 근저당권의 채권최고금액의 범위 내로 제한되는 특별한 사정의 존재를 입증하지 못하는 한 그 지연이자에 대하여서도 변제할 수밖에 없을 것이며,

甲에게 귀하가 변제한 금전 등의 구상을 청구할 수 있음은 물론이고, 다른 연대보증인인 丙에게는 특별히 정한 바가 없다면 변제금의 절반을 구상할 수 있을 뿐입니다(대법원 2009.6.25. 선고 2007다70155 판결).

참고로 계속적 거래관계로부터 장래 발생하는 불특정채무를 보증하는 근보증을 하고 아울러 그 불특정채무를 담보하기 위해 동일인이 근저당권설정등기를 하여 물상보증도 하였을 경우, 이 근저당권피담보채무와 근보증에 의하여 담보되는 주채무가 별개의 채무인가 아니면 그와는 달리 근저당권에 의하여 담보되는 채권이 위 근보증에 의하여도 담보되는 것인가의 문제는 계약당사자의 의사해석문제이고, 채무자의 채권자에 대한 불특정채무를 담보하기 위하여 제3자가 자신의 부동산에 근저당권설정등기를 하고 다음날 그 피담보채무를 한도로 근보증계약을 체결한 경우, 근저당권피담보채무와 근보증에 의하여 담보되는 주채무는 별개의 채무가 아니라 동일채무로서 채무액수는 근저당권채권최고액 겸 근보증보증한도액에 한정된다고 한 사례가 있습니다(대법원 2005.4.29. 선고 2005다3137 판결).

■ 연대보증에서 합의가 채무승인에 해당하나요?

Q. 저는 갑이 을에게 지고 있는 채무에 대하여 연대보증을 서 주었습니다. 그런데 소멸시효가 지난 후 어느 날 을이 저에게 위 연대보증금을 지급하라는 지급명령을 보내오면서 제 차량을 가압류해야 한다는 것입니다. 위 지급명령서에 나타난 주채무자는 갑이 아니었지만, 저는 차량 대여업을 하고 있었기에 차량을 가져가면 제게 큰 손실이 나서 그냥 을에게 총 채무액 중 반을 줄 테니 위 보증채무는 없던 것으로 하자고 합의를 제안하였습니다. 하지만 을은 이를 받아들이지 않았고 민사소송까지 제기하였습니다. 그러기에 저는 위 지급명령은 주채무자가 다르기에 제 의사에 반한 것이고, 이는 사기나 착오를 이유로한 취소사유에 해당하며 주채무에 대한 소멸시효가 이미 완성되었다고 주장하고 있으며 현재 위 지급명령서의 주채무자를 위조한 혐의로 고소를 준비하고 있습니다. 이에 반하여 갑은 소멸시효 완성후에 제가 위와 같은 합의를 제안하였기에 이는 채무승인에 해당한다고 주장하고 있습니다. 제가 제의한 합의가 채무승인에 해당하나요?

A. 시효완성 후의 채무승인에 해당하기 위해서는 그 표시의 방법에 아무런 제한이 없어 묵시적인 방법으로도 가능하기는 하지만, 적어도 채무자가 채권자에 대하여 부담하는 채무의 존재에 대한 인식의 의사를 표시함으로써 성립하게 되고, 그러한 취지의 의사표시가 존재하는지 여부의 해석은 그 표시된 행위 내지 의사표시의 내용과 동기 및 경위, 당사자가 그 의사표시 등에 의하여 달성하려고 하는 목적과 진정한 의도 등을 종합적으로 고찰하여 사회정의와 형평의 이념에 맞도록 논리와 경험의 법칙, 그리고 사회일반의 상식에 따라 객관적이고 합리적으로 이루어져야 할 것이다(대법원 2008.7.24. 선고 2008다25299 판결)라고 대법원은 판시하고 있습니다.

이 사안의 경우 귀하께서는 계속 시효완성의 항변을 하고 있으시며, 위와 같은 합의를 제안한 것은 업무에 지장을 끼치지 않게 하기위해 어쩔 수 없이 제안하였으며, 그 제안마저 성사되지는 않았기에 위와 같은 협상과정의 한 단면만을 들어 귀하가가 갑에게 이 사건 연대보증채무를 부담하고 있다는 채무승인의 뜻을 확정적으로 표시한 것이라고 해석하기는 어렵다고 볼 것입니다.

🐾 관련판례

채무자 회생 및 파산에 관한 법률(이하 '채무자회생법'이라 한다) 제100조 제1항 제4호는 채무자의 관리인은 '채무자가 지급의 정지 등이 있은 후 또는 그 전 6월 이내에 한 무상행위 및 이와 동일시할 수 있는 유상행위'를 부인할 수 있다고 정하고 있다. 채무자회생법 제101조 제3항은 "제100조 제1항 제4호의 규정을 적용하는 경우 특수관계인을 상대방으로 하는 행위인 때에는 같은 호에 규정된 '6월'을 '1년'으로 한다."라고 정하여 부인 대상 행위의 기간을 확장하고 있다. 채무자회생법 제100조 제1항 제4호에 따른 부인 대상이 연대보증행위인 사안에서 부인 대상 행위의 기간을 확장하는 위 제101조 제3항이 적용되는 상대방이 특수관계인인 경우란, 그 연대보증행위의 직접 상대방으로서 보증에 관한 권리를 취득하여 이를 행사하는 채권자가 채무자의 특수관계인인 경우를 말한다. 비록 주채무자가 연대보증 채무자와 특수관계에 있더라도 연대보증행위의 상대방인 채권자가 연대보증 채무자의 특수관계인이 아닌 경우에는 위 제101조 제3항이 적용될 수 없다(대법원 2019.1.17. 선고 2015다227017 판결).

■ 물상보증과 연대보증의 피담보채무 중첩된 때 근저당권말소의 효력은?

Q. 甲은 乙회사의 이사로 재직하다 퇴직하였고, 乙회사에 재직할 때 乙회사의 丁회사에 대한 거래관계로 인한 채무에 관하여 甲의 부동산을 담보로 제공하면서 동시에 연대보증계약도 체결해주었는데, 甲이 乙회사에서 퇴직하였으므로 乙회사에서 丙의 부동산을 담보로 제공하고 甲의 부동산에 대한 근저당권은 말소시켰으나, 연대보증계약에 관해서는 아무런 언급이 없었습니다. 이 경우 위 근저당권이 말소되었으므로 甲의 연대보증계약도 해제되어 소급하여 효력을 상실하였다고 보아 甲이 위 근저당권말소 이전의 채무에 대하여도 보증책임을 면할 수 있는지요?

A. 계속적인 거래관계로부터 장래 발생할 불특정 채무를 연대보증하면서 동시에 그 불특정 채무를 담보하기 위하여 근저당권설정등기를 하여 물상보증도 한 경우, 연대보증에 의하여 담보되는 주채무와 근저당권의 피담보채무가 별개의 채무인가 또는 그와 달리 근저당권에 의하여 담보되는 채무가 연대보증에 의하여도 담보되는 것인가는 당사자의 의사해석의 문제라 할 것인데, 통상적으로는 연대보증계약과 물상보증계약이 서로 별개의 계약으로 법률상 부종성이 없어 물상보증계약이 해제되었다 하여 반드시 연대보증계약도 해제된다고 보기는 어려울 것입니다(대법원 2005.4.29. 선고 2005다3137 판결).

그런데 물상보증과 연대보증의 피담보채무의 중첩성이 인정될 경우 근저당권이 소멸하면 연대보증계약은 어떻게 될 것인지 판례를 보면, 물상보증과 연대보증의 피담보채무의 중첩성이 인정될 경우, 특히 근저당권이 담보하는 피담보채무와 연대보증계약상의 주채무가 동일한 것으로 보아야 할 경우에 달리 특별한 사정이 없는 한 근저당권의 소멸과 동시에 연대보증계약도 해지되어 '장래에 향하여 그 효력을 상실한다.'고 봄이 상당하므로 연대보증인은 위 해지 이전에 발생한 보증채무에 대하여는 연대보증계약을 해지하였다고 하더라도 면제 등의 특별한 사정이 없는 한 그 책임을 면할 수는 없다고 하였습니다(대법원 1997.11.14. 선고 97다34808 판결, 2004.7.9. 선고 2003다27160 판결).

따라서 위 사안에서 甲의 연대보증채무가 甲의 부동산에 설정해준 근저당권의 피담보채무와 동일한 것으로 본다고 하더라도 위 근저당권의 말소로 연대보증계약도 해지(이 경우에는 연대보증계약이 장래에 향하여 소멸되므로 그 해지 이전에 발생된 채무에 대하여는 보증책임을 부담하게 될 것임) 되었다고 주장해볼 수는 있을 것이지만, 해제(이 경우에는 연대보증계약이 연대보증계약 체결 시에 소급하여 효력이 상실되므로 해제 이전에 발생된 채무에 대해서도 보증책임을 면하게 될 것임)되었다고 주장할 수는 없을 것으로 보여 이미 발생한 보증채무에 대하여 책임을 질 수도 있습니다.

☜ 관련판례

갑이 을 주식회사로부터 신주인수권부사채를 인수하기로 하고, 그에 따라 을 회사가 갑에게 부담하는 채무를 담보하기 위하여 병 등은 연대보증을 하고 정 등은 근질권을 설정해 주었는데, 을 회사가 갑에게 사채원금 지급기한의 유예를 요청하자, 갑과 을 회사가 기존의 변제기한을 유예하고 이율을 변경하는 내용의 합의서를 작성하면서 병 등은 근질권설정자로 정 등은 연대보증인으로 기명날인한 사안에서, 병과 정 등을 비롯한 합의서에 기명날인한 당사자들은 모두 인수계약 당시와 마찬가지로 원래의 연대보증인 또는 근질권설정자의 지위를 유지하는 의사로 기명날인한 것이고, 위 합의서에 따른 합의는 작성 당사자 모두 인수계약에서 정한 지위를 그대로 유지하면서 기존의 변제기한과 이율에 관한 사항만 변경하는 내용으로 유효하게 성립하였다고 판단한 사례(대법원 2018.7.26. 선고 2016다242334 판결).

■ 근저당권설정계약서에 부동문자로 된 '연대보증' 문구의 효력은?

Q. 저는 3년 전 처남 甲이 乙회사와 가전제품대리점계약을 체결하고, 그 거래대금채무를 담보하기 위해 乙회사명의로 인쇄된 근저당권설정계약서의 근저당권설정자란에 서명·날인하였으며, 저의 부동산에 乙회사를 채권자로 하는 채권최고액 1억 5천만원의 근저당권설정등기를 해주었는데, 甲이 사업부진으로 2억원 가량의 외상대금을 갚지 못하자 乙회사는 저에게 연대보증인으로서 책임이 있으니 2억원의 연대보증채무를 이행하라고 합니다. 저는 근저당권설정계약서에 서명·날인할 때 1억 5천만원의 범위 내에서만 책임지는 줄로 알고 자세한 계약내용을 읽어보지 않았는데, '근저당설정계약서'라는 제목의 계약서 제14조에서 '근저당권설정자는 앞으로 채무자가 채권자에게 부담하게 되는 모든 채무에 대하여 연대보증책임을 진다'.라고 인쇄되어 있었습니다. 그러나 '연대보증계약서'라는 기재는 전혀 없었고, 당사자표시에도 '근저당권설정자'의 기재만 있을 뿐 '연대보증인'이라는 기재는 전혀 없었으며, 연대보증계약을 체결한다는 기재도 전혀 없었는데, 제가 乙회사 주장대로 甲의 외상대금채무전액에 대하여 연대보증책임을 부담하여야 하는지요?

A. 다른 사람의 채무를 담보하기 위한 방법으로서 많이 사용되는 것으로서 연대보증계약과 같은 인적 담보제도와 근저당권설정계약과 같은 물적 담보제도가 많이 사용되고 있으나, 연대보증계약과 근저당권설정계약은 전혀 별개의 계약이므로 근저당권설정계약을 체결하였다고 하여 연대보증책임까지 지는 것은 아닙니다. 그런데 귀하의 경우 근저당권설정자가 연대보증책임을 지기로 하는 내용이 포함되어 있는 근저당권설정계약서에 서명·날인을 하였기 때문에 과연 귀하가 근저당권설정계약 이외에 연대보증계약도 함께 체결하였는지가 문제입니다. 계약서와 같은 처분문서에 서명·날인을 하였다면 그 문서상에 기재되어 있는 내용이 그대로 인정되는 것이 원칙입니다. 그렇지만 그 처분문서의 내용과 다른 특별한 사

정이 있었다면 그 처분문서의 내용과 다른 사실을 인정할 수 있습니다. 그런데 귀하가 서명한 계약서는 제목이 '근저당권설정계약서'이고, 계약의 당사자란에도 '근저당권설정자'라고만 되어 있고 '연대보증인'이라는 기재가 없었으며, 귀하가 乙회사와 연대보증계약을 체결한다는 말도 전혀 없었는데, 위 계약서의 조항 중에 근저당권설정자가 연대보증인으로서의 책임을 진다는 문구가 기재되어 있었으므로, 위 조항은 근저당권설정계약에 관한 약정조항이 아니라 실질적으로는 근저당권설정계약과 독립된 별도의 연대보증계약을 체결한다는 내용이라 할 것입니다. 그렇다면 계약당사자인 乙회사가 귀하에게 귀하가 물적 담보책임뿐만 아니라 연대보증책임까지도 부담한다는 사실을 알려주지 않았다면, 귀하가 근저당권설정계약 이외에 연대보증계약까지도 아울러 체결하였다고 단정하기는 어려울 것입니다. 그리고 위 근저당권설정계약서는 이미 乙회사에서 약정조항을 부동문자로 기재하여 놓은 양식을 이용하여 작성한 것이므로 위 계약서의 조항은 약관의 규제에 관한 법률의 적용을 받게 되는 약관이라고 볼 수 있고, 위 연대보증책임부담약관은 계약의 중요한 내용이라 할 것입니다. 그런데 약관의 규제에 관한 법률에서는 약관의 중요한 내용을 고객에게 설명하여 주지 않는 경우에는 그 조항을 계약의 내용으로 삼을 수 없도록 하고 있습니다(약관의 규제에 관한 법률 제3조 제3항, 제4항). 그러므로 귀하로서는 근저당권설정계약 당시 연대보증계약을 체결할 의사가 전혀 없었다는 것, 위 계약 당시 乙회사로부터 연대보증책임부담에 대한 설명을 전혀 들은 바가 없었다는 사실 등 처분문서인 근저당권설정계약서에 기재된 내용과는 달리 귀하가 체결한 것은 근저당권설정계약뿐이고 연대보증계약은 체결하지 않았다고 인정할 만한 특별한 사정이 있었다는 점에 대하여 주장과 입증을 하여(대법원 1994.9.30. 선고 94다13107 판결), 乙회사의 청구를 배척하는 주장을 해보아야 할 것입니다. 2008.9.22.부터 보증인 보호를 위한 특별법에 따라 서면으로 이루어지지 않은 보증계약은 효력이 없게 되었지만, 위 법은 기업이 영위하는 사업과 관련된 타인의 채무에 대한 보증채무에는 적용되지 않으므로 귀하의 사안에서는 적용되지 않을 가능성이 높습니다. 한편, 민법의 개정으로 2016.2.4.부터는 보증계약 일반에 있어 서면으로 보증의사가 표시되어야 하며, 그렇지 않은 경우 효력의 발생이 없다고 정하게 되었습니다.

⚖ 관련판례

회생채권에는 채무자 회생 및 파산에 관한 법률 제138조 제2항이 규정하는 장래의 청구권도 포함되는데, 채무자의 연대보증인이 회생절차개시 후에 주채권자인 회생채권자에게 변제 등으로 연대보증채무를 이행함으로써 구상권을 취득한 경우, 연대보증계약이 채무자에 대한 회생절차개시 전에 체결되었다면 구상권 발생의 주요한 원인인 연대보증관계는 회생절차개시 전에 갖추어져 있는 것이므로, 연대보증계약 등에 근거한 구상권은 장래의 청구권으로서 회생채권에 해당한다(대법원 2015.4.23. 선고 2011다109388 판결).

■ 응급환자의 치료비에 대한 연대보증의 경우 보증책임범위를 감축할 수 있는지요?

Q. 교통사고로 중상을 입은 甲과 乙이 제가 근무하는 병원응급실에 입원하였는데, 그들은 즉시 응급수술을 받지 아니하면 생명이 위독한 상태였고, 가족들이 병원에 신속히 올 수 있는 사정도 아니었으므로, 저는 알고 지내던 乙의 치료비를 연대보증하면서 아무런 관계도 없는 甲의 치료비도 아울러 연대보증 해주었고, 병원에서도 입원보증금도 받지 아니한 채 甲에 대한 수술을 하였습니다. 그런데 甲의 치료비가 1,000여 만원이 되었는바, 제가 연대보증인으로서 그 채무전액에 대하여 책임을 져야 하는지요?

A. 원칙적으로 보증인은 보증계약에 따른 보증책임을 모두 져야 하지만, 보증을 서게 된 구체적 사정에 따라 보증책임을 제한하는 예외적인 경우도 있습니다. 한편, 민법에서 권리행사와 의무이행은 신의에 좇아 성실히 하여야 한다고 규정하고 있으며(민법 제2조 제1항), 이러한 신의성실의 원칙은 법률관계 당사자가 상대방이익을 배려하여 형평에 어긋나거나, 신의를 저버리는 내용 또는 방법으로 권리를 행사하거나 의무를 이행해서는 아니 된다는 추상적 규범으로서, 신의성실의 원칙에 위배된다는 이유로 그 권리행사를 부정하기 위해서는 상대방에게 신의를 공여하였다거나 객관적으로 보아 상대방이 신의를 가짐이 정당한 상태에 있어야 하고, 이러한 상대방의 신의에 반하여 권리를 행사하는 것이 정의관념에 비추어 용인될 수 없는 정도의 상태에 이르러야 합니다(대법원 2011.2.10. 선고 2009다68941 판결).

그런데 위 사안과 관련하여 판례를 보면, 교통사고로 甲과 乙이 중상을 입고 대학부속병원응급실에 입원하게 될 당시 그들은 즉시 응급수술을 받지 아니하면 생명이 위독할 정도로 위급한 상태에 있었으나, 마침 추석명절로서 교통체증이 심하여 가족들이 병원에 신속히 올 수 없게 되자, 乙의 가족들이 위 대학부속병원 교수의 아들을 통하여 위 병원의사인 丙에게 부탁하여 丙이 乙의 치료비를 연대보증하면서 위 병원의사로 재직하는 사정에 의하여 아무런 관계도 없는 甲의 치료비도 아울러 연대보증하게 되었고, 위 병원도 甲으로부터 입원보증금도 받지 아니한 채 丙의 연대보증만으로 甲에 대한 수술을 하게 되었다면, 丙이 甲을 위하여 보증을 하게 된 경위에 비추어 丙은 우선 甲으로 하여금 서둘러 응급치료를 받게 한 다음 그의 가족들이 병원에 찾아올 경우 가족들로 하여금 보증인을 교체하게 할 의사로 보증을 한 것이고, 병원에서도 丙이 위와 같은 의사로 甲의 치료비를 보증하는 것임을 잘 알고 있었다고 볼 여지가 있으며, 丙에 대하여 甲의 치료비전액에 대한 보증책임을 묻는 것은 신의칙상 심히 부당한 결과가 되는 것이므로, 丙이 甲의 치료비채무 전액을 보증하기로 한 입원서약서의 문면에도 불구하고 丙은 甲의 치료비 중 '가족들이 병원에 찾아왔을 때까지의 치료비'에 한하여 보증책임이 있는 것으로 그 보증책임을 제한함이 상당하다고 한 사례가 있습니다(대법원 1992.9.22. 선고 92다17334 판결).

그렇다면 위 사안에서도 귀하가 甲의 치료비전액에 대한 보증책임을 지는 신의칙상 심히 부당한 결과가 된다고 볼 수도 있으므로, 귀하가 甲의 치료비채무전액을 보증하기로 한 입원서약서를 작성하였더라도 귀하는 甲의 치료비 중 가족들이 병원에 찾아왔을 때까지 치료비에 한하여 보증책임이 있는 것으로 주장해볼 수 있을 것으로 보입니다.

■ 연대보증인 1인에 대한 채권포기의 효력이 주채무자 등에게 미치는지요?

Q. 甲은 乙과 함께 丙의 丁에 대한 대여금채무에 대하여 연대보증을 하였는데, 丙이 변제기간이 훨씬 지났음에도 위 채무를 변제하지 않았으므로 丁은 甲의 임금채권에 가압류를 하였고, 甲은 어려운 형편임에도 은행으로부터 대출을 받는 등의 방법으로 丁에게 변제 제공하면서 가압류취소를 요청하였으며, 丁은 甲의 연대보증채무 중 이자채권을 포함한 채무일부를 면제해주고 임금채권에 대한 가압류를 취소해주었습니다. 이 경우 주채무자 丙과 다른 연대보증인 乙의 채무에도 위 면제의 효력이 미치는지요?

A. 민법에서는 어느 연대채무자에 대한 채무면제는 그 채무자의 부담부분에 한하여 다른 연대채무자의 이익을 위하여 효력이 있다고 규정하고 있는데 (민법 제419조), 이 규정이 연대보증채무에도 적용되는지 의문이 있습니다. 그런데 채권자가 연대보증인에 대하여 한 채무면제효력이 주채무자에 대하여 미치는지 판례를 보면, 연대보증인도 주채무자에 대해서는 보증인에 불과하므로 연대채무에 관한 면제의 절대적 효력을 규정한 민법 제419조의 규정은 주채무자와 보증인 사이에는 적용되지 않으므로, 채권자가 연대보증인에 대하여 그 채무의 일부 또는 전부를 면제하였더라도 그 면제효력은 주채무자에 대하여 미치지 않을 것이고, 수인의 연대보증인이 있는 경우 연대보증인들 사이에 연대관계의 특약이 있는 경우가 아니면 채권자가 연대보증인의 1인에 대하여 채무의 전부 또는 일부를 면제하더라도 다른 연대보증인에 대해서는 그 효력이 미치지 않는다고 하였으며(대법원 1994.11.8. 선고 94다37202 판결), 또한 민법 제419조의 규정은 임의규정 이라고 할 것이므로 채권자가 의사표시 등으로 위 규정의 적용을 배제하여 어느 한 연대채무자에 대해서만 채무면제를 할 수 있고, 연대보증인들 사이에 연대관계의 특약이 있는 경우에도 어느 한 연대채무자에 대해서만 채무면제를 한다는 의사를 명백히 한 경우에는 민법 제419조가 적용되지 않는다고 한 사례가 있습니다(대법원 1992.9.25. 선고 91다37553 판결).

따라서 위 사안에서 채권자 丁이 연대보증인 중 1인인 甲의 채무일부를 면제해주었더라도 주채무자인 丙의 채무에는 면제의 효력이 미치지 않고, 甲과 다른 연대보증인 乙 사이에 연대관계의 특약이 없는 이상 乙의 채무에도 면제효력이 미치지 않을 것이므로, 丁은 丙과 乙에 대하여는 甲에게 면제해준 부분의 청구가 가능할 것으로 보입니다.

⚖ 관련판례

수급인 갑 주식회사가 도급인 을 사회복지법인에 대한 선급금 반환채무를 보증하기 위하여 병 보증보험 주식회사와 체결한 선급금이행보증보험계약에 따라, 병 회사가 을 법인에 보험금을 지급하자 갑 회사의 병 회사에 대한 구상금 채무를 연대보증한 정이 을 법인을 상대로 병 회사의 을 법인에 대한 보험금 지급채무 부존재 확인을 구한 사안에서, 정이 주장하는 법적 지위의 불안은 정의 병 회사에 대한 구상금 채무의 존부이므로 정은 이미 소멸한 병 회사의 을 법인에 대한 보험금 채무의 부존재 확인이라는 우회적인 방법으로 정과 병 회사 사이의 분쟁을 해결할 것이 아니라 직접적으로 병 회사를 상대로 현재의 법률관계인 구상금 채무의 부존재 확인을 구하는 것이 분쟁 해결에 가장 유효·적절한 방법인데도, 이와 달리 정이 청구한 부분에 확인의 이익이 있다고 본 원심판단에 법리를 오해하여 판단을 그르친 잘못이 있다(대법원 2015.6.11. 선고 2015다206492 판결).

■ 보증인 동의 없이 주채무의 목적이나 형태가 변경된 경우 보증채무의
  범위는?

Q. 甲은 乙이 丙회사와 계속적 물품거래계약을 하는데 연대보증을 해
   주었는데, 그 후 乙과 丙은 위 계약서내용이 공정거래위원회로부터
   시정권고를 받을 염려가 있다는 이유로 甲도 모르게 새로운 양식의
   거래신청서를 작성하였습니다. 그들은 당시 甲의 소재를 파악하지
   못하여 연락이 되지 않았다고 하며, 그 약정내용을 보면 종전의 물
   품공급계약과 비교하여 채무의 발생원인, 채권자, 채무자, 채권의
   목적 등 채무의 중요한 내용에 있어서는 변경이 없고, 오히려 거래
   신청인이나 연대보증인에게 유리한 내용의 신청서 양식으로 바꾸었
   지만 위 새로운 계약서상에는 연대보증인인 甲의 서명날인이 없는
   데, 이 경우 甲의 보증책임은 소멸된 것이 아닌지요?

A. 민법에서 보증인은 주채무자가 이행하지 아니하는 채무를 이행할 의무가
   있고, 보증채무는 주채무의 이자, 위약금, 손해배상 기타 주채무에 종속한
   채무를 포함하며, 보증인의 부담이 주채무의 목적이나 형태보다 중한 때에
   는 주채무의 한도로 감축한다고 규정하고 있습니다(민법 제428조 제1항, 제
   429조 및 제430조). 그러므로 연대보증인은 주채무의 한도 내에서 보증책
   임이 있을 것이나, 위 사안과 같이 보증계약이 성립한 후 그 내용의 일부
   를 변경하는 새로운 계약서를 작성하면서 보증인의 서명날인을 받지 아니
   한 경우에도 보증인의 책임을 그대로 인정할 수 있을 것인지 문제됩니다.
   그런데 보증계약성립 후 보증인의 동의 없이 주채무의 목적이나 형태가
   변경된 경우, 보증채무의 범위에 관한 판례를 보면, 보증계약이 성립한 후
   보증인이 알지도 못하는 사이에 주채무의 목적이나 형태가 변경되었다면,
   그 변경으로 주채무의 실질적 동일성이 상실된 경우 당초의 주채무는 경
   개로 소멸하였다고 할 것이므로 보증채무도 당연히 소멸하고, 그 변경으로
   주채무의 실질적 동일성이 상실되지 아니하고 동시에 주채무의 부담내용이
   축소·감경된 경우에는 보증인은 그처럼 축소·감경된 주채무의 내용에 따라

보증책임을 질 것이지만, 그 변경으로 주채무의 실질적 동일성이 상실되지는 아니하고 주채무의 부담내용이 확장·가중된 경우에는 보증인은 그처럼 확장·가중된 주채무의 내용에 따른 보증책임은 지지 아니하고, 다만 변경되기 전의 주채무의 내용에 따른 보증책임만을 진다고 하였습니다(대법원 2000.1.21. 선고 97다1013 판결, 2001.3.23. 선고 2001다628 판결).

따라서 甲의 경우에도 乙과 丙회사간에 새로이 작성된 거래신청서의 내용으로 보아 기존의 거래신청서와 그 실질적인 동일성을 유지하는 것으로 볼 수 있는 것이라면, 甲의 서명날인이 누락되었더라도 기존 거래신청서상의 보증책임도 소멸되지 않고 그대로 존재한다고 볼 수 있을 것입니다.

■ 물품대금채무에 관하여 연대보증인으로서의 책임도 져야 하는지요?

Q. 甲은 乙의 丙에 대한 물품대금채무를 담보하기 위해 근저당권을 설정하여 주기로 하고 부동문자로 된 근저당권설정계약서에 서명하였습니다. 그런데 그 계약서의 일부 조항에는 "연대보증책임을 부담한다."는 문언이 기재되어 있고 서명하는 부분에는 "근저당권설정자 겸 연대보증인"이라고 기재되어 있었습니다. 이 경우 甲은 乙의 물품대금채무에 관하여 연대보증인으로서의 책임도 져야 하는지요?

A. 근저당권설정계약서가 처분문서이기는 하나, 그 문서 일부 조항에 연대보증의 약정이 기재되어 있다는 사실만으로 곧바로 물상보증인이 동시에 물품대금채무에 대하여 연대보증책임까지 부담하기로 약정하였다고 볼 수는 없습니다(대법원 1994.9.30. 선고 94다13107 판결). 따라서 위 사정 외에 甲이 근저당권설정계약을 체결할 당시에 乙의 물품대금채무에 관하여 연대보증할 의사가 있었는지 여부, 丙이 물적 담보 이외에 인적 담보까지 요구한 사실이 있었는지 여부, 근저당권설정계약서에 근저당권설정계약과는 별개의 계약이라고 할 수 있는 연대보증의 조항이 마치 근저당권설정계약에 관한 약정사항인 듯이 기재된 이유, 甲이 근저당권설정계약 당시 연대보증 조항을 알고 있었거나 乙이나 丙이 이를 설명하였는지 여부 등을 살펴보아야 합니다.

■ 채무자의 시효이익의 포기와 연대보증인의 책임은?

Q. 남대문에서 의류도매상을 하는 甲은 2010.3.1. 乙에게 3천만 원을 이자 월 1%, 변제기 2010.6.30.로 정하여 대여하였고 丙은 을의 위 채무를 연대보증 하였습니다. 2016.4.15. 甲은 위 대여원리금을 乙에게 청구하였고, 이에 대하여 乙은 변제기한을 1개월만 늦춰 달라는 부탁을 하여 甲은 1개월의 기간을 乙에게 더 주었습니다. 2016.5.15.이 지났음에도 불구하고 乙이 대여원리금을 갚지 않자, 甲은 乙의 연대보증인인 丙에게 보증채무를 이행하라는 소송을 제기하였습니다. 이 경우 丙은 乙의 대여금에 대한 보증채무를 이행하여야 하는 것인가요?

A. 甲의 乙에 대한 대여금 채권은 상행위로 인한 채권(상법 제47조 제2항)으로서 5년의 시효기간이 적용됩니다(상법 제64조). 따라서 변제기인 2010.6.30.부터 5년이 경과한 2015.6.30.에 시효로 인하여 소멸하게 됩니다. 한편 소멸시효 완성 후에도 채무자는 시효이익(시효에 의하여 채무가 소멸되는 이익)을 포기할 수 있는데(민법 제184조 제1항의 반대해석), 소멸시효가 완성된 후의 일부변제나, 기한유예의 요청(시간을 조금 더 주면 갚겠다는 의사표시)은 시효이익의 포기로 보는 것이 일반적입니다. 사안의 경우 주채무자인 乙이 2016.4.15.에 甲에게 한 기한유예요청은 시효이익의 포기로 볼 수 있을 것입니다. 그런데 이는 연대보증인인 丙에게는 미치지 않습니다(민법 제433조 제2항). 그러므로 丙은 甲이 제기한 소송에서 주채무인 乙의 대여금채무가 2015.6.30. 시효로 소멸하였음을 주장하여 그 이행책임을 면할 수 있습니다.

■ 연대보증인에게 구상권을 행사할 수 있을까요?

Q. 甲은 을에 대하여 5000만 원을 차용하고, 甲과 丙은 을에 대하여 공동연대보증계약을 체결하였습니다. 만일 甲이 을에게 5000만 원, 전액을 변제한 경우 다른 연대보증인인 丙에 대하여 구상권을 행사할 수 있을까요?

A. 연대보증인은 실질상의 주채무자에 대하여 구상권을 행사할 수 있는 반면에 실질상의 주채무자인 연대보증인이 자기의 부담부분을 넘어서 그 보증채무를 변제한 경우에는 다른 연대보증인에 대하여 민법 제448조 제2항, 제425조에 따른 구상권을 행사할 수는 없습니다. 따라서 실질상의 주채무자인 甲은 丙에 대하여 구상권을 행사할 수 없다고 할 것입니다(대법원 2004.9.24. 선고 2004다27440,28504 판결).

■ 연대보증인이 채무 전액을 변제하였을 경우 구상의무를 부담하는가요?

Q. 丙과 친분관계에 있던 甲과 을이 丙의 부탁으로 아무 대가 없이 丙의 자금조달을 위하여 정과의 어음거래약정상 甲은 형식상의 주채무자가 되고 을은 그 연대보증인이 되었습니다. 甲, 을은 서로 그 사정을 알고 있었던 경우였으며 을이 위 채무 전액을 변제하였을 때 甲은 구상의무를 부담하는가요?

A. 채권자와 소비대차계약을 체결한 자로서 채권자에 대한 관계에서는 주채무자로서의 책임을 지는 자라고 하더라도 내부관계에서 실질상의 주채무자가 아닌 경우에는 연대보증책임을 이행한 연대보증인에 대하여 당연히 구상의무를 부담하는 것은 아니지만, 실질상의 주채무자, 연대보증인, 형식상의 주채무자 3자간의 실질적인 법률관계에 비추어 형식상의 주채무자가 실질상의 주채무자를 연대보증한 것으로 인정할 수 있는 경우에는, 그 형식상의 주채무자는 공동보증인 간의 구상권 행사 법리에 따라 연대보증인에 대하여 구상의무를 부담한다 할 것이고, 한편 구상권 범위 산정의 기준이 되는 부담 부분은 그에 관한 특약이 없는 한 균등한 것으로 추정됩니다. 위 사례의 경우 甲과 을 및 丙 사이의 내부관계에서는 궁극적으로 丙이 어음할인금을 변제할 의무를 부담하는 것이므로, 을이 연대보증인으로서 어음할인금을 변제하였다 하더라도 甲이 형식상의 주채무자에 불과함을 알고 있는 이상 甲에게 이를 구상할 수는 없는 것이 원칙입니다. 다만 甲과 을 사이에서 위 어음거래약정에 따른 어음할인금 채무의 보증책임 또는 이행책임을 을만이 부담하며 甲은 이를 부담하지 않기로 하는 특약이나 그러한 취지의 명시적 내지 묵시적 양해가 있지 않은 이상, 대외적인 관계에서 연대보증인이 된 을과 주채무자가 된 甲으로서는 적어도 그들 내부관계에서는 실질상의 주채무자인 丙의 어음할인금 채무의 상환을 각기 연대보증한다는 취지의 양해가 묵시적으로나마 있었던 것으로 봄이 상당하여 을로서는 공동보증인 간의 구상권 행사 법리에 따라 甲에 대하여 구상할 수 있고, 그 구상 범위는 부담 부분에 관하여 그들

사이에 특별한 약정이 없으므로 부담 부분이 균등한 것으로 되어 甲으로서는 을이 대위변제한 금액의 1/2에 대한 구상의무가 있다고 할 수 있겠습니다(대법원 1999.10.22. 선고 98다22451 판결).

■ 연대보증인들의 구상채무 범위는?

Q. 주채무자 甲의 1억 원의 채무에 대하여 을, 丙, 정, 무가 연대보증인이 되었는데, 연대보증인 을이 채무전액에 대하여 변제하였고, 주채무자 甲은 변제자 을에게 2650만 원을 변제한 사실이 있습니다. 이 때 다른 연대보증인들의 구상채무는 어떻게 될까요?

A. 공동연대보증인 중 1인이 채무 전액을 대위변제한 후 주채무자로부터 구상금의 일부를 변제받은 경우, 대위변제를 한 연대보증인은 자기의 부담 부분에 관하여는 다른 연대보증인들로부터는 구상을 받을 수 없고 오로지 주채무자로부터만 구상을 받아야 하므로 주채무자의 변제액을 자기의 부담 부분에 상응하는 주채무자의 구상채무에 먼저 충당할 정당한 이익이 있는 점, 대위변제를 한 연대보증인이 다른 연대보증인들에 대하여 각자의 부담 부분을 한도로 갖는 구상권은 주채무자의 무자력 위험을 감수하고 먼저 대위변제를 한 연대보증인의 구상권 실현을 확보하고 공동연대보증인들 간의 공평을 기하기 위하여 민법 제448조 제2항 에 의하여 인정된 권리이므로, 다른 연대보증인들로서는 주채무자의 무자력시 주채무자에 대한 재구상권 행사가 곤란해질 위험이 있다는 사정을 내세워 대위변제를 한 연대보증인에 대한 구상채무의 감면을 주장하거나 이행을 거절할 수 없는 점 등을 고려하면, 주채무자의 구상금 일부 변제는 특별한 사정이 없는 한 대위변제를 한 연대보증인의 부담 부분에 상응하는 주채무자의 구상채무를 먼저 감소시키고 이 부분 구상채무가 전부 소멸되기 전까지는 다른 연대보증인들이 부담하는 구상채무의 범위에는 아무런 영향을 미치지 않는다고 보아야 합니다. 그러나 주채무자의 구상금 일부 변제 금액이 대위변제를 한 연대보증인의 부담 부분을 넘는 경우에는 그 넘는 변제 금액은 주채무자의 구상채무를 감소시킴과 동시에 다른 연대보증인들의 구상채무도 각자의 부담비율에 상응하여 감소시킵니다. 따라서 위 사안의 경우 을, 丙, 정, 무의 부담부분은 2500만 원이 되는데 주 채무자 甲의 변제액인 2650만 원은 우선 변제를 한 연대보증인인 을의 비율에 우선 감소가 되고 남은 금액인 150만원에 대하여서만 다른 연대보증인의 구상채무에 영향을 주게 됩니다.

■ 아무런 이의를 제기하지 않은 경우 연대보증인은 보증채무의 시효완성의 이익을 포기한 것으로 볼 수 있을까요?

Q. 甲이 주채무자 을 주식회사의 채권자 丙 주식회사에 대한 채무를 연대보증 하였는데, 을 회사의 주채무가 소멸시효 완성으로 소멸한 상태에서 丙 회사가 甲의 보증채무에 기초하여 甲 소유 부동산에 관한 강제경매를 신청하여 경매절차에서 배당금을 수령하는 것에 대하여 甲이 아무런 이의를 제기하지 않은 경우 연대보증인 甲은 보증채무의 시효완성의 이익을 포기한 것으로 볼 수 있을까요?

A. 보증채무에 대한 소멸시효가 중단되는 등의 사유로 완성되지 아니하였다고 하더라도 주채무에 대한 소멸시효가 완성된 경우에는 시효완성 사실로써 주채무가 당연히 소멸되므로 보증채무의 부종성에 따라 보증채무 역시 당연히 소멸됩니다. 그리고 주채무에 대한 소멸시효가 완성되어 보증채무가 소멸된 상태에서 보증인이 보증채무를 이행하거나 승인하였다고 하더라도, 주채무자가 아닌 보증인의 행위에 의하여 주채무에 대한 소멸시효 이익의 포기 효과가 발생된다고 할 수 없으며, 주채무의 시효소멸에도 불구하고 보증채무를 이행하겠다는 의사를 표시한 경우 등과 같이 부종성을 부정하여야 할 다른 특별한 사정이 없는 한 보증인은 여전히 주채무의 시효소멸을 이유로 보증채무의 소멸을 주장할 수 있다고 보아야 합니다(대법원 2012.07.12. 선고 2010다51192 판결). 따라서 위 사안에서 甲이 아무런 이의를 제기하지 않았다고 하더라도 이와 별개로 소멸시효의 완성에 의한 보증채무의 소멸을 주장할 수 있다고 할 것입니다.

■ 피상속인이 부담하는 연대보증채무 등이 상속재산가액에서 공제되는지요?

Q. 저의 아버지는 갑의 채무에 대하여 연대보증을 해 주었습니다. 그 후 얼마 지나지 않아 아버지께서 돌아가셔서 제가 아버지의 재산을 상속받게 되었습니다. 그런데 상속세가 위 연대보증채무에 해당하는 금원에 대하여도 부과되어있는 것입니다. 상속세법 제4조 제1항 제3호, 제10조 제2항 의 규정에 의하여 상속재산가액에서 피상속인의 채무는 공제한다고 규정하고 있는바, 위 아버지의 연대보증채무도 공제되어야 하지 않나요?

A. 상속세법 제4조 제1항 제3호, 제10조 제2항 의 규정에 의하여 상속재산 가액에서 공제할 피상속인의 채무는 상속개시 당시 피상속인의 종국적인 부담으로 지급하여야 할 것이 확실시 되는 채무를 뜻하는 것이라고 풀이 되므로 상속개시당시에 피상속인이 부담하고 있는 제3자를 위한 연대보증채무나 물상보증 채무가 있다 하더라도 주채무자가 변제불능의 무자력 상태에 있고 따라서 그 채무를 이행한 후에 구상권을 행사하여도 아무런 실효가 없으리라는 사정이 존재하지 않는 이상 그 채무액은 상속재산가액에서 공제할 수 없는 것입니다. 한편 이와 같은 사유는 상속세 과세가액 결정에 예외적으로 영향을 미치는특별한 사유에 속하므로 그 존재사실에 관한 주장입증의 책임은 과세가액을 다투는 납세의무자측에 있습니다(대법원 1983.12.13. 선고 83누410 판결).

이 사안의 경우 피상속인인 아버지가 연대보증채무를 갖고 있으나, 그 주채무자의 상태가 무자력이여서 피상속인의 연대보증채무를 이행한 우에 구상권을 행사하여도 아무런 실효가 없으리라는 사정을 입증하신다면 상속세에서 공제될 것입니다.

■ 연대보증인이 물상보증을 한 경우 보증채무의 범위는?

Q. 을은 전자제품을 제조 판매하는 갑회사와 사이에 갑회사의 전자제품 판매에 관한 대리점계약을 체결하였고, 병과 정은 위 대리점 운영 중 발생하는 갑회사에 대한 외상대금채무에 대한 연대보증계약을 체결하였습니다. 그 후 병은 위 외상대금채무에 관하여 자신의 소유인 A아파트에 채권최고액 25,000,000으로 하는 근저당권을 설정해 주었습니다. 을의 위 대리점운영으로 인한 외상채무가 40,000,000원에 이르렀을때 갑이 병과 정에 대하여 연대보증채무의 이행을 구하였고, 병은 자신의 책임이 위 근저당권의 채권최고액에 한정된다고 주장하고 있습니다. 이 경우 병의 주장대로 연대보증채무의 한도가 제한되는가요?

A. 제3자가 채권자와 채무자 사이의 대리점거래약정에 기한 계속적 거래관계로 장래 발생하는 상품대금채무를 연대보증하고 아울러 그 불특정채무를 담보하기 위하여 제3자 자신 소유의 부동산에 관하여 근저당권설정등기까지 마친 경우에는 비록 위 연대보증시 그 계약서상 보증한도액을 정하지 아니하고 불특정한 채무일체에 대하여 보증한다는 문언의 기재가 있다 하더라도 특단의 사정이 없는 한 그 취지는 보증한도에 대하여는 아무런 제한을 받지 아니하는 무한정의 것으로 볼 수는 없고 보증인이 그와 동시 또는 추후에 같은 채무에 대하여 한도액을 정하여 물적 또는 인적 담보를 부담하였다면 보증인의 보증한도는 뒤에 정해진 채권액의 범위에 국한된다고 보는 것이 상당하다 할 것입니다(대법원 1983.7.26. 선고 82다카1772 판결 ; 1985.3.12. 선고 84다카1261 판결).

따라서 이 사건의 경우 병이 연대보증계약시 앞으로 발생하는 외상채무에 대하여 보증을 섰지만, 그 후 동일한 채무에 대하여 채권최고액 25,000,000으로 하는 근저당권을 설정해준 바 병의 연대보증채무는 위 채권최고액의 한도로 국한될 것입니다.

■ 형식상 주채무자가 보증채무를 이행한 연대보증인에 대한 구상의무 범위는?

Q. 甲·乙·丙은 친구사이이고 丙의 간청으로 甲과 乙이 연대보증에 필요한 서류를 교부하였는데, 丙은 甲을 주채무자로 자기와 乙을 연대보증인으로 하여 금융기관으로부터 3,000만원을 대출 받았으나 변제하지 않았습니다. 그런데 乙은 보증인으로서 위 채무를 변제한 후 甲이 보증의 의사로 서류를 교부하였다는 것을 알고 있었음에도 불구하고 甲에게 채무전액에 대한 구상금청구소송을 제기하였는바, 이러한 경우 甲의 乙에 대한 책임범위는 어떻게 되는지요?

A. 형식상 주채무자가 실질적 주채무자를 연대보증 한 경우 다른 연대보증인의 구상권에 관하여 판례를 보면, 금융기관으로부터 대출을 받음에 있어 제3자가 자신의 명의를 사용하도록 한 경우에는 그가 채권자인 금융기관에 대하여 주채무자로서의 책임을 지는지 여부와 관계없이 내부관계에서는 실질상 주채무자가 아닌 한 연대보증책임을 이행한 연대보증인에 대하여 당연히 주채무자로서의 구상의무를 부담한다고 할 수는 없고, 그 연대보증인이 제3자가 실질적 주채무자라고 믿고 보증을 하였거나 보증책임을 이행하였고, 그처럼 믿은 데 제3자에게 귀책사유가 있어 제3자에게 그 책임을 부담시키는 것이 구체적으로 타당하다고 보이는 경우 등에 한하여 제3자가 연대보증인에 대하여 주채무자로서의 전액구상의무를 부담하며, 이는 물상보증의 경우에도 마찬가지라고 하였으며, 형식상 주채무자가 실질상 주채무자를 연대보증 한 것으로 인정할 수 있는 경우 또는 형식상 주채무자와 연대보증인 사이의 내부관계에서 실질상 주채무자의 채무상환을 각기 연대보증한다는 취지의 양해가 묵시적으로나마 있었던 경우에는 형식상 주채무자는 연대보증인에 대하여 공동보증인 사이의 구상권행사 법리에 따른 구상의무를 부담하지만, 형식상 주채무자와 연대보증인 사이에서 채무의 보증책임 또는 이행책임을 연대보증인만이 부담하며 형식상 주채무자는 이를 부담하지 않기로 하는 특약이나 그러한 취지의 명시적 내지 묵시적 양해가 있는 경우라면, 형식상 주채무자는 연대보

증인에 대하여 아무런 구상의무를 부담하지 않는다고 하였습니다(대법원 2008.4.24. 선고 2007다75648 판결). 또한, 실질상의 주채무자, 연대보증인, 형식상의 주채무자 3자 사이의 실질적인 법률관계에 비추어 형식상 주채무자가 실질상 주채무자를 연대보증 한 것으로 인정할 수 있는 경우, 그 형식상 주채무자는 공동보증인 사이의 구상권행사 법리에 따라 연대보증인에 대하여 구상의무를 부담하고, 한편 구상권범위산정의 기준이 되는 부담부분은 그에 관한 특약이 없는 한 균등한 것으로 추정된다고 하였으며, 연대보증인이 자신의 출재로 채무자를 대신하여 주채무를 변제하면 채권자가 주채무자 및 다른 연대보증인에 갖고 있던 채권(원채권) 및 담보권이 연대보증인에게 법률상 당연히 이전되지만, 변제자대위는 주채무를 변제함으로써 주채무자 및 다른 연대보증인에 대하여 갖게 된 구상권의 효력을 확보하기 위한 제도이므로, 대위에 의한 원채권 및 담보권의 행사범위는 구상권의 범위로 한정된다고 하였습니다(대법원 1999.10.22. 선고 98다22451 판결).

따라서 위 사안에서도 乙은 甲에게 변제한 채무 1/2의 한도에서 구상권을 행사할 수 있음에 그친다고 할 것입니다. 참고로 채권자에 대한 관계에서 공동연대보증인이지만 내부관계에서는 실질상 주채무자인 자와 다른 공동연대보증인 사이의 구상관계에 관한 판례를 보면, 공동보증은 통상의 보증과 마찬가지로 주채무에 관하여 최종적인 부담을 지지 아니하고 전적으로 주채무의 이행을 담보하는 것이고(민법 제428조), 공동보증인은 자기의 출재로 공동면책이 된 때에는 그 출재한 금액에 불구하고 주채무자에게 구상을 할 수 있는 것이므로(민법 제441조 제1항, 제444조), 채권자에 대한 관계에서는 공동연대보증인이지만 내부관계에서는 실질상 주채무자인 경우에 다른 연대보증인이 채권자에 대하여 그 보증채무를 변제한 때에 그 연대보증인은 실질상의 주채무자에 대하여 구상권을 행사할 수 있는 반면에, 실질상 주채무자인 연대보증인이 자기의 부담부분을 넘어서 그 보증채무를 변제한 경우에는 다른 연대보증인에 대하여 민법 제448조 제2항, 제425조에 따른 구상권을 행사할 수는 없다고 하였습니다(대법원 2004.9.24. 선고 2004다27440, 28504 판결).

■ 채권자의 잘못으로 배당받지 못한 금액에 대한 연대보증인은 면책되는지요?

Q. 甲은 乙에 대한 근저당권부 채권이 있는데 담보목적물의 경매절차
에서 착오로 실제 채권액보다 적은 금액을 채권계산서에 기재하여
제출함으로써 그 차액부분을 배당받지 못하였습니다. 이 경우 甲의
위 차액채권이 소멸되는지, 만약 소멸되지 않는다면 乙의 연대보증
인 丙에 대하여 위 차액채권을 청구할 수 있는지요?

A. 「민법」 제481조에서 변제할 정당한 이익이 있는 자는 변제로 당연히 채
권자를 대위한다고 정하고 있으며, 「민법」 제485조에서는 민법 제481조
의 규정에 의하여 대위할 자가 있는 경우에 채권자의 고의나 과실로 담
보가 상실되거나 감소된 때에는 대위할 자는 그 상실 또는 감소로 인하
여 상환을 받을 수 없는 한도에서 그 책임을 면한다고 규정하고 있습니
다. 그리고 연대보증인은 피보증인채무를 변제할 정당한 이익이 있는 자
로서 그 변제로 인하여 당연히 채권자를 대위할 법정대위권이 있는 것이
므로, 다른 특단의 사정이 없는 한 채권자가 고의, 과실로 담보를 상실되
게 하거나 감소되게 한 때에는 연대보증인의 대위권을 침해한 것이 되어
연대보증인은 민법 제485조에 따라 그 상실 또는 감소로 인하여 상환을
받을 수 없는 한도에서 면책주장을 할 수 있습니다(대법원 2009.10.29.
선고 2009다60527 판결).

그런데 위 사안과 관련된 판례를 보면, 경매절차에서 채권자가 실제 채권
액보다 적은 금액을 채권계산서에 기재하여 경매법원에 제출하였다고 하
여 채권자의 나머지 채권액이 소멸되는 것은 아니고, 한편 담보권실행을
위한 경매에서 배당된 배당금이 담보권자가 가지는 여러 개의 피담보채권
전부를 소멸시키기에 부족한 경우에는 민법 제476조에 의한 지정변제충
당은 허용될 수 없고, 채권자와 채무자 사이에 변제충당에 관한 합의가
있었다고 하여 그 합의에 따른 변제충당도 허용될 수 없으며, 획일적으로
가장 공평·타당한 충당방법인 민법 제477조 및 제479조의 규정에 의한
법정변제충당의 방법에 따라 충당하여야 하는 것이고, 이러한 법정변제충

당은 이자 혹은 지연손해금과 원본 사이에는 이자 혹은 지연손해금과 원본의 순으로 이루어지고, 원본 상호간에는 그 이행기의 도래여부와 도래시기, 그리고 이율의 고저와 같은 변제이익의 다과에 따라 순차적으로 이루어지나, 다만 그 이행기나 변제이익의 다과에 있어 아무런 차등이 없을 경우에는 각 원본 채무액에 비례하여 안분하게 되는 것인데, 경매절차에서 채권자가 착오로 실제 채권액보다 적은 금액을 채권계산서에 기재하여 경매법원에 제출함으로써 배당받을 수 있었던 채권액을 배당받지 못한 경우, 채권자가 채권계산서를 제대로 작성하였다면 배당을 받을 수 있었는데 이를 잘못 작성하는 바람에 배당을 받지 못한 금액 중 연대보증인이 연대 보증한 채무에 충당되었어야 할 금액에 대하여는 채권자의 담보상실, 감소에 관한 민법 제485조를 유추하여 연대보증인으로 하여금 면책하게 함이 상당할 것이므로, 이러한 경우 연대보증인이 채권자에게 부담할 채무액은, 채권자가 채권계산서를 제대로 작성하였더라면 배당을 받을 수 있었던 금액을 법정충당의 방법으로 채권자의 각 채권에 충당한 다음 연대보증인이 연대 보증한 채권 중 회수되지 못한 잔액이 있다면 그 금액이 된다고 할 것이라고 하였습니다(대법원 2000.12.8. 선고 2000다51339 판결).

따라서 위 사안에서 채권자 甲이 채권계산서를 제대로 작성하였다면 배당을 받을 수 있었는데 이를 잘못 작성하는 바람에 배당을 받지 못한 금액 중 연대보증인 丙이 연대보증 한 채무에 충당되었어야 할 금액에 대해서는 甲의 담보상실, 감소에 관한 민법 제485조가 유추적용 된다 할 것이므로 甲은 연대보증인 丙에게 청구할 수 없을 것으로 보입니다.

■ 주채무자가 일부변제한 경우 주채무의 일부만 연대보증 한 연대보증인의 보증책임의 범위는?

Q. 乙이 연 18%의 이율로 돈을 빌리는데 있어 甲은 乙이 차용한 금원 중 원금과 연 4%의 이율의 이자를 연대보증한다는 내용으로 연대보증계약을 체결하였습니다. 이후 주채무자인 乙이 일부변제한 경우, 일부변제한 금원은 연대보증인인 甲에게 있어 연4%의 이율에 의한 이자에 먼저 충당되고 채무원금에 충당되는 것이 아닌가요?

A. 대법원은 "연대보증인이 주채무자의 채무 중 일정 범위에 대하여 보증을 한 경우에 주채무자가 일부변제를 하면, 특별한 사정이 없는 한 일부변제금은 주채무자의 채무 전부를 대상으로 변제충당의 일반원칙에 따라 충당되고, 연대보증인은 변제충당 후 남은 주채무자의 채무 중 보증한 범위 내의 것에 대하여 보증책임을 부담한다(대법원 2016.08.25. 선고 2016다2840 판결)고 판시한 바 있습니다. 이에 비추어 볼 때 주채무자인 乙의 일부변제금원은 연 18%의 이율에 의한 이자에 먼저 충당되고 채무원금에 충당되는 것이지, 甲이 보증한 연4%의 이율에 의한 이자 상당의 금원에 먼저 충당되고 채무원금에 충당되는 것이 아닙니다. 따라서 甲은 乙이 일부변제한 금원이 연18%의 이율에 의한 이자 및 원금에 충당되고 남은 금원에 대하여 보증책임을 지게 됩니다.

■ 연대보증인이 주채무자의 채무 중 일정 범위에 대하여 보증을 한 후 주채무자가 일부변제한 경우, 일부변제금의 충당은?

Q. 연대보증인 甲이 주채무자 乙의 채무 (300,000,000원, 이율 연 18%, 변제기 2012.8.18.) 중 일정 범위(원금 전부와 이에 대한 연 4%의 비율에 의한 이자 및 연 8%의 비율에 의한 지연손해금)에 대하여만 연대보증을 하였는데, 주채무자 乙이 채무 중 일부에 대하여 변제를 하였습니다. 이 때 일부변제금은 어떠한 채무를 소멸시키는지요?

A. 연대보증인이 주채무자의 채무 중 일정 범위에 대하여 보증을 한 경우에 주채무자가 일부변제를 하면, 특별한 사정이 없는 한 그 일부변제금은 주채무자의 채무 전부를 대상으로 변제충당의 일반원칙에 따라 충당되는 것이고, 연대보증인은 이러한 변제충당 후 남은 주채무자의 채무중 보증한 범위 내의 것에 대하여 보증책임을 부담한다고 판시하고 있습니다(대법원 2002.10.25. 선고 2002다34017 판결 등 참조).
따라서 주채무자 乙이 채무 중 일부에 대하여 변제를 한 경우 일부변제금은 주채무자 乙의 채무 전부를 대상으로 변제충당의 일반원칙에 따라 충당되고, 연대보증인 甲은 남은 주채무자의 채무 중 보증범위 내에서 보증책임을 진다고 할 것입니다.

■ 채권자가 연대보증인에 대하여 한 채무면제의 효력이 주채무자에 대하여 미치는지요?

Q. 채권자 甲은 연대보증인 乙로부터 구상금채권의 원리금으로 금전을 지급받고 나머지 보증채무를 면제해 주었습니다. 채권자인 甲이 연대보증인에 대하여 한 채무면제의 효력이 주채무자인 丙에게 미치는지요? 그리고 채권자 甲이 수인의 연대보증인 중 1인에 대하여 채무면제를 한 경우 다른 연대보증인에게도 미치는지요?

A. 민법 제419조에서는 어느 연대채무자에 대한 채무면제는 그 채무자의 부담부분에 한하여 다른 연대채무자의 이익을 위하여 효력이 있다고 하여 면제의 절대적 효력을 규정하고 있습니다.

판례는 채권자가 연대보증인에 대하여 한 채무면제의 효력이 주채무자에 대하여 미치는지가 문제된 사안에서 "연대보증인이라고 할지라도 주채무자에 대하여는 보증인에 불과하므로 연대채무에 관한 면제의 절대적 효력을 규정한 민법 제419조의 규정은 주채무자와 보증인 사이에는 적용되지 아니하는 것이니, 채권자가 연대보증인에 대하여 그 채무의 일부 또는 전부를 면제하였다 하더라도 그 면제의 효력은 주채무자에 대하여 미치지 아니한다 할 것이다(대법원 1992.9.25. 선고 91다37553 판결)."고 판시하였고, 또한 수인의 연대보증인이 있는 경우, 연대보증인들 사이에 연대관계의 특약이 있는 경우가 아니면 채권자가 연대보증인의 1인에 대하여 채무의 전부 또는 일부를 면제하더라도 다른 연대보증인에 대하여는 그 효력이 미치지 아니한다 할 것이며, 또 민법 제419조의 규정은 임의규정이라고 할 것이므로 채권자가 의사표시 등으로 위 규정의 적용을 배제하여 어느 한 연대채무자에 대하여서만 채무면제를 할 수 있다고 판시하였습니다(대법원 1992.9.25.선고91다37553 판결).

따라서 甲의 乙에 대한 보증채무의 일부면제의 효력은 가사 甲이 乙에 한정하여 면제한다는 특별한 의사표시가 없이 면제하였다고 하더라도 그 면제의 효과가 주채무자인 乙 및 다른 연대보증인에 대하여는 미치지 아니한다고 할 것입니다.

■ 다른 연대보증인이 구상의무를 이행하였을 때에 담보 소멸로 인하여 주채무자로부터 상환을 받을 수 없는 한도에서 책임을 면하는지요?

Q. A가 B 회사와 체결한 이 사건 기중기에 관한 시설대여계약에 대하여 같은 날 甲과 乙이 A를 연대보증하였고, 그 후 A가 이 사건 계약의 채무를 이행하지 아니하여, 甲은 그때까지의 이 사건 계약상의 채무원리금 합계 118,673,549원을 B회사에게 지급하고, A 소유의 기중기에 관하여 저당권설정권리자 B 회사, 채권가액 125,000,000원으로 된 저당권을 B 회사로부터 양수받아 1993.6.7. 甲 명의로 저당권설정권리자를 변경등록하였습니다. 그런데 甲이 과실로 위 기중기의 담보가치를 소멸시켰습니다. 이때 법정대위자인 乙은 민법 제485조에 의하여 위 담보 상실로 인하여 상환받을 수 없는 한도에서 면책된다고 할 수 있는지요?

A. 민법 제485조에서는 대위할 자가 있는 경우에 채권자의 고의나 과실로 담보가 상실되거나 감소된 때에는 대위할 자는 그 상실 또는 감소로 인하여 상환을 받을 수 없는 한도에서 그 책임을 면한다고 규정하고 있습니다.

판례는 조문의 해석과 관련하여 "민법 제485조는 보증인 기타 법정대위권자를 보호하여 주채무자에 대한 구상권을 확보할 수 있도록 채권자에게 담보보존의무를 부담시키는 것으로서, 채권자가 당초의 채권자이거나 장래 대위로 인하여 채권자로 되는 자이거나를 구별할 이유가 없다. 연대보증인 중 1인이 변제 기타 자기의 출재로 공동면책이 된 때에는 민법 제448조 제2항, 제425조에 의하여 다른 연대보증인의 부담부분에 대하여 구상권을 행사할 수 있는 것과는 별개로 민법 제481조에 의하여 당연히 채권자를 대위하여 주채무자에 대하여 구상권 범위 내에서 채권자로 되고, 위 연대보증인에 대하여 자기 부담부분에 대하여 상환을 하는 다른 연대보증인은 그의 상환액을 다시 주채무자에 대하여 구상할 수 있고 이 구상권 범위 내에서는 그 자는 공동면책시킨 위 연대보증인이 당초 채권자를 대위하여 가지는 권리를 다시 대위취득할 수 있기 때문에, 변제로 당초 채권을 대위 행사하는 연대보증인과 다른 연대보증인의 관계는 바로 민법 제485조에서 정한 '채권자'와 '제481조의 규정에 의하여 대위할 자'의 관계가 된다. 따라서 변제로 공동면책시켜 구상권을 가지는 연대보증인이 주채무자에 대한 채권 담보를 상실 또는 감소시킨 때에는 민법 제485조의 '채권자의 고의나 과실로 담보가 상실되거나 감소된 때'에 해당하여, 다른 연대보증인은 구상의무를 이행하였을 경우에 담보 소멸로 인하여 주채무자로부터 상환을 받을 수 없는 한도에서 책임을 면한다고 보아야 한다(대법원 2012.6.14 선고 2010다11651 판결)."고 판시한 바 있습니다.

따라서 법정대위자인 乙은 甲의 과실에 의한 담보 상실로 인하여 상환받을 수 없는 한도에서 면책된다고 할 것입니다.

⚖ **관련판례**

주채무자를 위하여 수인이 연대보증을 한 경우, 어느 연대보증인이 채무를 변제하였음을 내세워 다른 연대보증인에게 구상권을 행사함에 있어서는 그 변제로 인하여 다른 연대보증인도 공동으로 면책되었음을 요건으로 하는 것인데, 각 연대보증인이 주채무자의 채무를 일정한 한도에서 보증하기로 하는 이른바 일부보증을 한 경우에는 달리 특별한 사정이 없는 한, 각 보증인은 보증한 한도 이상의 채무에 대하여는 그 책임이 없음은 물론이지만 주채무의 일부가 변제되었다고 하더라도 그 보증한 한도 내의 주채무가 남아 있다면 그 남아 있는 채무에 대하여는 보증책임을 면할 수 없다고 보아야 하므로, 이와 같은 경우에 연대보증인 중 1인이 변제로써 주채무를 감소시켰다고 하더라도 주채무의 남은 금액이 다른 연대보증인의 책임한도를 초과하고 있다면 그 다른 연대보증인으로서는 그 한도금액 전부에 대한 보증책임이 그대로 남아 있어 위의 채무 변제로써 면책된 부분이 전혀 없다고 볼 수밖에 없고, 따라서 이러한 경우에는 채무를 변제한 위 연대보증인이 그 채무의 변제를 내세워 보증책임이 그대로 남아 있는 다른 연대보증인에게 구상권을 행사할 수는 없다(대법원 2002.3.15. 선고 2001다59071 판결).

■ 분할채무 중 일부에만 연대보증한 경우, 주채무자의 일부변제시 변제충당의지정권을 채권자가 행사하였다고 볼 수 있는지요?

Q. 甲은 乙의 A에 대한 합의금 분할채무(13회) 중 제1회분부터 제10회분까지의 채무에 대하여 연대보증을 하였습니다. 乙이 A에게 채무의 일부변제로 수차례에 걸쳐 금원을 지급함에 있어서 A는 乙에게 위 일부변제금이 연대보증하지 아니한 채무의 변제조임을 명시하였습니다. 이 경우 乙이 변제한 금원은 어느 채무에 우선 충당되는 것인지요?

A. 변제의 제공에 있어서 충당의 방법에는 합의충당, 지정충당, 법정충당이 있습니다. 채무자가 동일한 채권자에 대하여 같은 종류를 목적으로 한 수개의 채무를 부담한 경우에 변제의 충당에 있어서 당사자 간의 합의가 있으면 그에 따르고, 합의가 없는 경우에는 변제충당의 지정이 있다면 그에 따르며, 변제에 충당할 채무를 지정하지 아니한 때에는 민법 제477조의 규정에 따라 법정변제충당되는 것입니다.

판례는 乙이 A에게 채무의 일부변제로 수차례에 걸쳐 금원을 지급함에 있어서 A는 乙에게 위 일부변제금이 연대보증하지 아니한 채무의 변제조임을 명시하였다면 乙이 행사하지 아니한 변제충당의 지정권을 A가 행사하였다고 보여지고, 그리하여 A의 변제충당의 지정이 적법한 것인 이상 乙의 일부변제금은 甲이 연대보증하지 아니한 나머지 채무의 변제에 충당되었다고 할 것이라고 판단하였습니다(대법원 1995.3.14. 선고 94다57244 판결).

따라서 乙이 A에게 채무의 일부변제로 수차례에 걸쳐 금원을 지급함에 있어서 A가 乙에게 위 일부변제금이 연대보증하지 아니한 채무의 변제조임을 명시한 것을 지정권의 행사로 보아, 乙의 일부변제금은 甲이 연대보증하지 아니한 나머지 채무의 변제에 우선 충당된다고 할 것입니다.

■ 보증인의 착오가 연대보증계약의 중요 부분의 착오인지요?

Q. 갑은 을로부터 세 차례에 걸쳐 총 3,000만원을 빌렸습니다. 을은 대여금의 반환을 담보하기 위해 갑에게 기존의 채무에 대하여 기간을 정하여 매달 분할하여 반환하기로 하며, 위 지급을 지체할 경우 갑은 강제집행을 받더라도 이의가 없음을 인낙하는 취지의 공정증서를 작성할 것과 연대보증인을 한 명 세울 것을 요구했습니다. 갑은 대학동창인 병에게 3,000만원을 빌리는 대여금계약에 연대보증 계약을 체결해 달라고 부탁하였고, 병은 '채무변제(준소비대차)계약공정증서'라는 제목의 이 사건 공정증서에 연대보증인으로 서명·날인하였습니다. 이후 병은 갑의 기존채무에 대한 준소비대차계약의 공정증서임을 알게 되었고, 이를 알았다면 연대보증을 하지 않았을 것이라고 주장하며 보증계약은 기망행위 또는 착오로 인한 것이므로 취소한다고 주장하고 있습니다. 병의 연대보증계약은 효력이 있는 건가요?

A. 법률행위의 내용의 중요 부분에 착오가 있는 때에는 의사표시를 취소할 수 있는바, 착오가 법률행위 내용의 중요 부분에 있다고 하기 위해서는 표의자에 의하여 추구된 목적을 고려하여 합리적으로 판단하여 볼 때 표시와 의사의 불일치가 객관적으로 현저하여야 하고, 만일 그 착오로 인하여 표의자가 무슨 경제적인 불이익을 입은 것이 아니라고 한다면 이를 법률행위 내용의 중요 부분의 착오라고 할 수 없습니다(대법원 1999.2.23. 선고 98다47924 판결 등 참조).소비대차계약과 준소비대차계약의 법률효과는 동일한 것이어서, 비록 丙이 이 사건 준소비대차계약 공정증서를 읽지 않거나 올바르게 이해하지 못한 채 서명·날인을 하였다고 하더라도 그 공정증서가 丙의 의사와 다른 법률효과를 발생시키는 내용의 서면이라고 할 수는 없으므로 표시와 의사의 불일치가 객관적으로 현저한 경우에 해당하지 않을 뿐만 아니라, 丙은 甲이 乙에게 부담하는 3,000만 원의 차용금반환채무를 연대보증할 의사를 가지고 있었던 이상, 그 차용금이 공정증서 작성 후에 비로소 甲에게 교부되는 것이 아니라 甲이 乙에

게 지급하여야 할 차용금을 소비대차의 목적으로 삼은 것이라는 점에 대하여 丙이 착오를 일으켰다고 하더라도 그로 인해 丙이 무슨 경제적인 불이익을 입었거나 장차 불이익을 당할 염려가 있는 것은 아니므로, 위와 같은 착오는 이 사건 연대보증계약의 중요 부분에 관한 착오라고 할 수 없습니다(그러한 착오는 이른바 동기의 착오에 해당한다고 할 것인데, 설령 丙이 이 사건 연대보증계약에 이르게 된 동기가 상대방인 에게 표시되고 의사표시의 해석상 법률행위의 내용으로 되어 있음이 인정된다고 해도 그것이 연대보증계약의 중요 부분의 착오로 될 수 없음은 마찬가지입니다). 따라서 병은 이 사건 연대보증계약을 착오나 기망으로 취소할 수 없고, 연대보증인으로서 보증채무를 이행할 의무가 있습니다(대법원 2006.12.7. 선고 2006다41457 판결 참조).

■ 연대보증은 이사회의 승인을 얻지 않은 것이어서 무효라고 하며 책임질 수 없다고 주장하는 경우 이 주장이 맞는지요?

Q. 저는 甲회사에 1,500만원을 빌려주면서 그 채무에 대하여 甲회사와 乙회사의 대표이사를 겸하고 있는 丙이 乙회사의 대표이사 지위로 연대보증을 하도록 하였습니다. 그런데 변제기가 지나도 甲회사가 채무이행을 하지 않아 乙회사에 대하여 보증채무의 이행을 청구하였습니다. 그러나 乙회사는 대표이사 丙이 한 연대보증은 이사회의 승인을 얻지 않은 것이어서 무효라고 하며 책임질 수 없다고 합니다. 이 경우 乙회사의 주장이 맞는지요?

A. 이사와 회사간의 이해충돌을 생기게 할 염려가 있는 재산상의 행위를 자기거래라고 하는데, 위의 사안도 자기거래의 일종으로 볼 수 있을 것입니다(대법원 1984.12.11. 선고 84다카1591 판결).

이사와 회사간의 거래에 관하여 「상법」제398조는 "다음 각 호의 어느 하나에 해당하는 자가 자기 또는 제3자의 계산으로 회사와 거래를 하기 위하여는 미리 이사회에서 해당 거래에 관한 중요사실을 밝히고 이사회의 승인을 받아야 한다. 이 경우 이사회의 승인은 이사 3분의 2 이상의 수로써 하여야 하고, 그 거래의 내용과 절차는 공정하여야 한다.

① 이사 또는 제542조의8제2항제6호에 따른 주요주주
② 제1호의 자의 배우자 및 직계존비속
③ 제1호의 자의 배우자의 직계존비속
④ 제1호부터 제3호까지의 자가 단독 또는 공동으로 의결권 있는 발행주식 총수의 100분의 50 이상을 가진 회사 및 그 자회사
⑤ 제1호부터 제3호까지의 자가 제4호의 회사와 합하여 의결권 있는 발행주식총수의 100분의 50 이상을 가진 회사라고 규정하고 있습니다.

판례도 "甲, 乙 두 회사의 대표이사를 겸하고 있던 자에 의하여 甲회사와 乙회사 사이에 토지 및 건물에 대한 매매계약이 체결되고 乙회사 명

의로 소유권이전등기가 경료된 경우, 그 매매계약은 이른바 '이사의 자기거래'에 해당하고, 달리 특별한 사정이 없는 한 이는 甲회사와 그 이사와의 사이에 이해충돌의 염려 내지 甲회사에 불이익을 생기게 할 염려가 있는 거래에 해당하는데, 그 거래에 대하여 甲회사 이사회의 승인이 없었으므로 그 매매계약의 효력은 乙회사에 대한 관계에 있어서 무효이다."라고 하였습니다(대법원 1996.5.28. 선고 95다12101, 12118 판결)

그러므로 두 회사의 대표이사를 겸하고 있는 자가 그 한 회사의 채무에 관하여 다른 회사를 대표하여 연대보증을 하는 경우에도 이사회의 승인을 받아야 할 것입니다.

그런데 이사회의 승인을 받지 않은 경우에 대하여 판례는 "주식회사의 대표이사가 이사회의 결의를 거쳐야 할 대외적 거래행위에 관하여 이를 거치지 아니한 경우라도, 이와 같은 이사회 결의사항은 회사의 내부적 의사결정에 불과하다 할 것이므로, 그 거래 상대방이 그와 같은 이사회 결의가 없었음을 알았거나 알 수 있었을 경우가 아니라면 그 거래행위는 유효하다 할 것이고, 이 경우 거래의 상대방이 이사회의 결의가 없었음을 알았거나 알 수 있었음은 이를 주장하는 회사측이 주장·입증하여야 한다."라고 하였습니다(대법원 2003.1.24. 선고 2000다20670 판결, 2005.7.28. 선고 2005다3649 판결).

따라서 乙회사는 귀하가 丙이 乙회사의 대표이사 자격으로 한 연대보증이 乙회사 이사회의 승인을 받지 못했음을 알았다는 사실을 입증하지 못하는 한, 귀하에 대하여 보증채무의 이행책임을 져야 할 것으로 보입니다.

■ 대표이사가 다른 회사의 연대보증을 서게 하는 등 재산상 손해발생의 위험을 초래한 경우 업무상배임죄가 해당되는지요?

Q. 甲 주식회사의 대표이사인 乙은 자신과 딸인 丙이 발행주식 전부를 소유하고 있는 丁 주식회사 및 戊 주식회사를 운영하면서, 구상금 채권의 확보방안을 마련하는 등 별다른 조치를 취하지 않은 채 甲 회사로 하여금 丁 회사가 건물 신축 과정에서 받은 대출금 등 채무를 연대보증하게 하고 신축될 건물을 미리 임차하여 임대차보증금을 선지급하도록 하거나, 戊 회사의 대출금 채무를 연대보증하게 하였습니다. 이후 丁 회사 및 戊 회사는 대출금 등 채무를 모두 변제하였고, 丁 회사의 신축 건물을 甲 회사가 실제로 임차하여 甲 회사에게는 아무런 손해가 발생하지 않았으므로, 乙에게는 아무런 죄가 성립되지 않는 것 아닌지요?

A. 업무상배임죄에서 재산상의 손해를 가한 때라 함은 총체적으로 보아 본인의 재산 상태에 손해를 가하는 경우를 말하고, 현실적인 손해를 가한 경우뿐만 아니라 재산상 손해발생의 위험을 초래한 경우도 포함됩니다. 그리고 이러한 재산상 손해의 유무에 관한 판단은 법률적 판단에 의하지 아니하고 경제적 관점에서 실질적으로 판단되어야 하고, 일단 손해의 위험을 발생시킨 이상 나중에 피해가 회복되었다고 하여도 배임죄의 성립에 영향을 주는 것은 아닙니다(대법원 2006.11.9. 선고 2004도7027 판결, 대법원 2009.5.29. 선고 2007도4949 전원합의체 판결).

관련 판례를 보면, 대법원은 乙이 甲 회사로 하여금 丁 회사 및 戊 회사를 위하여 수차례에 걸쳐 대출금 등 채무를 연대보증하게 하면서도 어떠한 대가나 이익을 제공받지 아니하였고, 甲 회사가 연대보증채무를 이행할 경우 구상금채권의 확보방안도 마련하지 아니한 점, 乙이 甲 회사의 이사회 승인을 받거나 다른 주주들의 동의를 받지 아니한 점 등을 종합하면, 乙의 행위는 甲 회사에 대한 임무위배행위로서 甲 회사에 재산상 손해발생의 위험을 초래하였고, 乙에게 배임의 고의도 인정되며,

이후 丁 회사 및 戊 회사가 대출금 등 채무를 모두 변제하였거나 건물이 완성된 후 甲 회사가 이를 실제로 임차하였다는 등의 사정은 범죄성립 이후의 사후적인 사정에 불과하다고 하였습니다(대법원 2015.11.26. 선고 2014도17180). 그러므로 위와 같은 대법원 판례의 입장에 의한다면, 乙에게는 업무상 배임죄가 성립될 수 있을 것으로 생각됩니다.

■ 회생절차개시 후 연대보증인이 대위변제한 경우 회생채권자가 되는지요?

Q. 甲은 乙회사의 丙은행에 대한 채무의 연대보증인으로서 丙은행에 대하여 乙회사의 채무일부를 변제하였는데, 乙회사는 甲의 일부변제 이전에 회생절차가 개시되었는바, 이 경우 위 구상금채권에 기초하여 甲도 丙은행과 함께 회생채권자로서 권리행사가 가능한지요?

A. 「채무자 회생 및 파산에 관한 법률」에서, 채무자에 대하여 회생절차개시 전의 원인으로 생긴 재산상 청구권은 이를 회생채권으로 한다고 규정하고(같은 법 제118조 제1호), 여럿이 각각 전부이행을 하여야 하는 의무를 지는 경우 그 전원 또는 일부에 관하여 회생절차가 개시된 때에는 채권자는 회생절차개시 당시 가진 채권전액에 관하여 각 회생절차에서 회생채권자로서 그 권리를 행사할 수 있고(같은 법 제126조 제1항), 이 경우에 채무자에 대하여 장래에 행사할 가능성이 있는 구상권을 가진 자는 그 전액에 관하여 회생절차에 참가할 수 있으나, 채권자가 회생절차개시 할 때에 가지는 채권전액에 관하여 회생절차에 참가한 때에는 그렇지 않다고 규정하고 있습니다(같은 법 제126조 제3항).

한편, 구 회사정리법(2005.5.31. 법률 제7428호 채무자 회생 및 파산에 관한 법률 부칙 제2조로 폐지) 제110조 제2항에서는 정리회사에 대하여 장래의 구상권을 가지는 전부이행을 할 의무를 지는 자가 정리절차개시 당시 가진 채권전액을 정리채권으로 행사한 채권자에게 변제를 한 때에는 그 변제비율에 따라 채권자의 권리를 취득한다고 규정하고 있었는데, 이 경우에도 판례를 보면, 구 회사정리법 제108조에 따르면 여럿이 각각 전부이행을 할 의무를 지는 경우 그 전원 또는 그 중 여럿에 관하여 정리절차가 개시된 때에는 채권자는 정리절차개시 당시 가진 채권전액에 관하여 각 정리절차에서 정리채권자로서 그 권리를 행사할 수 있으므로, 그 중 어느 전부이행을 할 의무를 지는 자에 관하여 개시된 정리절차에서 위 채권전액에 관하여 정리채권자로서 권리를 행사한 채권자는 정리절차개시 후 다른 전부이행을 할 의무를 지는 자로부터 채권일부를 변제받더라도 그에 의하여 위 채권전액에 대한 만족을 얻은 것이 아닌 한 여전히 위 채권전액에 대하여 정리채권자로서 권리를 행사할 수 있다고 하며, 따라서 정리회사에 대하여 장래의 구상권을 가지는 전부이행을 할 의무를 지는 자가 정리절차개시 당시 가진 채권전액을 정리채권으로 행사한 채권자에게 변제를 한 때에는 그 변제비율에 따라 채권자의 권리를 취득한다고 규정한 구 회사정리법 제110조 제2항은, 장래의 구상권을 가지는 전부이행을 할 의무를 지는 자의 변제에 의하거나 또는 그 변제와 정리회사의 변제 등에 의하여 '채권자가 위 채권전액의 만족을 얻게 되는 경우'에 위 변제한 전부이행을 할 의무를 지는 자가 그 변제액비율에 따라 채권자의 권리를 취득한다는 취지라고 하였습니다(대법원 2009.9.24. 선고 2008다64942 판결).

더욱이 현행 「채무자 회생 및 파산에 관한 법률」에서는 채권자가 회생절차에 참가한 경우 채무자에 대하여 장래에 행사할 가능성이 있는 구상권을 가지는 자가 회생절차개시 후에 채권자에 대한 변제 등으로 그 '채권전액이 소멸한 경우'에는 그 구상권 범위 안에서 채권자가 가진 권리를 행사할 수 있다고 규정하여(같은 법 제126조 제4항), 채권자의 채권전액이 소멸한 경우에만 채권자가 가진 권리를 행사할 수 있다는 원칙을 명시하고 있습니다.

따라서 甲은 채권자 丙은행이 회생절차개시 당시의 채권전액에 관하여 乙회사의 회생절차에서 회생채권자로서 권리를 행사한 경우라면, 일부 변제한 구상권으로서 乙회사의 회생절차에서 회생채권자로서 권리를 행사할 수 없을 것으로 보입니다. 다만, 甲의 변제 등으로 丙은행의 '채권전액이 소멸한 경우'라면 甲은 채무자 회생 및 파산에 관한 법률 제154조에 따라 신고명의변경을 하는 방법으로 채권자의 권리를 대위 행사할 수 있다고 할 것입니다(대법원 2001.6.29. 선고 2001다24938 판결).

연대보증인 가운데 한 사람이 채무의 전액이나 자기의 부담부분 이상을 변제하였을 때에는 다른 보증인에 대하여 구상을 할 수 있고 다만 다른 보증인 가운데 이미 자기의 부담부분을 변제한 사람에 대해서는 구상을 할 수 없다(대법원 1993.5.27. 선고 93다4656 판결).

[서식 예] 대여금청구의 소(기한연장의 경우 연대보증책임)

소   장

원   고   ○○○ (주민등록번호)
            ○○시 ○○구 ○○로 ○○(우편번호)
            전화·휴대폰번호:
            팩스번호, 전자우편(e-mail)주소:
피   고   1. 박◇◇ (주민등록번호)
               ○○시 ○○구 ○○로 ○○(우편번호)
               전화·휴대폰번호:
               팩스번호, 전자우편(e-mail)주소:
            2. 김◇◇ (주민등록번호)
               ○○시 ○○구 ○○로 ○○(우편번호)
               전화·휴대폰번호:
               팩스번호, 전자우편(e-mail)주소:
            3. 이◇◇ (주민등록번호)
               ○○시 ○○구 ○○로 ○○(우편번호)
               전화·휴대폰번호:
               팩스번호, 전자우편(e-mail)주소:

대여금 청구의 소

청 구 취 지

1. 피고들은 연대하여 원고에게 금 ○○○원 및 이에 대한 20○○. ○.
   ○.부터 이 사건 소장부본 송달일까지는 연 12%의, 그 다음날부터 다
   갚을 때까지는 연 12%의 각 비율에 의한 돈을 지급하라.
2. 소송비용은 피고들의 부담으로 한다.
3. 위 제1항은 가집행 할 수 있다.
라는 판결을 구합니다.

청 구 원 인

1. 피고 박◇◇는 원고와 먼 친척지간으로 시제 참석 등의 만날 기회가 있을 때마다 자기가 하는 사업이 평소 전망이 좋고 자금을 투자하면 수익을 확실히 보장해줄 수 있다는 등의 말로써 원고를 현혹하여 20○○. ○. ○.에 자신의 사업장 사무실에서 원고로부터 금 ○○○원을 차용기간을 1년, 이자는 월 1%로 약정하여 차용하였습니다(갑 제1호 증 차용증사본 참조). 한편, 피고 박◇◇의 사업체 직원인 피고 김◇◇와 피고 이◇◇는 피고 박◇◇의 위 채무에 대하여 각 연대보증인으로서 연대보증각서를 작성하여 원고에게 교부하였습니다(갑 제2호증 연대보증각서사본 참조).

2. 그런데 피고 박◇◇는 채무상환기일인 20○○. ○. ○.이 되자 위 채무의 상환기일을 6개월만 연장해달라고 간청하여 그 기간을 연장해주었으나, 연장해준 기간이 지나고서도 위 채무를 상환하지 아니하고 계속 미루기만 하고 있습니다. 그래서 원고가 연대보증인인 피고 김◇◇와 피고 이◇◇에게 여러 차례 보증채무를 이행하라고 독촉하였으나, 피고 김◇◇와 피고 이◇◇는 원고가 연대보증인들의 동의도 받지 않고 위 채무의 상환기일을 연장해주었으므로 그들은 책임이 없다고만 하고 있습니다.

3. 그러나 채무가 특정되어 있는 확정채무에 대하여 보증한 연대보증인으로서는 자신의 동의 없이 피보증채무의 이행기를 연장해주었느냐의 여부에 상관없이 그 연대보증채무를 부담하는 것이므로(대법원 2002.6.14. 선고 2002다14853 판결), 피고 김◇◇와 피고 이◇◇의 위와 같은 항변으로 보증책임을 면할 수 없다고 할 것입니다.

4. 따라서 원고는 피고들로부터 금 ○○○원 및 20○○. ○. ○.부터 이 사건 소장부본 송달일까지는 약정이율인 연 12%의, 그 다음날부터 다 갚을 때까지는 소송촉진등에관한특례법에서 정한 연 12%의 각 비율에 의한 지연손해금을 연대하여 지급 받기 위하여 이 사건 소제기에 이르렀습니다.

입 증 방 법

1. 갑 제1호증　　　　차용증
1. 갑 제2호증　　　　연대보증각서

첨 부 서 류

1. 위 입증방법   각 4통
1. 소장부본   3통
1. 송달료납부서   1통

20○○.   ○.   ○.
위 원고   ○○○   (서명 또는 날인)

○○지방법원   귀중

[서식 예] 대여금 청구의 소(회사 주채무자, 개인 연대보증)

소　　　　장

원　　고　　○○○ (주민등록번호)
　　　　　　○○시 ○○구 ○○로 ○○(우편번호 ○○○-○○○)
　　　　　　전화·휴대폰번호:
　　　　　　팩스번호, 전자우편(e-mail)주소:
피　　고　1. ◇◇운수 주식회사
　　　　　　○○시 ○○구 ○○로 ○○(우편번호 ○○○-○○○)
　　　　　　대표이사 ◆◆◆
　　　　　　전화·휴대폰번호:
　　　　　　팩스번호, 전자우편(e-mail)주소:
　　　　　2. ◇◇◇ (주민등록번호)
　　　　　　○○시 ○○구 ○○로 ○○(우편번호 ○○○-○○○)
　　　　　　전화·휴대폰번호:
　　　　　　팩스번호, 전자우편(e-mail)주소:

대여금 청구의 소

청 구 취 지

1. 피고들은 연대하여 원고에게 금 ○○○원 및 이에 대한 20○○. ○. ○.부터 이 사건 소장부본 송달일까지는 연 12%의, 그 다음날부터 다 갚을 때까지는 연 12%의 각 비율에 의한 돈을 지급하라.
2. 소송비용은 피고들의 부담으로 한다.
3. 위 제1항은 가집행 할 수 있다.
라는 판결을 구합니다.

청 구 원 인

1. 피고 ◇◇운수 주식회사는 이 대여금 청구의 채무자이고, 피고 ◇◇ ◇는 원고와 피고 ◇◇운수 주식회사 사이의 대여금채무에 대한 연대 보증인입니다.
2. 피고 ◇◇운수 주식회사는 여객운송을 주업무로 하고 있는 회사입니

다. 원고는 피고 ◇◇운수 주식회사의 전무로 재직하던 중 당시 대표이사였던 피고 ◇◇◇로부터 회사의 운영자금이 부족하니 일부자금을 대여해주면 회사사정이 나아지는 대로 약정이자와 함께 즉시 상환하겠다는 부탁을 받았습니다. 이에 원고는 20○○. ○. ○.에 사장실에서 금 ○○○원을 차용기간을 1년, 약정이율 월 1%로 하고 피고 ◇◇운수 주식회사를 채무자, 당시 대표이사인 ◇◇◇를 연대보증인으로 하여 빌려 준 사실이 있습니다(갑 제1호증 차용증사본 참조).

3. 그런데 피고 ◇◇운수 주식회사는 원고의 자금대여 후에도 계속해서 자금사정이 악화되고 노조가 회사측의 부당한 대우에 파업을 하는 등으로 인하여 20○○. ○.경부터는 직원들의 급여도 지급할 수 없는 지경에 이르게 되었습니다. 이에 부득이 원고는 20○○. ○. ○.자로 회사를 퇴직하였고 피고 ◇◇운수 주식회사 및 피고 ◇◇◇(현재는 대표이사가 아님)에게 원고의 채권을 해결하여 달라고 여러 차례에 걸쳐 구두로 요구하였으나, 변제하겠다는 답변만을 했을 뿐 위 채무금의 일부도 변제한 사실이 없습니다.

4. 따라서 피고들은 연대하여 원고에게 금 ○○○원 및 20○○. ○. ○부터 이 사건 소장부본 송달일까지는 연 12%의, 그 다음날부터 다 갚을 때까지 소송촉진등에관한특례법에서 정한 연 12%의 각 비율에 의한 돈을 지급 받기 위하여 이 사건 소제기에 이르렀습니다.

입 증 방 법

1. 갑 제1호증   차용증

첨 부 서 류

1. 위 입증방법   3통
1. 법인등기사항증명서   1통
1. 소장부본   2통
1. 송달료납부서   1통

20○○.   ○.   ○.

위 원고   ○○○ (서명 또는 날인)

○○지방법원 귀중

2. 공동보증

2-1. 공동보증의 개념

① '공동보증'이란 같은 주채무에 관하여 여러 사람이 보증채무를 부담하는 보증의 형태를 말합니다(「민법」 제439조 참조).

② 공동보증은 공동보증인들의 관계에 따라 다음 세 가지 경우로 구별될 수 있습니다(「민법」 제439조 및 제448조제2항).
 - 단순보증인 경우
 - 여러 사람의 보증인이 주채무자와 연대로 채무를 부담하기로 하는 연대보증인 경우
 - 단순보증이지만 각 보증인이 분별의 이익을 포기하고 서로 연대하여 보증채무를 부담하기로 하는 보증연대인 경우

③ '분별의 이익'이란 공동보증에서 각 보증인이 채무에 대해 균등한 비율로 책임을 부담하는 것을 말합니다. 예컨대, 30만원의 주채무에 보증인이 3명 있다면 각 보증인은 분별의 이익을 가지므로 10만원씩 보증채무를 부담하게 됩니다(「민법」 제439조 및 제408조 참조).

2-2. 공동보증의 성립

① 공동보증은 각 보증인과 채권자가 보증계약을 체결함으로써 성립합니다.

② 공동보증의 경우 보증계약은 여러 사람의 보증인이 하나의 보증계약으로 동시에 체결해도 되고, 각각 별개의 보증계약을 체결해도 됩니다.

2-3. 공동보증인의 책임

① 여러 사람의 보증인이 하나의 계약으로 보증인이 된 경우는 물론 별개의 계약으로 보증인이 된 경우에도 특별한 의사표시가 없으면 각 보증인은 채무액을 균등한 비율로 나눈 부분에 대해서만 보증채무를 부담합니다(「민법」 제439조).

② 다만, 다음의 어느 하나에 해당하는 공동보증인에게는 분별의 이익이

없고 보증인 각자가 주채무 전액에 대해 보증책임을 집니다(「민법」 제448조제2항 및 「상법」 제57조제2항).
- 주채무가 불가분인 경우(예를 들어 소 한 마리, 집 한 채와 같이 그 성질 또는 가격을 해치지 않고서는 나눌 수 없는 것을 말함)
- 여러 사람의 보증인이 주채무자와 연대로 채무를 부담하기로 하는 연대보증의 경우
- 각 보증인이 분별의 이익을 포기하고 서로 연대하여 보증채무를 부담하기로 하는 보증연대인 경우

2-4. 공동보증인 사이의 구상관계
2-4-1. 공동보증인이 분별의 이익을 가지는 경우
① 여러 사람의 보증인이 하나의 채무에 대해 공동보증을 한 경우 어느 보증인이 자기의 부담부분을 넘은 변제를 한 때에는 다른 공동보증인에게 다음과 같은 구상권을 행사할 수 있습니다(「민법」 제448조제1항).
- 다른 공동보증인의 부탁 없이 공동보증인이 된 자가 변제, 그 밖에 자기의 출재로 보증채무를 소멸하게 한 때에는 다른 공동보증인은 그 당시에 이익을 받은 한도에서 배상하여야 합니다(「민법」 제448조제1항 및 제444조제1항).
- 다른 공동보증인의 의사에 반하여 공동보증인이 된 자가 변제, 그 밖에 자기의 출재로 보증채무를 소멸하게 한 때에는 주채무자는 현존 이익의 한도에서 배상하여야 합니다(「민법」 제448조제1항 및 제444조제2항).
- 다른 공동보증인의 의사에 반하여 공동보증인이 된 자가 구상권을 행사하는 경우에 다른 공동보증인이 구상한 날 이전에 상계원인이 있음을 주장한 때에는 그 상계로 소멸할 채권은 변제, 그 밖에 자기의 출재로 보증채무를 소멸하게 한 공동보증인에게 이전됩니다(「민법」 제448조제1항 및 제444조제3항).

② 채권자에 대한 관계에서는 공동연대보증인이지만 내부관계에서는 실질상의 주채무자인 자는 자기의 부담부분을 넘어서 그 보증채무를 변제한 경우라도 다른 공동연대보증인들에 대하여 구상권을 행사할 수 없습니다(대법원 2004.9.24. 선고 2004다27440 판결)

2-4-2. 공동보증인이 분별의 이익을 가지지 않는 경우

공동보증인이 분별의 이익을 가지지 않는 경우, 즉 주채무가 불가분이거나 각 보증인이 상호연대로 또는 주채무자와 연대로 채무를 부담한 경우에 어느 보증인이 자기의 부담부분을 넘은 변제를 한 때에는 다음의 내용에 따른 구상권을 행사할 수 있습니다(「민법」 제448조제2항).

① 다른 공동보증인의 부담부분에 대하여 구상권을 행사할 수 있습니다(「민법」 제448조제2항 및 제425조제1항).
   - 위의 구상권은 면책된 날 이후의 법정이자 및 피할 수 없는 비용, 그 밖의 손해배상을 포함합니다(「민법」 제448조제2항 및 제425조제2항).
   - 다른 공동보증인 중 이미 자기의 부담부분을 변제한 사람에 대해서는 구상권을 행사할 수 없습니다(대법원 1993.5.27. 선고 93다4656 판결).

② 어느 공동보증인이 다른 공동보증인에게 통지하지 않고 자기의 부담부분을 넘는 변제로 공동면책이 된 경우에 다른 공동보증인이 채권자에게 대항할 수 있는 사유가 있었을 때에는 그 부담부분에 한정하여 이 사유로 면책행위를 한 공동보증인에게 대항할 수 있고 그 대항사유가 상계인 때에는 상계로 소멸할 채권은 그 공동보증인에게 이전됩니다(「민법」 제448조제2항 및 제426조제1항).

③ 어느 공동보증인이 자기의 부담부분을 넘은 변제로 공동면책되었음을 다른 공동보증인에게 통지하지 않은 경우에 다른 공동보증인이 선의로 채권자에게 변제, 그 밖에 유상의 면책행위를 한 때에는 그 공동보증인은 자기의 면책행위의 유효를 주장할 수 있습니다(「민법」 제448조제2항 및 제426조제2항).

④ 공동보증인 중에 변제할 자력이 없는 자가 있는 경우 그 보증인의 부담부분은 구상권자 및 다른 자력이 있는 보증인이 그 부담부분에 비례하여 분담합니다. 그러나 구상권자에게 과실이 있는 때에는 다른 공동보증인에 대하여 분담을 청구하지 못합니다(「민법」 제448조제2항 및 제427조제1항).

⑤ 위의 경우에 상환할 자력이 없는 보증인의 부담부분을 분담할 다른 보증인이 채권자로부터 연대의 면제를 받은 때에는 그 보증인이 분담할 부분은 채권자의 부담으로 합니다(「민법」 제448조제2항 및 제427조제2항).

■ 보증인의 다른 공동보증인에 대하여 가지고 있던 가압류의 피보전권리를 대위행사할 수 있는지요?

Q. 채권자 甲은 채무자 을에게 5000만 원을 대여하였고, 위 채무에 관하여 丙과 정은 연대보증인이 되었습니다. 채권자 甲은 채무자 을에 대하여 자신의 권리를 확보하기 위하여 채무자 을의 X부동산에 대하여 가압류신청을 하여 법원으로부터 가압류결정을 받은 사실이 있습니다. 그 후 연대보증인 丙은 위 채무 전액을 변제하였습니다. 丙은 채권자 甲의 가압류의 효력을 자신을 위하여 주장할 수 있을까요?

A. 수인의 보증인이 있는 경우에 어느 보증인이 자기의 부담부분을 넘은 변제를 한 때에는 다른 보증인에 대하여 구상권을 행사할 수 있고, 그 구상권의 범위 내에서 종래 채권자가 가지고 있던 채권 및 그 담보에 관한 권리는 법률상 당연히 그 변제자에게 이전되는 것이므로, 채권자가 어느 공동보증인의 재산에 대하여 가압류결정을 받은 경우에, 그 피보전권리에 관하여 채권자를 대위하는 변제자는 채권자의 승계인으로서, 가압류의 집행이 되기 전이라면 민사소송법 제708조 제1항에 따라 승계집행문을 부여받아 가압류의 집행을 할 수 있고, 가압류의 집행이 된 후에는 위와 같은 승계집행문을 부여받지 않더라도 가압류에 의한 보전의 이익을 자신을 위하여 주장할 수 있습니다.

따라서 위의 경우에 변제를 한 보증인 丙은 구상권의 범위 내에서 채권자 甲이 다른 공동보증인에 대하여 가지고 있던 가압류의 피보전권리를 대위행사할 수 있다고 보아야 할 것입니다(대법원 1993.07.13. 선고 92다33251 판결)

⚖ **관련판례 1**

공동보증은 통상의 보증과 마찬가지로 주채무에 관하여 최종적인 부담을 지지 않고 전적으로 주채무의 이행을 담보하는 것이고(「민법」 제428조), 공동보증인은 자기의 출재로 공동면책이 된 때에는 그 출재한 액수에 불구하고 주채무자에게 구상을 할 수 있는 것이므로(「민법」 제441조제1항 및 제444조), 채권자에 대한 관계에서는 공동연대보증인이지만 내부관계에서는 실질상의 주채무자인 경우에 다른 연대보증인이 채권자에 대하여 그 보증채무를 변제한 때에 그 연대보증인은 실질상의 주채무자에 대하여 구상권을 행사할 수 있는 반면에 실질상의 주채무자인 연대보증인이 자기의 부담부분을 넘어서 그 보증채무를 변제한 경우에는 다른 연대보증인에 대하여 「민법」 제448조 제2항 및 제425조에 따른 구상권을 행사할 수는 없다(대법원 2004.9.24. 선고 2004다27440 판결).

☆☆ **관련판례 2**

이행(지급)보증보험은 보험계약자인 채무자의 주계약상의 채무불이행으로 인하여 피보험자인 채권자가 입게 되는 손해의 전보를 보험자가 인수하는 것을 내용으로 하는 손해보험으로서 실질적으로는 보증의 성격을 가지고 보증계약과 같은 효과를 목적으로 하는 점에서 보험자와 채무자 사이에는 민법의 보증에 관한 규정이 준용된다고 할 것이나, 이와 같은 보증보험계약과 주계약에 부종하는 보증계약은 계약의 당사자, 계약관계를 규율하는 기본적인 법률 규정 등이 상이하여 보증보험계약상의 보험자를 주계약상의 보증인과 동일한 지위에 있는 공동보증인으로 보기는 어렵다 할 것이므로, 보험계약상의 보험자와 주계약상의 보증인 사이에는 공동보증인 사이의 구상권에 관한 민법 제448조가 당연히 준용된다고 볼 수는 없다(대법원 2001.2.9. 선고 2000다55089 판결).

☆☆ **관련판례 3**

구 건설공제조합법(1996.12.30. 법률 제5230호로 제정된건설산업기본법 부칙 제2조 제1호로 폐지)에 따라 건설공제조합이 조합원으로부터 보증수수료를 받고 그 조합원이 다른 조합원 또는 제3자와의 도급계약에 따라 부담하는 하자보수의무를 보증하기로 하는 내용의 보증계약은, 무엇보다 채무자의 신용을 보완함으로써 일반적인 보증계약과 같은 효과를 얻기 위하여 이루어지는 것으로서, 그 계약의 구조와 목적, 기능 등에 비추어 볼 때 그 실질은 의연 보증의 성격을 가진다 할 것이므로, 민법의 보증에 관한 규정, 특히 보증인의 구상권에 관한 민법 제441조 이하의 규정이 준용된다. 따라서 건설공제조합과 주계약상 보증인은 채권자에 대한 관계에서 채무자의 채무이행에 관하여 공동보증인의 관계에 있다고 보아야 할 것이므로, 그들 중 어느 일방이 변제 기타 자기의 출재로 채무를 소멸하게 하였다면 그들 사이에 구상에 관한 특별한 약정이 없다 하더라도 민법 제448조에 의하여 상대방에 대하여 구상권을 행사할 수 있다(대법원 2008.6.19. 선고 2005다37154 전원합의체 판결).

⚖ 관련판례 4

여러 사람의 보증인이 있는 경우에는 그 사이에 분별의 이익이 있는 것이 원칙이지만, 그 여러 사람이 연대보증인일 때에는 각자가 별개의 법률행위로 보증인이 되었으므로 보증인 상호간에 연대의 특약(보증연대)이 없었더라도 채권자에 대해서는 분별의 이익을 갖지 못하고 각자의 채무 전액을 변제하여야 하고, 다만 보증인들 상호간의 내부관계에 있어서는 일정한 부담부분이 있고 그 부담부분의 비율에 관하여는 특약이 없는 한 각자 평등한 비율로 부담한다(대법원 1993.5.27. 선고 93다4656 판결).

⚖ 관련판례 5

수인의 보증인이 각자 채무자와 연대하여 채무를 부담하는 경우에 있어서는 보증인 상호간에 연대의 특약이 없는 경우에도 채권자에 대하여 분별의 이익이 없는 것이므로 각자 채무전액 또는 각자가 약정한 보증한도액 전액을 변제할 책임이 있는 것이라 하겠으나 보증인 상호간의 내부관계에 있어서는 일정한 부담부분이 있고 일정한 분할액에 한정하여 보증인의 지위에 놓이게 된다(대법원 1988.10.25. 선고 86다카1729 판결).

관련판례 6

공동보증이란 동일한 주채무에 대하여는 수인이 1개의 계약 또는 각각 별개의 계약으로 보증채무를 지는 것을 말하는 것인 바, 이 사건에서 원심이 취사한 증거관계를 살펴보면 원심이 소외 회사의 소외 은행에 대한 1979.2.13.부터 그해 4.30.까지 사이에 발행한 대출금채무에 대하여 원고와 위 망인이 서로 공동보증의 관계에 있다고 보고 원고의 이 사건 대위변제로 공동면책의 효과가 발생하였다고 판단한 조치는 정당하며, 소론과 같이 원고의 보증과 위 망인의 보증이 각각 그 주채무를 달리한다고 볼 수 없으므로 원심판결에 공동보증 또는 공동보증인간의 구상권에 관한 법리오해와 채증법칙위반 및 입증책임에 관한 법리오해로 판결에 영향을 미친 위법이 있다는 논지는 이유없다(대법원 1990.2.13. 선고 88다카7023 판결).

관련판례 7

수인의 보증인이 있는 경우에 어느 보증인이 자기의 부담부분을 넘은 변제를 한 때에는 다른 보증인에 대하여 구상권을 행사할 수 있고, 그 구상권의 범위 내에서 종래 채권자가 가지고 있던 채권 및 그 담보에 관한 권리는 법률상 당연히 그 변제자에게 이전되는 것이므로, 채권자가 어느 공동보증인의 재산에 대하여 가압류결정을 받은 경우에, 그 피보전권리에 관하여 채권자를 대위하는 변제자는 채권자의 승계인으로서, 가압류의 집행이 되기 전이라면 민사소송법 제708조 제1항에 따라 승계집행문을 부여받아 가압류의 집행을 할 수 있고, 가압류의 집행이 된 후에는 위와 같은 승계집행문을 부여받지 않더라도 가압류에 의 한 보전의 이익을 자신을 위하여 주장할 수 있다(대법원 1993.7.13. 선고 92다33251 판결).

3. 근보증

3-1. 근보증의 개념

'근보증'이란 당좌대월계약과 같은 일정한 계속적 거래관계로부터 발생하는 일체의 채무를 보증하기로 하는 계약을 말합니다(「민법」제428조의3제1항 전단 및 서울고법 1986.5.19. 선고 85나2600 제15민사부판결 참조).

3-2. 근보증의 성립

① 근보증은 보증인과 채권자가 근보증계약을 체결함으로써 성립합니다.
② 이 경우 보증하는 채무의 최고액은 보증인의 기명날인 또는 서명이 있는 서면으로 표시되어야 효력이 발생합니다(「민법」제428조의3제1항 후단•제2항).

3-3. 근보증의 성립 시점

채권자와 주채무자 사이의 계속적 거래관계에 대한 보증인의 근보증행위가 이루어진 시점에 대한 판단은 주채무가 실질적으로 발생하여 구체적인 보증채무가 발생한 때가 아니라 그 보증의 의사표시를 한 당시를 기준으로 해야 합니다(대법원 2002.7.9. 선고 99다73159 판결).

3-4. 근보증의 책임범위

3-4-1. 피담보채무의 범위

① 피담보채무의 범위는 보증계약에 의해 구체적으로 정해집니다.
② 특별한 의사표시가 없는 한 보증계약 체결 이전에 발생한 채무에 대해서는 보증인이 책임을 지지 않습니다.
③ 다만, 계속적 거래의 도중에 매수인을 위해 보증의 범위와 기간의 정함이 없이 보증인이 된 자는 특별한 사정이 없는 한 계약일 이후에 발생되는 채무뿐 아니라 계약일 현재 이미 발생된 채무에 대해서도 보증한 것이라고 해석하는 것이 타당하다고 할 것입니다(대법원 1995.9.15. 선고 94다41485 판결).

3-4-2. 보증한도액

① 보증한도액은 보증계약에서 정한 경우 그 한도액까지로 합니다.

② 계속적 보증계약에 보증한도액의 정함이 있는 경우 그 한도액을 주채무의 원본총액만을 기준으로 할 것인지 그 한도액에 이자, 지연손해금 등의 부수채무까지도 포함될 것으로 할 것인지는 먼저 계약당사자의 의사에 따라야하나, 특약이 없는 한 한도액 내에는 이자 등 부수채무도 포함된다고 할 것입니다(대법원 1995.6.30. 선고 94다40444 판결).

③ 다만, 보증채무는 주채무와는 별개의 채무이기 때문에 보증채무 자체의 이행지체로 인한 지연손해금은 보증한도액과는 별도로 부담하고 이 경우 보증채무의 연체이율에 관하여 특별한 약정이 없는 경우라면 그 거래행위의 성질에 따라 「상법」 또는 「민법」에서 정한 법정이율에 따라야 합니다(대법원 2000.4.11. 선고 99다12123 판결).

④ 민사채무의 법정이율은 연 5%이고, 상사채무의 법정이율은 연 6%입니다(「민법」 제379조 및 「상법」 제54조).

■ 계속적 보증의 보증한도액 범위는 어디까지 인지요?

Q. 친구가 회사로부터 계속적으로 물품을 공급받아 거래함으로써 발생되는 물품대금채무에 관하여 5천만원을 보증한도로 하여 연대보증을 섰는데, 친구가 물품대금을 연체하자 회사는 저에게 5천만원을 갚으라고 청구한 후 제가 부득이 이를 지체하자 청구시점 이후의 지연손해금까지 청구하고 있습니다. 보증한도인 5천만원을 넘는 지연손해금도 배상해야 하나요?

A. 보증한도액을 정한 보증의 경우 그 한도액을 주채무의 원금만을 기준으로 정한 것인지 아니면 주채무에 대한 이자·지연손해금 등 부수채무까지 포함하여 정한 것인지의 여부는 먼저 계약당사자의 의사에 따라서 결정해야 하나, 특별한 약정이 없으면 그 한도액은 주채무에 대한 이자·지연손해금 등 부수채무까지 포함하여 정한 것으로 보아야 합니다.

그러나 보증채무는 주채무와는 별개의 채무이기 때문에 보증채무 자체의 이행지체로 인한 지연손해금은 보증한도액과는 별도로 부담합니다(대법원 2000.4.11. 선고 99다12123 판결). 따라서 사안의 경우 회사로부터 보증채무를 청구 당한 이후의 지연손해금은 보증한도액 5천만원과는 별도로 부담하게 될 것으로 보입니다.

☜☞ 관련판례 1

근보증으로서의 신용보증채무 이행으로 인한 구상채무를 보증한 자가 신용보증채무가 확정되기 전에 적법하게 보증계약을 해지한 때에는 구체적인 보증채무의 발생 전에 보증계약 관계가 종료되므로, 그 이후 신용보증사고의 발생으로 신용보증기관의 신용보증채무가 확정되고 나아가 주채무자의 구상채무까지 확정된다 하여도 구상보증인은 그에 관하여 아무런 보증책임을 지지 아니한다. 그리고 이러한 법리는 주계약상 거래기간의 연장에 따라 신용보증기간이 연장되었으나 구상보증인에 대한 관계에서는 보증기간이 연장되지 아니하여 구상보증계약 관계가 먼저 종료되는 경우에도 마찬가지로 적용된다(대법원 2014.4.10. 선고 2011다53171 판결).

⚖️ 관련판례 2
갑 분양회사가 을 은행과 중도금 대출예정세대를 포괄적인 주채무자로 하는 한정근보증계약을 체결하였고 이후 수분양자들이 대출금 이자를 지급하지 않아 을 은행의 요구로 갑 분양회사가 소유권 미이전세대 분양목적물에 관하여 근저당권을 설정하여 주었는데 수분양자들이 분양잔금을 지급하지 않았고, 결국 을 은행이 위 근저당권에 기하여 신청한 임의경매절차에서 제3자가 수분양자들의 아파트를 매수하여 각 소유권을 취득한 사안에서, 갑 분양회사가 수분양자들에 대한 소유권이전의무를 이행할 수 없게 된 결정적인 원인은 수분양자들이 자신의 분양잔금 지급의무 및 대출금 이자 지급의무를 이행하지 아니한 데 있으므로 계약의 이행불능에 관하여 귀책사유가 있는 수분양자들은 그 이행불능을 이유로 분양계약을 해제할 수 없다(대법원 2011.1.27. 선고 2010다41010,41027 판결).

⚖️ 관련판례 3
계속적인 거래관계로부터 장래 발생하는 불특정채무를 보증하는 근보증을 하고 아울러 그 불특정채무를 담보하기 위하여 동일인이 근저당권설정등기를 하여 물상보증도 하였을 경우, 이 근저당권의 피담보채무와 근보증에 의하여 담보되는 주채무가 별개의 채무인가 아니면 그와는 달리 근저당권에 의하여 담보되는 채권이 위 근보증에 의하여도 담보되는 것인가의 문제는 계약 당사자의 의사해석 문제이다(대법원 2005.4.29. 선고 2005다3137 판결).

⚖️ 관련판례 4
계속적인 신용거래 관계로부터 장래 발생할 불특정 채무를 보증하기 위해 이른바 보증한도액을 정하여 근보증을 하고 아울러 그 불특정 채무를 담보하기 위하여 동일인이 근저당권설정등기를 하여 물상보증도 한 경우에, 근보증약정과 근저당권설정계약은 별개의 계약으로서 원칙적으로 그 성립과 소멸이 따로 다루어져야 할 것이나, 근보증의 주채무와 근저당권의 피담보채무가 동일한 채무인 이상 근보증과 근저당권은 특별한 사정이 없는 한 동일한 채무를 담보하기 위한 중첩적인 담보로서 근저당권의 실행으로 변제를 받은 금액은 근보증의 보증한도액에서 공제되어야 한다(대법원 2004.7.9. 선고 2003다27160 판결).

ᇂᇲ 관련판례 5

주택건설사업 시행자가 국민주택기금을 대출받으면서 체결한 근저당권설정계약서에 '포괄근보증'이라는 근저당권설정자의 자필기재가 있으나, 그 피담보채무의 범위에 사업시행자가 그 후 별도로 대출받은 운전자금 채무는 포함되지 않는다고 한 사례(대법원 2003.3.14. 선고 2003다2109 판결).

ᇂᇲ 관련판례 6

신용보증기금이 근보증의 보증기한을 연장하는 방법으로 종전에는 새로운 보증서를 발급하면서 그 특약사항으로 "본 보증서에 의한 보증한도는 구보증서에 의한 보증잔액을 포함하여 운영하실 것"이라는 문구를 기재하여 왔는바, 이와 같은 방식의 새로운 보증은 기존 보증의 보증기한을 연장하는 이른바 갱신보증에 불과하고 새로운 보증서의 특약사항란에 기재된 문구의 취지는 신용보증기금의 보증채무 한도액이 기존보증에 따른 주채무의 잔존액만큼 줄어든다는 것뿐만 아니라 기존의 잔존채무가 새로운 보증에 의하여도 담보된다는 의미로 해석하여야 한다(대법원 2002.12.10. 선고 2002다56253 판결).

ᇂᇲ 관련판례 7

채권자와 주채무자 사이의 계속적 거래관계에 대한 보증인의 근보증행위가 이루어진 시점에 대한 판단은 그 보증의 의사표시 당시를 기준으로 하여야 할 것이고, 주채무가 실질적으로 발생하여 구체적인 보증채무가 발생한 때를 기준으로 할 것은 아니다(대법원 2002.7.9. 선고 99다73159 판결).

☎☎ 관련판례 8

보증한도액을 정한 근보증에 있어 보증채무는 특별한 사정이 없는 한 보증한도 범위 안에서 확정된 주채무 및 그 이자, 위약금, 손해배상 기타 주채무에 종속한 채무를 모두 포함한다(대법원 2000.4.11. 선고 99다12123 판결).

☎☎ 관련판례 9

신용보증서상 "본 보증서에 의한 보증한도는 구 보증서에 의한 보증 잔액을 포함하여 운용하실 것."이라는 문구는 종전에 발행한 근보증서에 의한 보증책임을 이행할 의무가 남아 있는 경우, 보증채무 한도액이 기존의 근보증에 의한 주채무의 잔존 금액만큼 감축된다는 취지뿐만 아니라 기존의 잔존 채무를 새로운 근보증에 의해 담보한다는 취지도 포함되어 있다(대법원 2000.2.11. 선고 99다52121 판결).

☎☎ 관련판례 10

보증인이 회사의 직책을 맡아 있어 어쩔 수 없이 회사의 채무에 대하여 연대보증을 하였다는 이유로 그 보증인의 책임을 보증인이 재직중에 있을 때 생긴 채무만으로 제한할 수 있는 경우는 포괄근보증이나 한정근보증과 같이 채무액이 불확정적이고 계속적인 거래로 인한 채무에 대하여 보증한 경우에 한하고, 회사에 재직하게 된 관계로 보증할 당시 그 채무가 특정되어 있는 확정채무에 대하여는 보증을 한 후 그 직책을 사임하였다 하더라도 그 책임이 제한되는 것이 아니며, 상환 시기와 상환 방법이 구체적으로 확정되어 채무의 총액이 설정되고 주채무자인 회사가 이를 분할상환해 가기로 하되 미상환된 부분에 대하여 발생하는 구상채무를 연대보증한 경우에는 퇴직 후 그 연대채무를 면할 수 없다(대법원 1999.9.3. 선고 99다23055 판결).

♊ 관련판례 11

보증인이 회사의 이사라는 지위에 있었고 은행대출규정상 어쩔 수 없이 회사의 채무에 대하여 연대보증을 하였다는 이유로 그 보증인의 책임을 보증인이 이사로 재직 중에 있을 때 생긴 채무만으로 제한할 수 있는 경우는 포괄근보증이나 한정근보증과 같이 채무액이 불확정적이고 계속적인 거래로 인한 채무에 대하여 보증한 경우에 한하고, 회사의 이사로 재직하면서 보증 당시 이미 그 채무가 특정되어 있는 확정채무에 대하여는 보증을 한 후 이사직을 사임하였다 하더라도 사정변경을 이유로 보증계약을 해지할 수 있다거나 그 책임이 제한되는 것은 아니다(대법원 1999.1.15. 선고 98다46082 판결례).

♊ 관련판례 12

사정변경을 이유로 보증계약을 해지할 수 있는 것은 포괄근보증이나 한정근보증과 같이 채무액이 불확정적이고 계속적인 거래로 인한 채무에 대하여 한 보증에 한하는바, 회사의 이사로 재직하면서 보증 당시 그 채무액과 변제기가 특정되어 있는 회사의 확정채무에 대하여 보증을 한 후 이사직을 사임하였다 하더라도, 사정변경을 이유로 보증계약을 해지할 수 없다(대법원 1996.2.9. 선고 95다27431 판결).

♊ 관련판례 13

채권자가 수통의 보증서에 의하여 체결된 보증계약 중 최초의 보증서에 의한 보증이 포괄근보증임을 전제로 하여 그 보증채무의 이행을 구하는 청구를 한 경우, 그 청구 중에는 최초의 보증서에 의한 보증이 포괄근보증이 아니고 개별보증이라고 인정되는 경우 그 개별보증에 기한 보증채무의 이행을 구하는 취지가 포함되어 있다고 볼 수는 있으나, 그 청구의 범위 안에 채권자와 보증인 사이의 다른 보증계약에 의한 보증채무의 이행을 구하는 청구까지 당연히 포함된 것이라고 볼 수는 없다(대법원 1995.12.22. 선고 94다61236 판결).

3-4-3. 보증기간

① 계속적 채권관계에서 발생하는 주계약상의 불확정 채무에 대하여 보증계약이 체결된 후 주계약상의 거래기간이 연장되었으나 보증기간이 연장되지 않음으로써 보증계약이 종료된 경우, 보증인은 보증계약 종료 시의 주계약상의 채무에 대하여만 보증책임을 부담 합니다.

② 주채무의 거래기간이 연장되면 연대보증기간도 자동적으로 연장되는 것으로 규정한 소비대차약정상의 약관 조항의 효력은 무효입니다(대법원 1999.8.24. 선고 99다26481 판결).

3-5. 근보증의 책임제한

3-5-1. 근보증의 책임제한

근보증의 경우 보증인의 책임이 광범위하여 보증인에게 지나치게 가혹할 수 있다는 점에서 보증인의 보호가 특히 문제됩니다. 이와 관련하여 판례는 크게 다음과 같은 네 가지 방법으로 보증인의 책임을 제한하고 있습니다.

3-5-2. 당사자의 의사에 의한 제한

보증계약서의 문언상 보증기간이나 보증한도액을 정함이 없이 주채무자가 부담하는 모든 채무를 보증인이 보증하는 것으로 되어 있다 하더라도, 그 보증을 하게 된 동기와 목적, 피보증채무의 내용, 거래의 관행 등 제반 사정에 비추어 당사자의 의사가 계약문언과는 달리 일정한 범위의 거래의 보증에 국한시키는 것이었다고 인정할 수 있는 경우에는 그 보증책임의 범위를 제한할 수 있습니다(대법원 1993. 9. 28. 선고 92다8651 판결).

3-5-3. 사정변경을 이유로 한 보증계약의 해지 인정

① 판례는 채권자와 주채무자 사이의 계속적인 거래관계에서 발생하는 불확정한 채무를 보증하는 이른바 계속적 보증의 경우에도 보증인은

주채무자가 이행하지 않는 채무를 전부 이행할 의무가 있는 것이 원칙이나, 보증인이 보증을 할 당시 주채무가 그 예상범위를 훨씬 초과하여 객관적인 상당성을 잃을 정도로 과다하게 발생하였고, 또 그와 같이 주채무가 과다하게 발생한 원인이 채권자가 주채무자의 자산상태가 현저히 악화된 사정을 잘 알고 있으면서도(중대한 과실로 알지 못한 경우도 마찬가지임) 그와 같은 사정을 알 수 없었던 보증인에게 아무런 통지나 의사타진도 하지 않은 채 고의로 거래의 규모를 확대하였기 때문인 것으로 인정되는 등, 채권자가 보증인에게 주채무의 전부 이행을 청구하는 것이 신의칙에 반하는 것으로 판단될 만한 특별한 사정이 있는 경우에는 보증인의 책임을 합리적인 범위 내로 제한할 수 있다고 판시하고 있습니다(대법원 1995.4.7. 선고 94다21931 판결).

② 계속적 보증계약을 해지할 만한 상응하는 이유가 있는지 여부는 보증을 하게 된 경위, 주채무자와 보증인 사이의 관계, 보증계약의 내용, 채무증가의 구체적 경과와 채무의 규모, 주채무자의 신뢰상실 여부와 그 정도, 보증인의 지위변화, 주채무자의 자력에 관한 채권자나 보증인의 인식 등 제반 사정을 종합적으로 고려하여 판단해야 합니다(대법원 2003.1.24. 선고 2000다37937 판결).

3-5-4. 보증인의 지위변화와 해지권

① 판례는 회사의 이사의 지위에서 부득이 회사와 제3자 사이의 계속적 거래로 인한 회사의 채무에 대해 보증인이 된 자가 그 후 퇴사하여 이사의 지위를 떠난 때에는 보증계약 성립 당시의 사정에 현저한 변경이 생긴 경우에 해당하므로 이를 이유로 보증계약을 해지할 수 있고, 보증계약상 보증한도액과 보증기간이 제한되어 있다고 하더라도 위와 같은 해지권의 발생에 영향이 없다고 판시하고 있습니다(대법원 1998.6.26. 선고 98다11826 판결).

② 판례는 회사의 이사의 지위에 있었기 때문에 회사의 요구로 부득이

회사와 은행 사이의 계속적 거래로 인한 위 회사의 채무에 대하여 연대보증인이 된 자가 그 후 위 회사로부터 퇴사하여 이사의 지위를 떠난 것이라면 위 연대보증계약 성립 당시의 사정에 현저한 변경이 생긴 경우에 해당하므로 사정변경을 이유로 위 연대보증계약을 해지할 수 있다고 하면서, 근보증계약서상 보증인이 채무자인 회사의 임원에서 퇴임한 때에는 그 사실을 서면으로 은행에 통보하여야 한다는 취지로 규정되어 있다고 하여 보증인이 은행과의 사이에서 연대보증계약을 해지하는 의사표시도 반드시 서면에 의하여야만 한다고는 해석되지 않는다고 판시하고 있습니다(대법원 1992.5.26. 선고 92다2332 판결).

③ 다만, 판례는 계속적 보증계약의 보증인이 장차 그 보증계약에 기한 보증채무를 이행할 경우 피보증인이 계속적 보증계약의 보증인에게 부담하게 될 불확정한 구상금채무를 보증한 자에게도 사정변경이라는 해지권의 인정 근거에 비추어 마찬가지로 해지권을 인정하여야 할 것이나, 이와 같은 경우에도 보증계약이 해지되기 전에 계속적 거래가 종료되거나 그 밖의 사유로 주채무 내지 구상금채무가 확정된 경우라면 보증인으로서는 더 이상 사정변경을 이유로 보증계약을 해지할 수 없다고 판시하고 있습니다(대법원 2002.5.31.선고 2002다1673 판결).

3-5-5. 신의칙에 의한 보증책임 제한

판례는 채권자와 주채무자 사이의 계속적인 거래관계에서 발생하는 불확정한 채무를 보증하는 이른바 계속적 보증의 경우에도 보증인은 주채무자가 이행하지 않는 채무를 전부 이행할 의무가 있는 것이 원칙이나, 보증인이 보증을 할 당시 주채무가 그 예상범위를 훨씬 초과하여 객관적인 상당성을 잃을 정도로 과다하게 발생하였고, 또 그와 같이 주채무가 과다하게 발생한 원인이 채권자가 주채무자의 자산상태가 현저히 악화된 사정을 잘 알고 있으면서도(중대한 과실로 알지 못한 경우도 마찬가지임) 그와 같은 사정을 알 수 없었던 보증인에게 아무런 통지나 의사타진도 하지 않은 채 고의로 거래의 규모를 확대하였기 때문인 것으로 인정되는 등, 채권자가 보증인에게 주채무의 전부 이행을 청구하는 것이 신의칙에 반하는 것으로 판단될 만한 특별한 사정이 있는 경우에는 보증인의 책임을 합리적인 범위 내로 제한할 수 있다고 판시하고 있습니다(대법원 1995.4.7. 선고 94다21931 판결).

3-5-6. 보증인의 사망 시 상속의 제한

보증한도액이 정해진 계속적 보증계약의 경우 보증인이 사망하였다 하더라도 보증계약이 당연히 종료되는 것은 아니고 특별한 사정이 없는 한 상속인들이 보증인의 지위를 승계한다고 할 것이나, 보증기간과 보증한도액의 정함이 없는 계속적 보증계약의 경우에는 보증인이 사망하면 보증인의 지위가 상속인에게 상속된다고 할 수 없고 다만, 기왕에 발생된 보증채무만이 상속됩니다(대법원 2001.6.12. 선고 2000다47187 판결).

■ 5천만원 한도로 근보증을 서 주었던 친구가 돈을 갚지 않자 채권자가 저에게 청구하였으나 제가 갚지 않자 청구시점 이후의 지연손해금까지 청구한 경우 지연손해금도 배상해야 하나요?

Q. 5천만원 한도로 근보증을 서 주었던 친구가 돈을 갚지 않자 채권자가 저에게 청구하였으나 제가 갚지 않자 청구시점 이후의 지연손해금까지 청구하였는데, 보증한도인 5천만원을 넘는 지연손해금도 배상해야 하나요?

A. 보증한도액을 정한 보증의 경우 특별한 약정이 없으면 그 한도액은 주채무에 대한 이자·지연손해금 등 부수채무까지 포함하여 정한 것으로 보아야 합니다. 다만, 보증채무는 주채무와는 별개의 채무이기 때문에 보증채무 자체의 이행지체로 인한 지연손해금은 보증한도액과는 별도로 부담해야 합니다. 따라서 사안의 경우 보증인은 채권자로부터 보증채무의 이행을 청구 받은 이후의 지연손해금은 보증한도액 5천만원과는 별도로 부담하게 될 것으로 보입니다.

◇ "근보증"이란
당좌대월계약과 같은 일정한 계속적 거래관계로부터 발생하는 일체의 채무를 보증하기로 하는 계약을 말합니다.

◇ 근보증의 보증한도액
① 보증한도액은 보증계약에서 정한 경우 그 한도액까지로 합니다.
② 근보증계약에 보증한도액의 정함이 있는 경우 그 한도액을 주채무의 원본총액만을 기준으로 할 것인지 그 한도액에 이자, 지연손해금 등의 부수채무까지도 포함될 것으로 할 것인지는 먼저 계약당사자의 의사에 따라야 하나, 특약이 없는 한 한도액 내에는 이자 등 부수채무도 포함된다고 할 것입니다.
③ 다만, 보증채무는 주채무와는 별개의 채무이기 때문에 보증채무 자체의 이행지체로 인한 지연손해금은 보증한도액과는 별도로 부담하고

이 경우 보증채무의 연체이율에 관하여 특별한 약정이 없는 경우라면 그 거래행위의 성질에 따라 「상법」 또는 「민법」에서 정한 법정이율에 따라야 합니다.

④ 민사채무의 법정이율은 연 5%이고, 상사채무의 법정이율은 연 6%입니다.

⚖️ 관련판례

계속적 보증계약에서 보증인의 주채무자에 대한 신뢰가 깨어지는 등 보증인으로서 보증계약을 해지할 만한 상응하는 이유가 있는 경우에 보증인으로 하여금 그 보증계약을 그대로 유지, 존속케 하는 것은 사회통념상 바람직하지 못하므로 그 계약해지로 인하여 상대방인 채권자에게 신의칙상 묵과할 수 없는 손해를 입게 하는 등 특단의 사정이 있는 경우를 제외하고 보증인은 일방적으로 이를 해지할 수 있다고 할 것이고, 계속적 보증계약을 해지할 만한 상응하는 이유가 있는지 여부는 보증을 하게 된 경위, 주채무자와 보증인간의 관계, 보증계약의 내용, 채무증가의 구체적 경과와 채무의 규모, 주채무자의 신뢰상실 여부와 그 정도, 보증인의 지위변화, 주채무자의 자력에 관한 채권자나 보증인의 인식 등 제반 사정을 종합적으로 고려하여 판단하여야 할 것이다(대법원 2003.1.24. 선고 2000다37937 판결).

■ 근보증계약서에 채무의 최고액이 특정되지 않아도 유효한 경우 무효를 주장할 수 있나요?

Q. 갑은 임대업을 하는 자로 건물을 신축하기 위하여 건축업자 을과 도급계약을 체결하였습니다. 을은 위 계약에 따라 건물을 건축하기위해 레미콘을 사용할 필요가 있었고 이에 레미콘업자 병과 레미콘사용계약을 체결하였습니다. 병이 위 레미콘사용계약에 있어서 건축주인 갑의 보증을 요구한바, 갑이 레미콘 공급계약에 따라 장래에 계속적으로 발생하는 채무를 보증하기로 하는 일종의 근보증을 서 주었고, 그 보증계약서에는 갑이 보증하는 채무의 최고액에 관하여 아무런 기재가 존재하지 않았습니다.

갑은 위와 같은 이유로 이 사건 보증은 보증인 보호를 위한 특별법 제6조에 위반되어 효력이 없다고 판단하여 그 무효를 주장하는바, 갑의 주장은 타당한가요?

A. 보증인 보호를 위한 특별법 제6조 제1항에서는 "보증은 채권자와 주채무자 사이의 특정한 계속적 거래계약이나 그 밖의 일정한 종류의 거래로부터 발생하는 채무 또는 특정한 원인에 기하여 계속적으로 발생하는 채무에 대하여도 할 수 있다. 이 경우 그 보증하는 채무의 최고액을 서면으로 특정하여야 한다."라고 규정하여 근보증의 경우 채무의 최고액을 서면으로 특정하여야 하며 이를 어길시 동조 제2항에서는 "제1항의 경우 채무의 최고액을 서면으로 특정하지 아니한 보증계약은 효력이 없다."고 규정하고 있습니다.

하지만 이 사건의 갑은 임대업을 하는 자이고, 갑이 보증한 채무는 자신의 사업을 위한 것인바, 대법원은 "보증인 보호를 위한 특별법(이하 '특별법'이라 한다) 제6조 제1항, 제2항은 채권자와 주채무자 사이의 특정한 계속적 거래계약으로부터 발생하는 채무를 보증하는 경우 그 보증하는 채무의 최고액을 서면으로 특정하여야 하고, 채무의 최고액을 서면으로 특정하지 아니한 보증계약은 효력이 없다고 규정하고 있다. 그런데 특별법 제1조는 아무런 대가 없이 호의(好意)로 이루어지는 보증으로 인한 보증인의 경제적·정신적 피해를 방지함을 목적으로 한다고 규정하고 있고, 이러한 이유로 특별법 제2조 제1호 (가)목, 제2호는 특별법의 적용 대상이 되는 보증계약에서 '신용보증기금법 제2조 제1호에 따른 기업이 영위하는 사업과 관련된 타인의 채무에 대하여 보증채무를 부담하는 경우'를 제외하고 있으며, 신용보증기금법 제2조 제1호는 기업이란 '사업을 하는 개인 및 법인과 이들의 단체를 말한다'고 규정하고 있으므로, 사업을 하는 개인이 타인의 채무에 대하여 보증계약을 체결한 경우에 그 타인의 채무가 자신이 영위하는 사업과 관련된 것이라면 그 보증하는 채무의 최고액을 서면으로 특정하지 아니하였더라도 보증계약이 무효라고 할 수 없다(대법원 2013.11.14, 선고, 2013다64663, 판결)."고 판시한 바 있습니다.

따라서 이 사건의 갑은 자신이 영위하는 사업과 관련된 타인의 채무에 대해 보증계약을 체결하였기에 보증계약서에 채무의 최고액을 특정하지 아니하였더라도 그 보증계약이 무효라고는 할 수 없다 할 것입니다.

☞ 관련판례

근보증으로서의 신용보증채무 이행으로 인한 구상채무를 보증한 자가 신용보증채무가 확정되기 전에 보증계약을 해지한 경우에는 그 구상채무 보증인은 보증책임을 면하는 것이므로, 피보증인의 당좌부도가 발생하여 당좌대출거래가 종료됨으로써 보증인의 신용보증채무가 확정되기 전에 구상채무에 대한 보증계약이 해지된 경우, 그 구상채무의 보증인은 피보증인의 구상채무에 대하여 아무런 보증책임을 지지 아니한다(대법원 1998.6.26. 선고 98다11826 판결).

■ 근보증계약을 체결한 경우에 보증의 범위는?

Q. 갑은 주채무자 을의 병에 대한 현재 부담한 채무에 대하여 연대보증 채무를 부담하기로 하면서 그 내용으로 "어음대부, 어음할인, 증서 대부, 당좌대월 등의 방법에 의한 현재 부당한 채무 및 기간과 보 증액한도액을 정함이 없는 일체의 채무에 대하여 연대보증채무를 부 담하기로 한다."라고 약정하였습니다.

그 후 을이 병에게 돈을 더 빌리면서 새로운 대여금채무가 발생하였 습니다. 이에 병은 위 연대보증약정에 기하여 갑에게도 새로운 대여 금채무의 이행을 구하고 있습니다. 위 갑의 연대보증 때문에 새로운 대여금채무에 대하여도 연대하여 책임을 져야 하나요?

A. 이 사건 연대보증서의 기재내용에 의하면 갑은 주채무자인 을이 병에 대하여 어음대부, 어음할인, 증서대부, 당좌대월등 방법에 의하여 현재 부담한 채무 및 기간과 보증한도액을 정함이 없는 일체의 채무에 대하 여 연대보증 채무를 부담하기로 약정한 이른 바 근보증계약을 체결하였 음이 분명하다 할 것입니다. 따라서 다른 특별한 사정이나 특약이 없는 이상 갑은 주채무자인 을이 병으로부터 차용한 새로운 대여금 채무에 대하여도 근보증의 법리에 비추어 그 연대보증책임을 부담하여야한다고 해석함이 상당합니다(대법원 1976.8.24. 선고 76다1178 판결). 결국 갑은 을의 병에 대한 새로운 대여금채무에 대하여도 연대보증책임을 부담하 여야 합니다.

☃☃ 관련판례

회사의 이사의 지위에서 부득이 회사와 제3자 사이의 계속적 거래로 인한 회사의 채무에 대하여 보증인이 된 자가 그 후 퇴사하여 이사의 지위를 떠난 때에는 보증계약 성립 당시의 사정에 현저한 변경이 생긴 경우에 해당하므로 이를 이유로 보증계약을 해지할 수 있는 것이고, 한편 계속적 보증계약의 보증인이 장차 그 보증계약에 기한 보증채무를 이행할 경우 피보증인이 계속적 보증계약의 보증인에게 부담하게 될 불확정한 구상금채무를 보증한 자에게도 사정변경이라는 해지권의 인정 근거에 비추어 마찬가지로 해지권을 인정하여야 할 것이나, 이와 같은 경우에도 보증계약이 해지되기 전에 계속적 거래가 종료되거나 그 밖의 사유로 주채무 또는 구상금채무가 확정된 경우라면 보증인으로서는 더 이상 사정변경을 이유로 보증계약을 해지할 수 없다(대법원 2002.5.31. 선고 2002다1673판결).

■ 지연이자를 합하면 근보증한도액을 초과하고 있는데, 이를 모두 변제할 의무가 있을까요?

Q. 甲은 乙을 위하여 근보증을 서주었습니다. 乙의 채권자인 丙은 지급명령신청을 하여 확정이 된 상태입니다. 현재 지연이자를 합하면 근보증한도액을 초과하고 있는데, 이를 모두 변제할 의무가 있을까요?

A. 보증채무는 주채무와는 별개의 채무이기 때문에 보증채무 자체의 이행지체로 인한 지연손해금은 보증한도액과는 별도로 부담하고 이 경우 보증채무의 연체이율에 관하여 특별한 약정이 없는 경우라면 그 거래행위의 성질에 따라 상법 또는 민법에서 정한 법정이율에 따라야 합니다. 주채무에 관하여 약정된 연체이율이 당연히 여기에 적용되는 것은 아니지만, 특별한 약정이 있다면 이에 따라야 합니다(대법원 2005.6.23. 선고 2005다18955 판결). 따라서 사안의 경우 보증인 甲은 보증한도액과는 별도로 보증채무의 지연손해금에 대해서 책임을 져야할 것으로 보입니다.

⚖ 관련판례

계속적 채권관계에서 발생하는 주계약상의 불확정 채무에 대하여 보증한 경우의 보증채무는 통상적으로는 주계약상의 채무가 확정된 때에 이와 함께 확정되는 것이지만, 채권자와 주채무자와 사이에서는 주계약상의 거래기간이 연장되었으나 보증인과 사이에서 보증기간이 연장되지 않음으로써 보증계약관계가 종료된 때에는 보증계약 종료 시에 보증채무가 확정되므로 보증인은 그 당시의 주계약상의 채무에 대해서는 보증책임을 지나, 그 후의 채무에 대해서는 보증계약 종료 후의 채무이므로 보증책임을 지지 않는다고 보아야 한다(대법원 1999.8.24. 선고 99다26481 판결).

■ 근보증의 피보증채무가 구체적으로 확정되는 시기는 언제 확정되는가요?

Q. 제 친구가 공장을 운영하고 있는데 하루는 제게 자신의 공장 운영과 관련하여 근보증을 서줄 수 있냐고 하여 근보증을 서 주었습니다. 근보증의 경우 제가 부담해야할 피보증채무가 언제 확정되는가요?

A. 대법원은 근보증은 채권자와 주채무자 사이의 특정한 계속적 거래계약뿐 아니라 그 밖에 일정한 종류의 거래로부터 발생하는 채무 또는 특정한 원인에 기하여 계속적으로 발생하는 채무에 대하여도 할 수 있으며, 또한 근보증의 대상인 주채무는 근보증계약을 체결할 당시에 이미 발생되어 있거나 구체적으로 내용이 특정되어 있을 필요는 없고, 장래의 채무, 조건부채무는 물론 장래 증감·변동이 예정된 불특정의 채무라도 이를 특정할 수 있는 기준이 정해져 있으면 된다고 봅니다. 이와 같이 근보증은 그 보증대상인 주채무의 확정을 장래 근보증관계가 종료될 시점으로 유보하여 두는 것이므로, 그 종료 시점에 이르러 비로소 보증인이 부담할 피보증채무가 구체적으로 확정됩니다(대법원 2013.11.14. 선고 2011다 29987 판결). 이 사건의 경우, 친구분인 주채무자와 채권자간의 계약종료시점에 이르러야 피보증채무가 구체적으로 확정된다고 볼 것입니다.

> ⚖ **관련판례 1**
> 주채무의 거래기간이 연장되면 연대보증기간도 자동적으로 연장되는 것으로 규정한 은행과의 소비대차약정상의 약관 조항은 「약관의 규제에 관한 법률」 제9조제5호에 위반되어 효력이 없다(대법원 1999.8.24. 선고 99다26481 판결).

> ⚖ **관련판례 2**
> 갑이 은행으로부터 대출을 받음에 있어 대출원리금채무의 이행을 신용보증기금이 보증하는 한편, 별도로 갑이 은행에 대하여 현재 및 장래에 부담하는 모든 채무에 대하여 을이 갑과 연대하여 그 이행을 보증한다

는 취지가 포함된 은행 소정양식의 근보증서에 연대보증인으로 서명, 날인하였으나 을로서는 그 연대보증계약의 문면과는 상관없이 위 대출금 채무 중 신용보증기금의 보증범위에서 제외되는 연체이자채무부분에 관하여만 연대보증하였을 뿐 신용보증기금이 보증한 원리금채무부분까지 연대보증하였다고 할 수 없어 을은 신용보증기금에 대하여 구상금채무를 부담하지 않는다고 본 원심의 판단을 수긍한 사례(대법원 1992.7.14. 선고 92다13745 판결).

⚖ 관련판례 3

근보증계약서상 보증인이 채무자인 회사의 임원에서 퇴임한 때에는 그 사실을 서면으로 은행에 통보하여야 한다는 취지로 규정되어 있다고 하여 보증인이 은행과의 사이에서 연대보증계약을 해지하는 의사표시도 반드시 서면에 의하여야만 한다고는 해석되지 않는다(대법원 1992.5.26. 선고 92다2332 판결).

⚖ 관련판례 4

당초 수출지원금융의 변제기한을 연장할 목적으로 일반자금을 대출하였을지라도 위 '대환'이 기존채무를 확정적으로 소멸케 하고 신채무를 성립시키는 계약으로서 양채무 사이에 동일성이 없는 경개에 해당하고 따라서 기존채무에 대한 근보증의 효력은 신채무에 미치지 아니한다고 한 사례(대법원 1991.12.10. 선고 91다24281 판결).

⚖ 관련판례 5

연대보증계약을 근보증계약으로 본다고 하더라도 그 보증을 하게 된 동기와 목적, 피보증채무의 내용, 거래의 관행 등 제반사정에 비추어 당사자의 의사가 계약문언과는 달리 일정한 범위의 거래의 보증에 국한시키는것이었다고 인정할 수 있는 경우에는 그 보증책임의 범위를 당사자의 의사에 따라 제한하여 새겨야 한다(대법원 1987.12.8. 선고 87다카639 판결).

♊ 관련판례 6

근보증 계약서의 문언상 보증기간이나 보증한도액을 정함이 없이 회사가 부담하는 모든 채무를 보증하는 것으로 되어 있다 하더라도 그 보증을 하게 된 동기와 목적, 피보증채무의 내용, 거래의 관행등 제반사정에 비추어 당사자의 의사가 계약문언과 달리 일정한 범위의 거래의 보증에 국한 시키는 것이었다고 인정할 수 있는 경우에는 그 보증책임의 범위를 제한하여 새겨야 할 것이다(대법원 1987. 4. 28. 선고 82다카789 판결).

♊ 관련판례 7

동일인이 타인의 계속적 신용거래관계로부터 장래 발생할 불특정채무를 보증하는 소위 근보증을 하고 아울러 물상보증인이 되어 그 소유부동산에 근저당권설정등기를 하였을 경우 위 근보증의 범위가 위 근저당권의 채권최고액의 범위내로 한정되는 것인가의 여부는 각 구체적인 사안에 있어서의 계약당사자의 의사에 따라 결정하여야 할 것이고 이러한 경우 일률적으로 보증인이 위 근저당권의 채권최고액의 범위내에서만 보증책임을 질 의사였다고 단정할 수는 없다(대법원 1985. 5. 28. 선고 84다카2425 판결).

♊ 관련판례 8

계속적 상거래에 기한 채무의 연대보증(근보증)계약에 있어서 연대보증인이 채무자의 채무를 일정한 한도에서 보증하는 취지의 계약을 하였을 때는 그 보증한 한도 이상의 채무에 대하여는 그 책임이 없음은 물론이나 그 보증한 한도내의 채무가 잔존하고 있는 이상 그 잔존채무가 위 한도액 범위내의 거래로 인하여 발생한 채무이던, 또는 그 한도액을 초과한 거래로 인하여 발생한 채무중 다른 담보권의 실행으로 일부 변제되고 잔존한 채무이던 불문하고 그 보증한도에서 책임을 져야한다(대법원 1985.3.12. 선고 84다카1261 판결).

판매특약점 설치계약에 기한 계속적인 거래관계로 장래 발생하는 상품 대금채무에 대하여 보증인이 근보증을 하고 아울러 그 불특정채무를 담보하기 위하여 보증인 소유부동산에 대하여 근저당권설정등기를 하기로 하면서 다만 채권최고액에 대해서는 후일 담보부동산에 대한 감정결과에 따라 정하기로 한 경우에 있어서 보증서 문언상 모든 채무를 연대보증한다고 되어있다 하더라도 위 보증을 함과 동시에 동일문서에 담보제공승락을 하고서 그후 담보부동산에 대한 감정결과에 따라 담보최고액을 정하여 근저당권설정등기를 경료하였다면, 특단의 사정이 없는 한 근보증의 범위는 근저당권의 채권최고액에 한정된다(대법원 1983.7.26. 선고 82다카1772 판결).

4. 신원보증

4-1. 신원보증의 개념

① 신원보증은 피용자가 업무를 수행하는 과정에서 그의 책임 있는 사유로 사용자에게 손해를 입힌 경우에 그 손해를 배상할 채무를 부담하는 것을 말합니다(「신원보증법」 제2조 참조).

② '신원보증계약'이란 피용자(被傭者)가 업무를 수행하는 과정에서 그에게 책임 있는 사유로 사용자(使用者)에게 손해를 입힌 경우에 신원보증인이 그 손해를 배상할 채무를 부담할 것을 약정하는 계약을 말합니다(「신원보증법」 제2조).

4-2. 신원보증의 특성

① 주로 고용계약과 관련되는 인적담보제도로서의 신원보증제도는 통상 피용자와의 인간관계상 어쩔 수 없이 보증인이 된 신원보증인에게 예측가능성이 적으면서도 광범위한 책임을 지우는 불합리한 측면을 가지고 있습니다(출처: 법제처 국가법령정보센터 「신원보증법」(법률 제6592호) 개정문).

② 이에 신원보증인을 보호하고 신원보증관계를 적절히 규율하기 위해 「신원보증법」이 제정·시행되고 있습니다.

4-3. 신원보증계약의 체결

4-3-1. 계약체결 시 유의사항

① 신원보증은 보증인과 사용자의 신원보증계약에 따라 성립합니다.

② 「신원보증법」을 위반하는 특약으로서 어떠한 명칭이나 내용으로든지 신원보증인에게 불리한 것은 효력이 없습니다(「신원보증법」 제8조).

4-3-2. 신원보증계약의 존속기간

① 기간을 정하지 않은 신원보증계약은 그 성립일부터 2년간 효력을 가

집니다(「신원보증법」 제3조제1항).

② 신원보증계약의 기간은 2년을 초과하지 못하며 이보다 장기간으로 정한 경우에는 그 기간을 2년으로 단축합니다(「신원보증법」 제3조제2항).

③ 신원보증계약은 갱신할 수 있으나, 그 기간은 갱신한 날부터 2년을 초과하지 못합니다(「신원보증법」 제3조제3항).

4-4. 신원보증인의 보호

4-4-1. 신원보증인에 대한 사용자의 통지의무

① 피용자를 고용한 사용자는 다음의 어느 하나에 해당하는 경우에는 지체 없이 신원보증인에게 통지하여 계약해지의 기회를 주어야 합니다(「신원보증법」 제4조제1항).

- 피용자가 업무상 부적격자이거나 불성실한 행적이 있어 이로 인해 신원보증인의 책임이 발생할 우려가 있음을 안 경우
- 피용자의 업무 또는 업무수행의 장소를 변경함으로써 신원보증인의 책임이 가중되거나 업무 감독이 곤란하게 될 경우

② 사용자가 고의 또는 중과실로 위의 통지의무를 게을리하여 신원보증인이 계약해지권을 행사하지 못한 경우 신원보증인은 그로 인해 발생한 손해의 한도에서 의무를 면합니다(「신원보증법」 제4조제2항).

③ 판례는 사용자가 통지의무를 게을리함으로써 신원보증인의 책임이 면제되기 위한 요건과 그 판단 기준에 관하여 다음과 같이 판시하고 있습니다.

④ 「신원보증법」에 따르면 신원보증인은 「신원보증법」 제4조제1항의 통지를 받은 때에는 신원보증계약을 해지할 수 있도록 규정하고 있는데, 사용자가 위 통지의무를 이행하지 않은 경우에 신원보증인과 피보증인의 관계가 그러한 통지를 받았더라면 신원보증계약을 해지하였을 것이라는 특수한 사정이 인정된다면 신원보증인의 책임이 부정된다고 할 것이나, 위와 같은 특수한 사정은 신원보증을 하게 된 경위 등을

포함한 신원보증인과 피용자의 관계, 임무 또는 임지를 변경함에 따라 변화하게 된 업무의 내용과 피용자에 대한 책임의 가중 또는 감독의 어려움의 정도, 임무 또는 임지 변경에 대한 신원보증인의 예측가능성, 가중된 책임에 대한 신원보증인의 변제가능성 등을 종합적으로 고려하여 결정하여야 할 것이다(대법원 2004.2.27. 선고 2003다46277 판결).

4-4-2. 신원보증인의 계약해지권

신원보증인은 다음의 어느 하나에 해당하는 사유가 있는 경우에는 신원보증계약을 해지할 수 있습니다(「신원보증법」제5조).

① 사용자로부터 「신원보증법」 제4조제1항의 통지를 받거나 신원보증인이 스스로 「신원보증법」 제4조제1항 각 호의 어느 하나에 해당하는 사유가 있음을 안 경우

② 피용자의 고의 또는 과실로 인한 행위로 발생한 손해를 신원보증인이 배상한 경우

③ 그 밖에 계약의 기초가 되는 사정에 중대한 변경이 있는 경우

예를 들어 사용자가 근로자에게 퇴직금을 지급한 경우 특별한 사정이 없는 한 사용자와 근로자의 신원보증인과 사의 신원보증계약은 사용자와 근로자 사이의 근로관계가 퇴직금의 지급 후에도 계속되는지의 여부에 관계없이 당연히 해지되어 효력을 상실합니다(대법원 2000.3.14. 선고 99다68676 판결).

4-5. 신원보증인의 책임범위

4-5-1. 손해배상책임의 범위

① 신원보증인은 피용자의 고의 또는 중과실로 인한 행위로 발생한 손해를 배상할 책임이 있습니다(「신원보증법」제6조제1항).

② 신원보증인이 2명 이상인 경우에는 특별한 의사표시가 없으면 각 신원

보증인은 같은 비율로 의무를 부담합니다(「신원보증법」 제6조제2항).

③ 법원은 신원보증인의 손해배상액을 산정하는 경우 피용자의 감독에 관한 사용자의 과실 유무, 신원보증을 하게 된 사유 및 신원보증을 할 때 주의를 한 정도, 피용자의 업무 또는 신원의 변화, 그 밖의 사정을 고려해야 합니다(「신원보증법」 제6조제3항).

④ 판례도 「신원보증법」의 제정취지가 신원보증 제도의 사회적 기능을 해하지 않는 범위 내에서 신원보증인의 부담을 경감함을 목적으로 하고 있음에 비추어 「신원보증법」 제6조에 따라 필요적으로 이 조항에 다른 일체의 사정을 고려하여 신원보증인의 손해배상의 책임과 그 액수를 정해야 한다고 판시하고 있습니다(대법원 2009.11.26. 선고 2009다59671 판결).

4-5-2. 신원보증계약의 종료

신원보증계약은 신원보증인의 사망으로 종료됩니다(「신원보증법」 제7조).

[서식 예] 손해배상(기)청구의 소(회사공금 횡령에 대한 신원보증인의 책임)

소   장

원   고   ○○은행(주)
         ○○시 ○○구 ○○로 ○○(우편번호)
         대표이사 ○○○
         전화·휴대폰번호:
         팩스번호, 전자우편(e-mail)주소:
피   고   ◇◇◇ (주민등록번호)
         ○○시 ○○구 ○○로 ○○(우편번호)
         전화·휴대폰번호:
         팩스번호, 전자우편(e-mail)주소:

손해배상(기)청구의 소

청 구 취 지

1. 피고는 원고에게 금 ○○○원 및 이에 대하여 20○○. ○○. ○○.부터
   이 사건 소장부본 송달일까지는 연 5%의, 그 다음날부터 다 갚을 때
   까지는 연 12%의 각 비율에 의한 돈을 지급하라.
2. 소송비용은 피고의 부담으로 한다.
3. 위 제1항은 가집행 할 수 있다.
라는 판결을 구합니다.

청 구 원 인

1. 당사자 관계
   원고는 일반인들로부터의 예탁금, 적금의 수납 및 자금대출 등을 목
   적으로 설립된 영리법인이고, 소외 김◉◉는 20○○. ○. ○.부터 20
   ○○. ○○. ○○.까지 원고회사의 경리로 근무하던 사람이고, 피고는
   20○○. ○. ○.부터 20○○. ○○. ○○.까지 소외 김◉◉에 대하여
   신원보증을 한 신원보증인입니다.

2. 손해배상책임의 발생
1) 소외 김◉◉의 불법행위

   소외 김◉◉는 20○○. ○○. ○○.까지 원고회사의 경리직원으로 재
   직하면서 거래처로부터 수금, 미수, 잔액 등을 정리하는 업무를 처리
   해오던 중 여러 차례에 걸쳐 경리장부를 조작하는 수법을 사용하여
   거래처로부터 입금되는 금 ○○○원을 횡령하였습니다.
2) 피고의 책임

   피고는 이 사건 불법행위자인 소외 김◉◉의 신원보증인으로서 신원보
   증의 범위 내에서 소외 김◉◉가 원고에게 끼친 손해를 배상할 의무
   가 있다 할 것입니다.

3. 손해배상의 범위

   피고는 20○○. ○. ○. 이후에 소외 김◉◉의 신원보증인이 되었으므
   로, 소외 김◉◉가 20○○. ○. ○. 이후 횡령한 금 ○○○원에 대하
   여 책임을 저야 할 것입니다.

4. 따라서 피고는 소외 김◉◉의 신원보증인으로서 소외 김◉◉가 원고에
   게 끼친 손해를 배상할 의무가 있으므로, 원고는 피고에 대하여 금 ○
   ○○원 및 이에 대하여 이 사건 사고일인 20○○. ○○. ○○.부터 이 사
   건 소장부본 송달일까지는 민법에서 정한 연 5%의, 그 다음날부터 다
   갚는 날까지는 소송촉진등에관한특례법에서 정한 연 12%의 각 비율에
   의한 지연손해금을 지급 받기 위하여 이 사건 청구에 이르게 되었습니다.

입 증 방 법

1. 갑 제1호증   신원보증서
1. 갑 제2호증   경위서
1. 갑 제3호증   변제각서

첨 부 서 류

1. 위 입증방법   각 1통
1. 법인등기사항증명서   1통
1. 소장부본   1통
1. 송달료납부서   1통

```
                    20○○.    ○.    ○.
                  위 원고    ○○은행(주)
               대표이사 ○○○   (서명 또는 날인)

○○지방법원  ○○지원  귀중
```

■ 신원보증채무는 상속되나요?

Q. 1년 전 사촌형이 회사 영업부에 취직할 때 돌아가신 아버지가 신원보증을 서주셨습니다. 그런데, 얼마 전 회사로부터 사촌형이 아버지가 돌아가시기 전에 1천만원을 횡령하고 행방불명되었으니 이를 배상하라는 연락을 받았습니다. 알아보니 사촌형이 사고를 낸 것은 경리과로 자리를 옮긴 후였고 회사에서는 이러한 업무변경사실에 대해 아무런 통지도 하지 않았습니다. 이런 경우 제가 신원보증인의 상속인으로서 회사에 대해 책임을 져야 하나요?

A. 신원보증계약은 신원보증인의 사망으로 종료됩니다(「신원보증법」 제7조). 따라서 이후에 발생한 채무는 상속되지 않습니다. 다만 신원보증인 사망 전에 이미 발생한 채무는 상속인에게 상속됩니다.

사안의 경우, 사촌형이 회사에 손해를 입힌 시점이 신원보증인인 아버지의 사망 전이므로 그때에 이미 발생된 손해배상책임은 상속인에게 상속됩니다. 다만, 「신원보증법」 제4조에 따르면 피용자의 업무 또는 업무수행의 장소를 변경함으로써 신원보증인의 책임이 가중되거나 업무 감독이 곤란하게 될 경우 사용자는 지체 없이 신원보증인에게 통지하여 계약해지의 기회를 주어야 하고, 사용자가 고의 또는 중과실로 위의 통지의무를 게을리하여 신원보증인이 계약해지권을 행사하지 못한 경우 신원보증인은 그로 인해 발생한 손해의 한도에서 의무를 면합니다.

사촌형이 영업부에서 경리부로 부서를 옮긴 것은 위 통지사유에 해당되는 것으로 볼 수 있으므로, 귀하는 회사에 대해 손해배상책임의 감면을 주장해볼 수 있을 것입니다.

⚖ **관련판례**

갑의 아버지인 을이 병 주식회사와 '갑이 병 회사 재직 중 직무수행상 고의 또는 중대한 과실로 병 회사에 손해를 입힌 경우 손해를 배상하겠다'는 내용의 신원보증계약을 체결하였는데, 갑이 병 회사의 경리 및 회계 담당 직원으로 근무하면서 병 회사의 예금계좌에서 돈을 인출하여 횡령한 사안에서, 위 신원보증계약은 보증기간을 정하지 않았거나, 보증기간을 갑의 재직기간으로 정한 것으로 보더라도 신원보증법에 따라 신원보증기간이 2년을 초과하지 못하므로, 을은 갑의 신원보증인으로서 계약 성립일로부터 2년간 갑이 병 회사에 입힌 손해를 배상할 책임이 있다고 한 다음, 을은 갑의 아버지로서 아무런 대가 없이 신원보증계약을 체결한 점, 병 회사가 회계감사 등 갑에 대한 지휘, 감독을 행사한 증거가 없는 점 등을 고려하여 을의 신원보증책임을 30%로 제한한 사례(서울동부지방법원 2015.5.1. 선고 2014가합106982 판결).

■ 아버지가 돌아가시기 1년 전에 신원보증을 서 준 사람이 회사

Q. 아버지가 돌아가시기 1년 전에 신원보증을 서 준 사람이 회사돈을 횡령하고 행방불명된 경우에도 이 돈을 제가 갚아야 하나요?

A. 신원보증계약은 계약성립일부터 2년이 지나거나 신원보증인이 사망하면 종료됩니다. 따라서 신원보증인이 사망한 이후에 발생한 채무는 상속인에게 상속되지 않습니다. 다만 신원보증인 사망 전에 이미 발생한 채무는 상속인에게 상속됩니다.

사안의 경우, 회사가 손해를 입은 시점이 신원보증인인 아버지의 사망 전이라면 이미 발생된 손해배상책임은 상속인에게 상속되지만, 사망 후라면 상속인은 아무런 책임을 지지 않아도 됩니다. 위 손해배상금을 포함하여 상속채무가 상속재산보다 많은 경우 상속인은 상속포기 또는 상속의 한정승인을 고려해 볼 수 있을 것입니다.

◇ "신원보증계약"이란

피용자가 업무를 수행하는 과정에서 그에게 책임 있는 사유로 사용자(使用者)에게 손해를 입힌 경우에 신원보증인이 그 손해를 배상할 채무를 부담할 것을 약정하는 계약을 말합니다.

◇ 신원보증계약의 존속기간

① 기간을 정하지 않은 신원보증계약은 그 성립일부터 2년간 효력을 가집니다.

② 신원보증계약의 기간은 2년을 초과하지 못하며 이보다 장기간으로 정한 경우에는 그 기간을 2년으로 단축합니다.

③ 신원보증계약은 갱신할 수 있으나, 그 기간은 갱신한 날부터 2년을 초과하지 못합니다.

④ 신원보증계약은 신원보증인의 사망으로 종료됩니다. 따라서 신원보증인이 사망한 이후에 발생한 채무는 상속인에게 상속되지 않습니다. 다만 신원보증인 사망 전에 이미 발생한 채무는 상속인에게 상속됩니다.

⚖️ **관련판례**

구 「신원보증법」(2002.1.14. 법률 제6592호로 전부 개정되기 전의 것) 제6조는 "법원은 신원보증인의 손해배상의 책임과 그 액수를 정함에 있어 피용자의 감독에 관한 사용자의 과실의 유무, 신원보증인이 신원보증을 하게 된 사유 및 이를 함에 있어서 주의를 한 정도, 피용자의 임무 또는 신원의 변화, 그 밖의 일체의 사정을 참작한다."라고 규정하고 있다. 위 법의 제정 취지가 신원보증 제도의 사회적 기능을 해하지 않는 범위에서 신원보증인의 부담을 경감함을 목적으로 하고 있음에 비추어 보면, 법원은 위 조항에 따라 필요적으로 위 조항에 따른 일체의 사정을 고려하여 신원보증인의 손해배상의 책임과 그 액수를 정하여야 한다(대법원 2009.11.26. 선고 2009다59671 판결).

■ 제3자의 기망행위로 신원보증으로 대출금채무가 연체된 경우 제가 책임을 져야 하는지요?

Q. 저는 甲이 乙회사에 취직을 하려고 하니 신원보증을 서달라고 하여 그런 줄 알고 준비한 서류를 제대로 읽어보지 아니한 채로 서명·날인을 하였으나 알고 보니 그 서류는 甲이 대출을 받기 위해 필요한 이행보증보험서류이었습니다. 대출금채무가 연체된 경우 제가 책임을 져야 하는지요?

A. 「민법」은 사기·강박에 의한 의사표시에 관하여, 사기나 강박에 의한 의사표시는 취소할 수 있고, 상대방 있는 의사표시에 관하여 제3자가 사기나 강박을 행한 경우에는 상대방이 그 사실을 알았거나 알 수 있었을 경우에 한하여 그 의사표시를 취소할 수 있다고 규정하고 있습니다(민법 제110조 제1항, 제2항). 또한 착오에 의한 의사표시에 관하여, '법률행위 내용의 중요부분에 착오'가 있는 때에는 그 의사표시를 취소할 수 있으나, 그 착오가 표의자의 '중대한 과실'로 인한 것인 때에는 취소하지 못한다고 규정하고 있습니다(민법 제109조 제1항). 여기서 '법률행위내용의 중요부분에 관한 착오'는 의사표시를 한 자가 그러한 착오가 없었다면 그 의사표시를 하지 않았을 정도로 중요한 것이어야 하고(대법원 1985.4.23. 선고 84다카890 판결), 보통일반인이 의사표시를 한 자의 입장에 섰더라면 그러한 의사표시를 하지 아니하였으리라고 여겨질 정도로 그 착오가 중요한 부분에 관한 것임을 의미하며(대법원 2009.11.12. 선고 2009다42635 판결), '중대한 과실'이란 의사표시를 한 자의 직업, 행위의 종류, 목적 등에 비추어 보통 요구되는 주의를 현저히 결여한 것을 의미합니다(대법원 2009.9.24. 선고 2009다40356, 40363 판결).

제3자의 기망행위로 인하여 본인이 신원보증서류에 서명·날인하는 것으로 인식하고 있는 상태에서 실제로는 연대보증서류에 서명·날인한 사안을 대상으로 한 판례를 검토하면, 사기에 의한 의사표시란 타인의 기망행위로 말미암아 착오에 빠지게 된 결과 어떠한 의사표시를 하게 되는 경우이므로 거기에는 의사와 표시의 불일치가 있을 수 없고, 단지 의사의 형성과정 즉 의사표시의 동기에 착오가 있는 것에 불과하며, 이 점에서 고유한 의미의 착오에 의한 의사표시와 구분되는데, 신원보증서류에 서명·날인한다는 착각에 빠진 상태로 연대보증서면에 서명·날인한 경우, 결국 그러한 행위는 '기명날인의 착오 또는 서명의 착오' 즉, 어떤 사람이 자신의 의사와 다른 법률효과를 발생시키는 내용의 서면에, 그것을 읽지 않거나 올바르게 이해하지 못한 채 기명날인을 하는 이른바 '표시상의 착오'에 해당하므로, 비록 그러한 착오가 제3자의 기망행위에 의하여 일어난 것이더라도 그에 관해서는 사기에 의한 의사표시에 관한 법리, 특히 상대방이 그러한 제3자의 기망행위사실을 알았거나 알 수 있었을 경우가 아닌 한 의사표시자가 취소권을 행사할 수 없다는 「민법」제110조 제2항의 규정을 적용할 것이 아니라, 착오에 의한 의사표시에 관한 법리만을 적용하여 취소권행사의 가능여부를 가려야 한다고 합니다(대법원 2005.5.27. 선고 2004다43824 판결).

이 사안에서 귀하는 어떠한 보증이든 해주겠다는 의사로 그 서류의 내용을 확인하지 않은 것이 아니고, 신원보증서류에 서명·날인한다는 착각에 빠진 상태로 내용이 전혀 다른 이행보증보험약정서의 연대보증서류에 서명·날인한 것이므로 그것은 '표시상의 착오'에 해당된다고 할 수 있습니다. 또한 귀하는 甲으로부터 건네받은 서류가 신원보증서류가 아니라 이행보증보험약정서의 연대보증약정서류인 것을 알았다면 그러한 서명·날인으로 그 기재내용과 같은 의사표시를 하지 않았을 것으로 보이므로, 그것은 법률행위의 중요부분의 착오에 해당한다고 할 수 있을 것으로 보입니다. 결국 이 사건 의사표시를 착오에 의한 의사표시로서 취소할 수 있을 것인지는 그 착오가 귀하의 중대한 과실로 인한 것인지 여부에 따라 달라지게 될 것인데, 이는 귀하의 직업, 서류작성의 구체적인 과정, 목적 등을 종합적으로 고려하여 판단하게 될 것입니다.

위 대법원 2005.5.27. 선고 2004다43824 사건은, 교사 乙이 A회사 이사의 말에 속아 아들 甲의 신원보증서류가 필요한 것으로 알고 동료교

사인 보증인에게 신원보증을 서줄 것을 미리 부탁한 후 아들 甲으로부터 건네받은 서류(이행보증보험약정의 연대보증서류)를 보증인에게 건네주면서 연필로 표시된 부분에 서명·날인하면 된다고 하였는데, 보증인은 다음 수업시간이 임박해 있던 관계로 미처 서류를 읽어보지 못한 채 그 서류가 전에 부탁받은 신원보증관련서류로 알고 그 서류에 서명·날인을 하게 된 사건입니다. 위 대법원 판결에 의하여 사건을 환송받은 서울고등법원은, 그 보증인의 착오에 중대한 과실이 있다고 보기 어렵고, 보증인의 착오에 중대한 과실이 있다고 하더라도 보증보험회사의 업무를 대행한 자에 의하여 고의적으로 유발된 착오인 경우 신의칙상 그 취소가 인정되어야 한다고 판시하였습니다(서울고등법원 2005.11.17. 선고 2005나44635 판결). 이 판결에는 다시 상고가 제기되었으나 대법원은 이를 기각하는 판결을 선고하여 원 판결이 그대로 확정되었습니다(대법원 2006.3.24. 선고 2006다4953 판결).

ᡒᢇ 관련판례

갑이 협의이혼 후에도 함께 거주하고 있던 을에게서 주차관리원으로 취직하는 데 필요한 신원보증을 해 달라는 부탁을 받고 자신의 인감증명서와 주민등록등본을 직접 발급받아 놓았는데, 을이 차용증의 연대보증인란에 갑의 인적사항을 기재한 후 소지하고 있던 갑의 도장을 날인하여 병에게 교부하면서 갑 명의의 위임장을 작성하여 갑의 인감증명서, 주민등록등본 등과 함께 교부한 사안에서, 위 차용증 작성·교부 당시 을은 갑을 대리하여 신원보증계약을 체결할 기본대리권이 있었고, 나아가 병이 을에게 갑을 대리하여 연대보증약정을 체결할 권한이 있다고 믿은 데에는 정당한 이유가 있었다고 봄이 타당한데도, 이와 달리 본 원심판결에 법리오해의 위법이 있다(대법원 2012.7.26. 선고 2012다27001 판결).

■ 신원보증인의 책임한계는 어떻게 되는지요?

Q. 저는 2년 전 친구의 간청으로 그의 아들 甲이 乙회사에 취직하는데 기간을 약정하지 않은 신원보증을 하였고, 甲이 인사과에 근무한다고 하여 저는 그 동안 안심하고 신원보증을 한 사실조차 잊고 있었는데, 甲은 거래처에서 수금한 3,000만원을 횡령한 사실이 밝혀져 1개월 전에 구속되었고, 乙회사에서는 저에게 신원보증인이므로 피해금액을 변상하라고 합니다. 사건발생 후 알아보니 乙회사는 甲이 1년 전 인사과에서 영업부로 전보되었음에도 불구하고 저에게 이를 통지하지 않았는바, 친구의 부탁에 마지못해 신원보증을 한 제가 과연 위 금액전부를 책임져야 하는지요?

A. 신원보증계약이란 피용자가 업무를 수행하는 과정에서 그에게 책임 있는 사유로 사용자에게 손해를 입힌 경우에 그 손해를 배상할 채무를 부담할 것을 약정하는 계약을 말합니다(신원보증법 제2조). 신원보증은 그 내용이 광범위할 뿐만 아니라 피용자와 특별한 관계 때문에 어쩔 수 없이 보증을 하게 되는 경우가 보통이므로, 신원보증인의 책임을 완화하기 위하여 신원보증법을 두고 있는데, 신원보증법에서 정하는 규정에 반하는 특약으로서 어떠한 명칭이나 내용으로든지 신원보증인에게 불리한 것은 효력이 없다고 규정하고 있습니다(신원보증법 제8조). 신원보증인의 책임에 관하여 신원보증법에서 '업무를 수행하는 과정'에서 피용자의 '책임 있는 사유'로 사용자에게 입힌 손해로 손해의 범위를 한정하고 있으므로(신원보증법 제2조), 신원보증인은 신원본인이 그의 업무와 아무런 관련이 없는 사유로 인한 손해에 대해서까지 배상책임이 있다고 볼 수는 없고(대법원 2007.5.31. 선고 2007다248 판결), 신원보증인은 '피용자의 고의 또는 중과실'로 인한 행위로 인하여 발생한 손해에 대하여 배상할 책임이 있습니다(신원보증법 제6조 제1항). 또한, 신원보증인의 책임범위와 관련하여 구 신원보증법(2002.1.14. 법률 제6529호로 개정되기 전의 것)이 적용될 때에 관한 판례를 보면, 신원보증인은 피용자가 자기임무를 수행

함에 있어서 다른 사람을 사용하거나 보조를 받은 경우 그 보조자의 고의·과실로 인한 손해도 채무불이행의 이행보조자에 준하여 책임을 지고(대법원 1968.8.30. 선고 68다1230 판결), 피용자의 행위는 업무집행의 기회 또는 업무집행의 권한을 이용 또는 악용해서 한 행위를 널리 포함한다고 하였습니다(대법원 1967.7.11. 선고 66다974 판결, 1993.4.13. 선고 92다53927 판결).

한편, 기간을 정하지 아니한 신원보증계약은 그 성립일로부터 2년간 그 효력을 가지고, 또한 신원보증계약기간은 2년을 초과하여 정하지 못하고, 이보다 장기간을 정한 때에는 2년으로 단축하며, 신원보증계약을 갱신할 수 있으나 그 기간은 갱신한 날부터 2년을 초과하지 못합니다(신원보증법 제3조).

사용자는 피용자가 업무상 부적격자이거나 불성실한 행적이 있어 이로 말미암아 신원보증인의 책임을 야기할 우려가 있음을 안 때 혹은 피용자의 업무 또는 업무수행 장소를 변경함으로써 신원보증인의 책임을 가중하거나 그 감독이 곤란하게 될 때에는 지체 없이 신원보증인에게 통지하여야 하고, 신원보증인이 사용자의 이러한 통지를 받거나 스스로 통지사유를 안 경우, 피용자의 고의·과실 있는 행위로 발생한 손해를 그가 배상한 경우, 그 밖에 계약의 기초가 되는 사정에 중대한 변경이 있는 경우에는 계약을 해지할 수 있습니다(신원보증법 제4조, 제5조). 또한, 사용자가 고의 또는 중과실로 통지의무를 게을리 하여 신원보증인이 해지권을 행사하지 못한 경우 신원보증인은 그로 인하여 발생한 손해의 한도에서 의무를 면하게 되는데(신원보증법 제4조 제2항), 손해배상책임 면제규정이 없었던 구 「신원보증법」(2002.1.14. 법률 제6529호로 개정되기 전의 것)이 적용될 때에 관한 판례를 보면, 사용자에게 구 신원보증법 제4조의 통지의무가 있더라도 사용자가 그 통지를 하지 아니하였다고 하여 막바로 신원보증인의 책임이 면제되는 것은 아니지만, 신원보증인과 피보증인의 관계가 그러한 통지를 받았더라면 신원보증계약을 해지하였을 것이라는 특수한 사정이 있었음에도 불구하고 이를 통지하지 아니하여 신원보증인으로부터 계약해지의 기회를 박탈하였다고 볼 수 있는 경우에는 신원보증인의 책임이 부정된다고 하였습니다(대법원 2007.5.31. 선고 2007다248 판결). 그리고 법원은 신원보증인의 손해배상책임과 그 금액을 정함에 있어 피용자의 감독에 관한 사용자의 과실유무, 신원보증인이 신원보증을 하게 된 사유 및 이를 함에 있어서 주의를 한 정도, 피용자의 업무 또는 신원의 변화 그 밖의 사정을 고려해야 하는데(신원보증법 제6조 제3항), 법원은 이러한 사정을 필수적으로 고려하여야 합니다(대법원 2009.11.26. 선고 2009다59671 판결).

위 사안의 경우 신원보증계약기간을 정하지 않았다고 하므로, 귀하와 乙회사의 신원보증계약은 2년간 효력을 가지며, 만일 2년이 지나지 않아 책임을 지는 경우라 하더라도 甲이 인사과에서 영업부로 근무부서를 옮긴 것은 신원보증법상 통지사유에 해당된다고 볼 수 있고, 乙회사가 고의 또는 중과실로 이러한 통지의무를 게을리 함으로써 귀하가 계약을 해지할 수 있는 기회를 잃었다면, 귀하는 그로 인하여 발생한 손해의 한도에서 의무를 면하게 될 수도 있으므로 乙회사에 대해 손해배상책임의 감면을 주장해볼 수 있을 것입니다.

참고로 신원보증인채무는 피보증인의 불법행위로 인한 손해배상채무 그 자체가 아니고 신원보증계약에 기초하여 발생한 채무로서 이행기의 정함이 없는 채무이므로 채권자로부터 이행청구를 받지 않으면 지체책임이 생기지 않는다고 할 것입니다(대법원 2009.11.26. 선고 2009다59671 판결).

♨ 관련판례

신원보증인의 채무는 피보증인의 불법행위로 인한 손해배상채무 그 자체가 아니고 신원보증계약에 기하여 발생한 채무로서 이행기의 정함이 없는 채무이므로 채권자로부터 이행청구를 받지 않으면 지체의 책임이 생기지 않는다(대법원 2009.11.26. 선고 2009다59671 판결).

■ 신원보증인이 사망한 경우 상속인에게도 보증책임이 있는지요?

Q. 저의 아버지 甲은 2년 전 사촌형인 乙이 丙회사의 조사과에 취직하는데 기간을 정하지 않은 신원보증을 서준 후 1개월 전 사망하였는데, 丙회사에서는 乙이 아버지가 사망하기 전에 1,000만원을 횡령하고 행방불명되었으니 이를 배상하라고 합니다. 그러나 乙이 사고를 낸 것은 경리과로 자리를 옮긴 후이고, 丙회사에서는 이러한 업무변경사실에 대하여 아무런 통지도 하지 않았는데, 제가 신원보증인의 상속인으로서 丙회사에 대하여 책임이 있는지요?

A. 신원보증계약의 내용은 사용자에 의하여 일방적으로 정하여지는 것이 보통이어서 책임의 범위가 매우 넓은 경우가 많습니다. 결국, 신원보증인은 가혹한 책임을 지게 될 위험을 지니게 되므로, 신원보증인의 책임을 합리적으로 조정하기 위하여 신원보증법이 제정되어 있습니다. 신원보증법에 따르면, 기간을 정하지 아니한 신원보증계약은 그 성립일로부터 2년간 그 효력을 가지고, 또한 신원보증계약기간은 2년을 초과하여 정하지 못하고, 이보다 장기간을 정한 때에는 2년으로 단축하며, 신원보증계약을 갱신할 수 있으나 그 기간은 갱신한 날부터 2년을 초과하지 못하고(신원보증법 제3조), 신원보증계약은 신원보증인의 사망으로 종료한다고 규정하고 있으므로(신원보증법 제7조), 甲이 丙회사에 대해서 부담하는 신원보증계약상의 책임은 보증기간인 2년이 되기 이전일지라도 甲이 사망한 때에 소멸된다고 할 것입니다.

그러나 乙이 丙회사에 손해를 입힌 시점이 甲의 사망 전이므로 그때에 이미 발생된 손해배상책임은 없어지는 것이 아니어서 상속인인 귀하는 丙회사에 대해 배상할 책임이 있다고 할 것입니다(대법원 1972.2.29. 선고 71다2747 판결). 다만, 귀하의 책임범위에 있어서는 신원보증법에서 사용자는 피용자가 업무상 부적격자이거나 불성실한 행적이 있어 이로 말미암아 신원보증인의 책임을 야기할 우려가 있음을 안 때 혹은 피용자의 업무 또는 업무수행의 장소를 변경함으로써 신원보증인의 책임을 가중하거나 그 감독이 곤란하게 될 때에는 지체 없이 신원보증인에게 통지하여야 하고, 신원보증인이 사용자의 이러한 통지를 받거나 스스로 통지사유를 안 경우, 피용자의 고의·과실 있는 행위로 발생한 손해를 그가 배상한 경우, 그 밖에 계약의 기초가 되는 사정에 중대한 변경이 있는 경우에는 계약을 해지할 수 있습니다(신원보증법 제4조, 제5조). 또한, 사용자가 고의 또는 중과실로 통지의무를 게을리 하여 신원보증인이 해지권을 행사하지 못한 경우 신원보증인은 그로 인하여 발생한 손해의 한도에서 의무를 면하게 되는데(신원보증법 제4조 제2항), 乙이 조사과에서 경리과로 부서를 옮긴 것은 위 통지사유에 해당되는 것으로 볼 수 있으므로, 귀하는 丙회사에 대해 손해배상책임의 감면을 주장해볼 수 있을 것입니다. 한편, 상속인은 민법 제1019조에 따라서 법원으로부터 한정승인 또는 상속포기 결정을 받아 상속재산의 한도 내에서 보증채무를 부담하거나(한정승인의 경우), 보증채무를 면할 수 있습니다(상속포기의 경우).

따라서 귀하는 위 신원보증법상 규정에 따라 丙회사에 대하여 손해배상책임의 감면을 주장할 수도 있고, 법원으로부터 한정승인 또는 상속포기 결정을 받아 丙회사에 대한 보증채무의 감면을 주장할 수도 있습니다.

☆☆ 관련판례

신원보증보험계약에 적용되는 추가위험부담특별약관(Ⅰ)에 의하여 피보증인이 피보험자를 위하여 그 사무를 처리함에 있어 중대한 과실이나 선량한 관리자로서의 책임을 다하지 못함으로써 피보험자가 입은 재산상의 직접손해(피보험자가 위의 사유로 법률상의 손해배상책임을 부담함으로써 입은 손해를 포함한다)도 보상대상으로 정한 경우, 피보험자가 법률상의 손해배상책임을 부담함으로써 입은 손해에 대하여 보험자가 보상하기로 약정한 부분은 피보험자가 피보증인의 행위로 인하여 직접 입은 손해를 보상하는 것이 아니라 피보험자의 피용인인 피보증인의 행위로 인하여 제3자가 손해를 입게 된 결과 피보험자가 그 제3자에 대하여 법률상 손해배상책임을 부담함으로써 입은 손해를 보상하는 것을 그 내용으로 하고 있으므로 손해보험 중에서도 일종의 영업책임보험(상법 제721조)의 성격을 가지고 있다(대법원 2007.10.25. 선고 2005다15949 판결).

■ 중간퇴직으로 퇴직금 지급 후에도 신원보증계약이 계속 유지되는지요?

Q. 저는 甲이 乙회사에 입사할 때 신원보증계약을 체결해준 사실이 있는데, 甲이 입사한지 1년 후 乙회사가 경영합리화차원에서 퇴직금 중간정산 및 성과급제도를 도입하여 직원들로부터 그 적용신청을 받았고, 甲도 위 신청을 하여 중간퇴직금을 수령한 뒤 그 때부터 성과급적용직원이 되었는데, 그 후 甲이 乙회사에 손해를 끼친 사실이 있고 신원보증계약기간이 경과되지 않았다고 그 손해를 저에게 청구하고 있는데, 이 경우에도 제가 신원보증인으로서 책임을 부담하여야 하는지요?

A. 신원보증계약이란 피용자가 업무를 수행하는 과정에서 그의 책임 있는 사유로 사용자에게 손해를 입힌 경우에 그 손해를 배상할 채무를 부담할 것을 약정하는 계약을 말합니다(신원보증법 제2조).

그런데 신원보증계약기간이 만료되지 않았더라도 퇴직금이 피용자의 행위로 인한 신원보증인의 신원보증채무의 구상권에 대한 담보적 구실도 한다는 점에서 볼 때 퇴직금이 지급된 경우에도 신원보증인의 보증책임이 그대로 존속한다고 볼 수 있는지에 의문이 있는데, 이에 관하여 판례를 보면, 신원보증계약은 피용자의 행위로 인하여 사용자가 받은 손해를 배상함을 내용으로 하는 사용자와 신원보증인 사이의 계약이므로 약정한 신원보증기간이 종료되기 전이라 하더라도 피보증인인 피용자가 사용자와의 고용계약이 합의해지 되어 고용관계가 소멸하면 그때부터 신원보증계약의 효력은 상실된다 할 것이고, 퇴직금은 피용자의 행위로 인한 사용자의 손해 및 신원보증인의 신원보증채무의 구상권에 대한 담보적 구실을 할 수 있다 할 것이므로, 피용자와 사용자의 내부적 합의에 따라 계속근무를 전제한 일시퇴직, 신규입사의 처리를 한 사실이 있다 하더라도(피용자의 퇴직금중간청산요청에 따라 형식적으로 서류상으로만 퇴직한 것으로 처리하였을 뿐 실제로 퇴직한 것이 아니라 하여도 동일함) 그와 같은 합의가 당사자 사이에 내부적으로 어떠한 효력이 있음은 별론으로 하고 신원보증인에 대한 관계에 있어서는 피용자가 사용자인 회사를 일단 퇴직한 효력에는 변함이 없다 할 것이고, 신원보증계약은 피용자의 퇴직사실로 당연해지 되어 효력을 상실하였다고 하였습니다(대법원 1986.2.11. 선고 85다카2195 판결, 2000.3.14. 선고 99다68676 판결).

따라서 위 사안에서도 귀하가 별도로 甲이 퇴직금을 수령한 후에도 신원보증계약이 존속된다는 점에 대하여 동의를 해주는 등의 특별한 사정이 없었다면 甲의 퇴직금 수령 후의 행위에 대한 보증책임을 부담하지 않게 될 것으로 보입니다.

관련판례 1

구 신원보증법(2002.1.14. 법률 제6592호로 전문 개정되기 전의 것) 제5조에 의하면, 신원보증인은 같은 법 제4조의 통지를 받은 때에는 신원보증계약을 해지할 수 있도록 규정하고 있는바, 사용자가 위 통지의무를 이행하지 않은 경우에 신원보증인과 피보증인의 관계가 그러한 통지를 받았더라면 신원보증계약을 해지하였을 것이라는 특수한 사정이 인정된다면 신원보증인의 책임이 부정된다고 할 것이나, 신원보증계약의 특수성과 함께 같은 법 제4조 제2호, 제5조, 제6조의 취지에 비추어 보면, 위와 같은 특수한 사정은 신원보증을 하게 된 경위 등을 포함한 신원보증인과 피용자의 관계, 임무 또는 임지를 변경함에 따라 변화하게 된 업무의 내용과 피용자에 대한 책임의 가중 또는 감독의 어려움의 정도, 임무 또는 임지 변경에 대한 신원보증인의 예측가능성, 가중된 책임에 대한 신원보증인의 변제가능성 등을 종합적으로 고려하여 결정하여야 할 것이다(대법원 2004.2.27. 선고 2003다46277 판결).

관련판례 2

어느 공동불법행위자를 위하여 보증인이 된 자가 피보증인의 손해배상채무를 변제한 경우, 그 보증인은 피보증인이 아닌 다른 공동불법행위자에 대하여는 그 부담부분에 한하여 구상권 내지 부당이득반환청구권을 행사할 수 있는바, 따라서 보증인이 보증한 공동불법행위자의 부담부분이 전부이고 다른 공동불법행위자의 부담부분이 없는 경우에는 보증인은 그 다른 공동불법행위자에 대하여 구상 내지 부당이득반환청구를 할 수 없고, 이는 신원보증의 경우라 하여 다르지 않다(대법원 1996.2.9. 선고 95다47176 판결).

⚖ 관련판례 3

신원보증인이 피보증인과 연대하여 손해를 배상하겠다는 내용의 신원보증계약을 체결한 경우, 신원보증인의 책임은 원칙적으로 피보증인의 책임범위와 동일한 것으로 피보증인이 배상하여야 할 손해액을 기초로 하여 신원보증법 제6조 소정의 사유를 참작하여 신원보증인의 책임을 정해야 하는 것이므로, 피보증인이 손해액 중 일부를 피해자에게 직접 변제한 경우에는 이를 공제한 나머지 금액을 기초로 그 보증책임 범위를 정하여야 한다(대법원 1995.5.26. 선고 94다1487 판결).

■ 신용보증서상 대출과목과 실제 대출과목이 다른 경우 보증책임이 면책되는지요?

Q. 甲은행은 乙회사에 대출을 하면서 그 이행을 보증하기 위하여 丙신용보증기금으로부터 신용보증서를 받아 대출을 하였으나, 丙신용보증기금이 발행한 신용보증서의 대출과목과 실제 甲은행에서 대출한 대출과목이 상이하여 丙신용보증기금의 면책약관에 의하여 보증책임을 지지 못한다고 하고 있습니다. 이러한 경우 丙신용보증기금의 주장대로 丙신용보증기금이 면책되는지요?

A. 甲은행은 乙회사에 대출을 하면서 그 이행을 보증하기 위하여 丙신용보증기금으로부터 신용보증서를 받아 대출을 하였으나, 丙신용보증기금이 발행한 신용보증서의 대출과목과 실제 甲은행에서 대출한 대출과목이 상이하여 丙신용보증기금의 면책약관에 의하여 보증책임을 지지 못한다고 하고 있습니다. 이러한 경우 丙신용보증기금의 주장대로 丙신용보증기금이 면책되는지요?

♨♨ 관련판례

사용자에게 신원보증법 제4조의 통지의무가 있다고 하더라도 사용자가 그 통지를 하지 아니하였다고 하여 막바로 신원보증인의 책임이 면제되는 것은 아니지만, 신원보증인과 피보증인의 관계가 그러한 통지를 받았더라면 신원보증계약을 해지하였을 것이라는 특수한 사정이 있었음에도 불구하고 이를 통지하지 아니하여 신원보증인으로부터 계약해지의 기회를 박탈하였다고 볼 수 있는 경우에는 신원보증인의 책임이 부정된다(대법원 2002.10.25. 선고 2002다13614 판결).

■ 국가배상책임과 신원보증인의 책임은?

Q. 지방자치단체의 공무원인 甲은 폭우로 인하여 차도 또는 하수도가 침수되어 인근 건물 내의 인명 또는 피해가 예상되는데도 재해대책본부로부터 지시받은 조치(침수방지, 통제, 퇴거 등)를 시행하거나 방재책임자에게 이를 알리는 등 재해방지에 필요한 적절한 조치를 신속히 취하지 아니하여 피해자 乙이 폭우에 떠내려가 사망에 이르게 되었습니다. 乙의 유족은 지방자치단체를 상대로 국가배상소송을 제기하여 승소확정판결을 받았습니다. 이에 지방자치단체는 甲의 신원보증인인 丙에게 신원본인인 甲의 잘못으로 손해를 배상하였으니 신원보증계약에 기초하여 보증채무를 이행하라고 청구합니다. 丙은 지방자치단체에 대하여 신원보증인으로서의 책임이 있나요?

A. 신원보증법상 신원인 본인이 그 직무상 귀책사유로 민사상의 책임을 지는 경우에 한하여 신원보증인도 그 책임을 집니다. 즉, 위 사건에서 공무원인 甲이 지방자치단체에 대하여 구상채무를 부담하는 경우에 한하여 신원보증인인 丙의 채무가 비로소 인정되는 것입니다(국가배상법 제2조). 질문 내용에서 甲이 재해방지에 필요한 적절한 조치를 신속히 취하지 않은 것은 맞지만, 이를 고의 또는 중대한 과실에 기한 귀책사유로는 볼 수 없으므로 甲은 지방자치단체에 대하여 구상채무를 부담하지 않으며, 그 결과로 신원보증인인 丙의 보증책임도 인정되지 않습니다(대법원 2004.6.25. 선고 2003다69652 판결).

☗ 관련판례 1

신원보증보험계약상의 피보증인인 증권회사 지점장이 고객으로부터 받은 예탁금을 그 계좌에 입금시키지 않고 횡령한 사안에서, 위와 같은 피보증인의 횡령행위가 피보험자인 증권회사를 위하여 그 사무를 처리함에 있어 자기의 직무상의 지위를 이용하여 행한 행위로서 보험자가 인수한 보험사고에 해당한다면, 비록 피보증인이 증권회사에 입금된 돈을 인출하여 횡령한 것이 아니라 입금시켜 달라고 부탁받은 돈을 횡령한 것이고, 증권회사가 고객의 진정이 있은 후에야 비로소 그 횡령사실을 알게 되었으며, 증권회사가 위 이 횡령금은 예탁금이 아니고 피보증인과 고객 간의 금전소비대차에 불과하다고 주장한 일이 있고, 피보증인이 그 전에 위 고객의 예금계좌에서 돈을 인출하여 횡령한 일이 없고 다른 범죄전력도 없었다는 사정만으로는, 피보증인의 위 횡령행위가 객관적으로 보아 그 발생 여부가 분명하지 아니하여 증권회사가 과실 없이 그 사고의 발생을 알지 못한 때에 해당하지 않는다(대법원 1999.2.23. 선고 98다60613 판결).

♧♧ 관련판례 2

신원보증법 제4조 제1호, 제5조에 의하면 피용자가 업무상 부적임하거나 불성실한 사적이 있어 이로 말미암아 신원보증인의 책임을 야기할 염려가 있을 때에는 사용자는 지체없이 이를 신원보증인에게 통지하여야 하고, 신원보증인은 이와 같은 통지를 받은 때에는 계약을 해지할 수 있도록 규정하고 있는바, 비록 사용자에게 신원보증법 제4조 소정의 통지의무가 있다고 하더라도 사용자가 그 통지를 하지 아니하였다고 하여 곧바로 신원보증인의 책임이 면제되는 것은 아니지만, 신원보증인과 피보증인의 관계가 그러한 통지를 받았더라면 신원보증계약을 해지하였을 것이라는 특수한 사정이 있음에도 불구하고 이를 통지하지 아니하여 신원보증인으로부터 계약해지의 기회를 박탈하였다고 볼 수 있는 경우에는 신원보증인의 책임이 부정된다(대법원 1997.2.14. 선고 96다43904 판결).

♧♧ 관련판례 3

사용자에게 신원보증법 제4조의 통지의무가 있다고 하더라도 사용자가 그 통지를 하지 아니하였다고 하여 막바로 신원보증인의 책임이 면제되는 것이 아니지만 신원보증인과 피보증인의 관계가 그러한 통지를 받았더라면 신원보증계약을 해지하였을 것이라는 특수한 사정이 있음에도 불구하고 이를 통지하지 아니하여 신원보증인으로부터 계약해지의 기회를 박탈하였다고 볼 수 있는 경우에는 신원보증인의 책임이 부정된다 (대법원 1994.4.26. 선고 93다5741 판결).

⚖️ **관련판례 4**

신원보증계약이 일반적인 신원보증약정이 아니라 "현금, 증권, 물품 기타 재산을 망실 또는 훼손하였을 때"에 한하여 변상책임을 지기로 제한한 약정이라고 보아 신원본인이 일과 후 업무용 오토바이를 타고 귀가하다가 교통사고를 일으켜 회사에 손해를 가한 데 대하여 신원보증인의 변상책임을 부정한 사례(대법원 1993.5.27. 선고 92다49911 판결).

⚖️ **관련판례 5**

신원보증인이 피보증인과 연대하여 손해를 배상하겠다는 내용의 신원보증계약을 체결한 경우 신원보증인의 책임은 원칙적으로 피보증인의 책임범위와 동일한 것이므로 피보증인이 배상해야 할 손해액을 기초로 하여 신원보증법 제6조 소정의 사유를 참작하여 신원보증인의 책임범위를 정해야 하는 것이고, 따라서 이미 피보증인의 배상책임액 일부가 변제되어 신원보증인에 대하여 그 잔액의 지급이 청구된 경우에는 그 잔액을 기준으로 위 법조 소정의 사정을 참작하여 보증책임의 유무 한도를 정하여야 할 것이다(대법원 1992.9.14. 선고 92다23049 판결).

부 록 : 관련법령

- 민법
- 신원보증법
- 보증인 보호를 위한 특별법

민법

[시행 2018.2.1.]
[법률 제14965호, 2017.10.31. 일부개정]

제428조(보증채무의 내용) ①보증인은 주채무자가 이행하지 아니하는 채무를 이행할 의무가 있다.

②보증은 장래의 채무에 대하여도 할 수 있다.

제428조의2(보증의 방식) ①보증은 그 의사가 보증인의 기명날인 또는 서명이 있는 서면으로 표시되어야 효력이 발생한다. 다만, 보증의 의사가 전자적 형태로 표시된 경우에는 효력이 없다.

②보증채무를 보증인에게 불리하게 변경하는 경우에도 제1항과 같다.

③보증인이 보증채무를 이행한 경우에는 그 한도에서 제1항과 제2항에 따른 방식의 하자를 이유로 보증의 무효를 주장할 수 없다.
[본조신설 2015.2.3.]

제428조의3(근보증) ①보증은 불확정한 다수의 채무에 대해서도 할 수 있다. 이 경우 보증하는 채무의 최고액을 서면으로 특정하여야 한다.

② 제1항의 경우 채무의 최고액을 제428조의2제1항에 따른 서면으로 특정하지 아니한 보증계약은 효력이 없다.
[본조신설 2015.2.3.]

제429조(보증채무의 범위) ①보증채무는 주채무의 이자, 위약금, 손해배상 기타 주채무에 종속한 채무를 포함한다.

②보증인은 그 보증채무에 관한 위약금 기타 손해배상액을 예정할 수 있다.

제430조(목적, 형태상의 부종성) 보증인의 부담이 주채무의 목적이나 형태보다 중한 때에는 주채무의 한도로 감축한다.

제431조(보증인의 조건) ①채무자가 보증인을 세울 의무가 있는 경우에는 그 보증인은 행위능력 및 변제자력이 있는 자로 하여야 한다.

②보증인이 변제자력이 없게 된 때에는 채권자는 보증인의 변경을 청

구할 수 있다.

③채권자가 보증인을 지명한 경우에는 전2항의 규정을 적용하지 아니한다.

제432조(타담보의 제공) 채무자는 다른 상당한 담보를 제공함으로써 보증인을 세울 의무를 면할 수 있다.

제433조(보증인과 주채무자항변권) ①보증인은 주채무자의 항변으로 채권자에게 대항할 수 있다.

②주채무자의 항변포기는 보증인에게 효력이 없다.

제434조(보증인과 주채무자상계권) 보증인은 주채무자의 채권에 의한 상계로 채권자에게 대항할 수 있다.

제435조(보증인과 주채무자의 취소권 등) 주채무자가 채권자에 대하여 취소권 또는 해제권이나 해지권이 있는 동안은 보증인은 채권자에 대하여 채무의 이행을 거절할 수 있다.

제436조 삭제<2015.2.3.>

제436조의2(채권자의 정보제공의무와 통지의무 등) ①채권자는 보증계약을 체결할 때 보증계약의 체결 여부 또는 그 내용에 영향을 미칠 수 있는 주채무자의 채무 관련 신용정보를 보유하고 있거나 알고 있는 경우에는 보증인에게 그 정보를 알려야 한다. 보증계약을 갱신할 때에도 또한 같다.

②채권자는 보증계약을 체결한 후에 다음 각 호의 어느 하나에 해당하는 사유가 있는 경우에는 지체 없이 보증인에게 그 사실을 알려야 한다.

1. 주채무자가 원본, 이자, 위약금, 손해배상 또는 그 밖에 주채무에 종속한 채무를 3개월 이상 이행하지 아니하는 경우
2. 주채무자가 이행기에 이행할 수 없음을 미리 안 경우
3. 주채무자의 채무 관련 신용정보에 중대한 변화가 생겼음을 알게 된 경우

③채권자는 보증인의 청구가 있으면 주채무의 내용 및 그 이행 여부를 알려야 한다.

④채권자가 제1항부터 제3항까지의 규정에 따른 의무를 위반하여 보

증인에게 손해를 입힌 경우에는 법원은 그 내용과 정도 등을 고려하
여 보증채무를 감경하거나 면제할 수 있다.
[본조신설 2015.2.3.]

제437조(보증인의 최고, 검색의 항변) 채권자가 보증인에게 채무의 이행
을 청구한 때에는 보증인은 주채무자의 변제자력이 있는 사실 및 그
집행이 용이할 것을 증명하여 먼저 주채무자에게 청구할 것과 그 재
산에 대하여 집행할 것을 항변할 수 있다. 그러나 보증인이 주채무자
와 연대하여 채무를 부담한 때에는 그러하지 아니하다.

제438조(최고, 검색의 해태의 효과) 전조의 규정에 의한 보증인의 항변
에 불구하고 채권자의 해태로 인하여 채무자로부터 전부나 일부의 변
제를 받지 못한 경우에는 채권자가 해태하지 아니하였으면 변제받았
을 한도에서 보증인은 그 의무를 면한다.

제439조(공동보증의 분별의 이익) 수인의 보증인이 각자의 행위로 보증
채무를 부담한 경우에도 제408조의 규정을 적용한다.

제440조(시효중단의 보증인에 대한 효력) 주채무자에 대한 시효의 중단
은 보증인에 대하여 그 효력이 있다.

제441조(수탁보증인의 구상권) ①주채무자의 부탁으로 보증인이 된 자
가 과실없이 변제 기타의 출재로 주채무를 소멸하게 한 때에는 주채
무자에 대하여 구상권이 있다.
②제425조제2항의 규정은 전항의 경우에 준용한다.

제442조(수탁보증인의 사전구상권) ①주채무자의 부탁으로 보증인이 된
자는 다음 각호의 경우에 주채무자에 대하여 미리 구상권을 행사할
수 있다.
1. 보증인이 과실없이 채권자에게 변제할 재판을 받은 때
2. 주채무자가 파산선고를 받은 경우에 채권자가 파산재단에 가입하지 아
니한 때
3. 채무의 이행기가 확정되지 아니하고 그 최장기도 확정할 수 없는 경우
에 보증계약후 5년을 경과한 때
4. 채무의 이행기가 도래한 때

②전항제4호의 경우에는 보증계약후에 채권자가 주채무자에게 허여한 기한으로 보증인에게 대항하지 못한다.

제443조(주채무자의 면책청구) 전조의 규정에 의하여 주채무자가 보증인에게 배상하는 경우에 주채무자는 자기를 면책하게 하거나 자기에게 담보를 제공할 것을 보증인에게 청구할 수 있고 또는 배상할 금액을 공탁하거나 담보를 제공하거나 보증인을 면책하게 함으로써 그 배상의무를 면할 수 있다.

제444조(부탁없는 보증인의 구상권) ①주채무자의 부탁없이 보증인이 된 자가 변제 기타 자기의 출재로 주채무를 소멸하게 한 때에는 주채무자는 그 당시에 이익을 받은 한도에서 배상하여야 한다.

②주채무자의 의사에 반하여 보증인이 된 자가 변제 기타 자기의 출재로 주채무를 소멸하게 한 때에는 주채무자는 현존이익의 한도에서 배상하여야 한다.

③전항의 경우에 주채무자가 구상한 날 이전에 상계원인이 있음을 주장한 때에는 그 상계로 소멸할 채권은 보증인에게 이전된다.

제445조(구상요건으로서의 통지) ①보증인이 주채무자에게 통지하지 아니하고 변제 기타 자기의 출재로 주채무를 소멸하게 한 경우에 주채무자가 채권자에게 대항할 수 있는 사유가 있었을 때에는 이 사유로 보증인에게 대항할 수 있고 그 대항사유가 상계인 때에는 상계로 소멸할 채권은 보증인에게 이전된다.

②보증인이 변제 기타 자기의 출재로 면책되었음을 주채무자에게 통지하지 아니한 경우에 주채무자가 선의로 채권자에게 변제 기타 유상의 면책행위를 한 때에는 주채무자는 자기의 면책행위의 유효를 주장할 수 있다.

제446조(주채무자의 보증인에 대한 면책통지의무) 주채무자가 자기의 행위로 면책하였음을 그 부탁으로 보증인이 된 자에게 통지하지 아니한 경우에 보증인이 선의로 채권자에게 변제 기타 유상의 면책행위를 한 때에는 보증인은 자기의 면책행위의 유효를 주장할 수 있다.

제447조(연대, 불가분채무의 보증인의 구상권) 어느 연대채무자나 어느 불가분채무자를 위하여 보증인이 된 자는 다른 연대채무자나 다른 불가분채무자에 대하여 그 부담부분에 한하여 구상권이 있다.

제448조(공동보증인간의 구상권) ①수인의 보증인이 있는 경우에 어느 보증인이 자기의 부담부분을 넘은 변제를 한 때에는 제444조의 규정을 준용한다.

②주채무가 불가분이거나 각 보증인이 상호연대로 또는 주채무자와 연대로 채무를 부담한 경우에 어느 보증인이 자기의 부담부분을 넘은 변제를 한 때에는 제425조 내지 제427조의 규정을 준용한다.

부칙<법률 제14965호, 2017.10.31>

제1조(시행일) 이 법은 공포 후 3개월이 경과한 날부터 시행한다.

제2조(남편의 친생자의 추정에 관한 적용례) 제854조의2 및 제855조의2의 개정규정은 이 법 시행 전에 발생한 부모와 자녀의 관계에 대해서도 적용한다. 다만, 이 법 시행 전에 판결에 따라 생긴 효력에는 영향을 미치지 아니한다.

신원보증법

[시행 2009.1.30.]
[법률 제9363호, 2009.1.30, 일부개정]

제1조(목적) 이 법은 신원보증 관계를 적절히 규율함을 목적으로 한다.
[전문개정 2009.1.30.]

제2조(정의) 이 법에서 "신원보증계약"이란 피용자(被傭者)가 업무를 수행하는 과정에서 그에게 책임 있는 사유로 사용자(使用者)에게 손해를 입힌 경우에 그 손해를 배상할 채무를 부담할 것을 약정하는 계약을 말한다.
[전문개정 2009.1.30.]

제3조(신원보증계약의 존속기간 등) ①기간을 정하지 아니한 신원보증계약은 그 성립일부터 2년간 효력을 가진다.
②신원보증계약의 기간은 2년을 초과하지 못한다. 이보다 장기간으로 정한 경우에는 그 기간을 2년으로 단축한다.
③신원보증계약은 갱신할 수 있다. 다만, 그 기간은 갱신한 날부터 2년을 초과하지 못한다.
[전문개정 2009.1.30.]

제4조(사용자의 통지의무) ①사용자는 다음 각 호의 어느 하나에 해당하는 경우에는 지체 없이 신원보증인에게 통지하여야 한다.
1. 피용자가 업무상 부적격자이거나 불성실한 행적이 있어 이로 인하여 신원보증인의 책임을 야기할 우려가 있음을 안 경우
2. 피용자의 업무 또는 업무수행의 장소를 변경함으로써 신원보증인의 책임이 가중되거나 업무 감독이 곤란하게 될 경우
② 사용자가 고의 또는 중과실로 제1항의 통지의무를 게을리하여 신원보증인이 제5조에 따른 해지권을 행사하지 못한 경우 신원보증인은 그로 인하여 발생한 손해의 한도에서 의무를 면한다.
[전문개정 2009.1.30.]

제5조(신원보증인의 계약해지권) 신원보증인은 다음 각 호의 어느 하나에 해당하는 사유가 있는 경우에는 계약을 해지할 수 있다.

1. 사용자로부터 제4조제1항의 통지를 받거나 신원보증인이 스스로 제4조제1항 각 호의 어느 하나에 해당하는 사유가 있음을 안 경우
2. 피용자의 고의 또는 과실로 인한 행위로 발생한 손해를 신원보증인이 배상한 경우
3. 그 밖에 계약의 기초가 되는 사정에 중대한 변경이 있는 경우

[전문개정 2009.1.30.]

제6조(신원보증인의 책임) ①신원보증인은 피용자의 고의 또는 중과실로 인한 행위로 발생한 손해를 배상할 책임이 있다.

②신원보증인이 2명 이상인 경우에는 특별한 의사표시가 없으면 각 신원보증인은 같은 비율로 의무를 부담한다.

③법원은 신원보증인의 손해배상액을 산정하는 경우 피용자의 감독에 관한 사용자의 과실 유무, 신원보증을 하게 된 사유 및 이를 할 때 주의를 한 정도, 피용자의 업무 또는 신원의 변화, 그 밖의 사정을 고려하여야 한다.

[전문개정 2009.1.30.]

제7조(신원보증계약의 종료) 신원보증계약은 신원보증인의 사망으로 종료된다.

[전문개정 2009.1.30.]

제8조(불이익금지) 이 법의 규정에 반하는 특약으로서 어떠한 명칭이나 내용으로든지 신원보증인에게 불리한 것은 효력이 없다.

[전문개정 2009.1.30.]

부칙<제9363호, 2009.1.30>

이 법은 공포한 날부터 시행한다.

보증인 보호를 위한 특별법

[시행 2016.12.1.]
[법률 제14242호, 2016.5.29, 타법개정]

제1조(목적) 이 법은 보증에 관하여 「민법」에 대한 특례를 규정함으로써 아무런 대가 없이 호의(好意)로 이루어지는 보증으로 인한 보증인의 경제적·정신적 피해를 방지하고, 금전채무에 대한 합리적인 보증계약 관행을 확립함으로써 신용사회 정착에 이바지함을 목적으로 한다.

제2조(정의) 이 법에서 사용하는 용어의 뜻은 다음과 같다.<개정 2010.5.17., 2011.3.31., 2011.5.19., 2016.1.6., 2016.5.29., 2020.2.11.>

1. "보증인"이란 「민법」 제429조제1항에 따른 보증채무(이하 "보증채무"라 한다)를 부담하는 자로서 다음 각 목에서 정하는 경우를 제외한 자를 말한다.

   가. 「신용보증기금법」 제2조제1호에 따른 기업(이하 "기업"이라 한다)이 영위하는 사업과 관련된 타인의 채무에 대하여 보증채무를 부담하는 경우

   나. 기업의 대표자, 이사, 무한책임사원, 「국세기본법」 제39조제2항에 따른 과점주주(寡占株主) 또는 기업의 경영을 사실상 지배하는 자가 그 기업의 채무에 대하여 보증채무를 부담하는 경우

   다. 기업의 대표자, 이사, 무한책임사원, 「국세기본법」 제39조제2항에 따른 과점주주 또는 기업의 경영을 사실상 지배하는 자의 배우자, 직계 존속·비속 등 특수한 관계에 있는 자가 기업과 경제적 이익을 공유하거나 기업의 경영에 직접·간접적으로 영향을 미치면서 그 기업의 채무에 대하여 보증채무를 부담하는 경우

   라. 채무자와 동업 관계에 있는 자가 동업과 관련한 동업자의 채무를 부담하는 경우

   마. 나목부터 라목까지의 어느 하나에 해당하는 경우로서 기업의 채무에 대하여 그 기업의 채무를 인수한 다른 기업을 위하여 보증채무를 부담하는 경우

바. 기업 또는 개인의 신용을 보증하기 위하여 법률에 따라 설치된 기금 또는 그 관리기관이 보증채무를 부담하는 경우
2. "보증계약"이란 그 형식이나 명칭에 관계없이 채무자가 채권자에 대한 금전채무를 이행하지 아니하는 경우에 보증인이 그 채무를 이행하기로 하는 채권자와 보증인 사이의 계약을 말한다.
3. "금융기관"이란 다음 각 목에서 정하는 것을 말한다.
　　가. 「은행법」에 따른 인가를 받아 설립된 은행(같은 법 제59조에 따라 은행으로 보는 자를 포함한다)
　　나. 「한국산업은행법」에 따라 설립된 한국산업은행
　　다. 「한국수출입은행법」에 따라 설립된 한국수출입은행
　　라. 「중소기업은행법」에 따라 설립된 중소기업은행
　　마. 「자본시장과 금융투자업에 관한 법률」에 따른 투자매매업자 · 투자중개업자 · 집합투자업자 · 증권금융회사 · 종합금융회사
　　바. 「상호저축은행법」에 따른 상호저축은행
　　사. 「농업협동조합법」에 따른 조합과 농협은행
　　아. 「수산업협동조합법」에 따른 조합과 수협은행
　　자. 「산림조합법」에 따른 조합
　　차. 「신용협동조합법」에 따른 신용협동조합
　　카. 「새마을금고법」에 따른 금고 및 그 연합회
　　타. 삭제<2016.1.6.>
　　파. 「보험업법」에 따른 보험회사
　　하. 「여신전문금융업법」에 따른 여신전문금융회사(같은 법 제3조제3항제1호에 따라 허가를 받거나 등록을 한 자를 포함한다)
　　거. 삭제 <2016.1.6.>
　　너. 「벤처투자 촉진에 관한 법률」에 따른 중소기업창업투자회사 및 벤처투자조합
　　더. 「우체국예금 · 보험에 관한 법률」에 따른 체신관서
　　러. 「중소기업협동조합법」에 따른 중소기업협동조합
4. "채무관련 신용정보"란 대출정보, 채무보증정보, 연체정보, 대위변제(代位辨濟) · 대지급정보(代支給情報) 및 부도정보(不渡情報)를 말한다.

[시행일 : 2020.8.12.] 제2조

제3조 삭제<2015.2.3.>

제4조(보증채무 최고액의 특정) 보증계약을 체결할 때에는 보증채무의 최고액(最高額)을 서면으로 특정(特定)하여야 한다. 보증기간을 갱신할 때에도 또한 같다.

제5조(채권자의 통지의무 등) ①채권자는 주채무자가 원본, 이자 그 밖의 채무를 3개월 이상 이행하지 아니하는 경우 또는 주채무자가 이행기에 이행할 수 없음을 미리 안 경우에는 지체 없이 보증인에게 그 사실을 알려야 한다.
②채권자로서 보증계약을 체결한 금융기관은 주채무자가 원본, 이자 그 밖의 채무를 1개월 이상 이행하지 아니하는 경우에는 지체 없이 그 사실을 보증인에게 알려야 한다.
③채권자는 보증인의 청구가 있으면 주채무의 내용 및 그 이행 여부를 보증인에게 알려야 한다.
④채권자가 제1항부터 제3항까지의 규정에 따른 의무를 위반한 경우에는 보증인은 그로 인하여 손해를 입은 한도에서 채무를 면한다. <신설 2010.3.24.>

제6조(근보증) ①보증은 채권자와 주채무자 사이의 특정한 계속적 거래계약이나 그 밖의 일정한 종류의 거래로부터 발생하는 채무 또는 특정한 원인에 기하여 계속적으로 발생하는 채무에 대하여도 할 수 있다. 이 경우 그 보증하는 채무의 최고액을 서면으로 특정하여야 한다.
②제1항의 경우 채무의 최고액을 서면으로 특정하지 아니한 보증계약은 효력이 없다.

제7조(보증기간 등) ①보증기간의 약정이 없는 때에는 그 기간을 3년으로 본다.
②보증기간은 갱신할 수 있다. 이 경우 보증기간의 약정이 없는 때에는 계약체결 시의 보증기간을 그 기간으로 본다. <개정 2010.3.24.>
③제1항 및 제2항에서 간주되는 보증기간은 계약을 체결하거나 갱신하는 때에 채권자가 보증인에게 고지하여야 한다.<신설 2010.3.24.>

④보증계약 체결 후 채권자가 보증인의 승낙 없이 채무자에 대하여 변제기를 연장하여 준 경우에는 채권자나 채무자는 보증인에게 그 사실을 알려야 한다. 이 경우 보증인은 즉시 보증채무를 이행할 수 있다.<개정 2010.3.24.>

제8조(금융기관 보증계약의 특칙) ①금융기관이 채권자로서 보증계약을 체결할 때에는 「신용정보의 이용 및 보호에 관한 법률」에 따라 종합신용정보집중기관으로부터 제공받은 채무자의 채무관련 신용정보를 보증인에게 제시하고 그 서면에 보증인의 기명날인이나 서명을 받아야 한다. 보증기간을 갱신할 때에도 또한 같다.

②금융기관이 제1항에 따라 채무자의 채무관련 신용정보를 보증인에게 제시할 때에는 채무자의 동의를 받아야 한다.

③금융기관이 제1항에 따라 보증인에게 채무관련 신용정보를 제시하지 아니한 경우에는 보증인은 금융기관에 대하여 보증계약 체결 당시 채무자의 채무관련 신용정보를 제시하여 줄 것을 요구할 수 있다.

④금융기관이 제3항에 따라 채무관련 신용정보의 제시요구를 받은 날부터 7일 이내에 그 요구에 응하지 아니하는 경우에는 보증인은 그 사실을 안 날부터 1개월 이내에 보증계약의 해지를 통고할 수 있다. 이 경우 금융기관이 해지통고를 받은 날부터 1개월이 경과하면 해지의 효력이 생긴다.

제9조 삭제<2009.2.6.>

제10조 삭제<2009.2.6.>

제11조(편면적 강행규정) 이 법에 위반하는 약정으로서 보증인에게 불리한 것은 효력이 없다.

부칙<제14242호, 2016.5.29.>

제1조(시행일) 이 법은 2016년 12월 1일부터 시행한다.

■ 편저 김 만 기 ■

▌전 서울고등법원 종합민원접수실장
▌전 서울중앙지방법원 민사신청과장(법원서기관)
▌전 서울서부지방법원 은평등기소장
▌전 수원지방법원 시흥등기소장
▌전 인천지방법원 본원 집행관
▌법무사

(판례·서식·문답을 함께 보는)
보증의 이해와 실제

2020년 9월 5일 초판 인쇄
2020년 9월 10일 초판 발행

편 저 김만기
발행인 김현호
발행처 법문북스
공급처 법률미디어

주소 서울 구로구 경인로 54길4(구로동 636-62)
전화 02)2636-2911~2, **팩스** 02)2636-3012
홈페이지 www.lawb.co.kr

등록일자 1979년 8월 27일
등록번호 제5-22호
ISBN 978-89-7535-859-3 (13360)

정가 24,000원